시험에 나오는 것만 공부한다!

시나공

일 본 어 능 력 시 험

JLPT

N5

문법/문자·어휘

김정은 지음

길벗
이지:톡

시나공 JLPT N5 문법/문자·어휘

Crack the Exam! JLPT N5 Grammar & Vocabulary

초판 발행 · 2023년 4월 20일

지은이 · 김정은
발행인 · 이종원
발행처 · (주)도서출판 길벗
브랜드 · 길벗이지톡
출판사 등록일 · 1990년 12월 24일
주소 · 서울시 마포구 월드컵로 10길 56(서교동)
대표전화 · 02)332-0931 | **팩스** · 02)323-0586
홈페이지 · www.gilbut.co.kr | **이메일** · eztok@gilbut.co.kr

기획 및 책임편집 · 오윤희(tahiti01@gilbut.co.kr), 김대훈 | **디자인** · 최주연 | **제작** · 이준호, 손일순, 이진혁
마케팅 · 이수미, 장봉석, 최소영 | **영업관리** · 김명자, 심선숙 | **독자지원** · 윤정아, 최희창

편집진행 및 교정교열 · 정보경 | **본문 디자인** · 박찬진 | **전산편집** · 수(秀) 디자인
CTP 출력 및 인쇄 · 금강인쇄 | **제본** · 금강제본

ISBN 979-11-407-0266-4 03730
(길벗 도서번호 301162)

정가 16,000원

독자의 1초를 아껴주는 정성 길벗출판사

(주)도서출판 길벗 | IT교육서, IT단행본, 경제경영서, 어학&실용서, 인문교양서, 자녀교육서 www.gilbut.co.kr
길벗스쿨 | 국어학습, 수학학습, 어린이교양, 주니어 어학학습, 학습단행본 www.gilbutschool.co.kr

합격에 필요한 N5
문자·어휘/문법을 한방에 끝낸다

본서는 〈시나공 JLPT 일본어능력시험 N4/5 문자·어휘/문법〉의 개정판으로 N5에서 반드시 익혀야 할 핵심만 요약 정리하고 최신 출제 경향을 반영한 문제와 문제에 대한 상세한 해설을 제시함으로써 혼자서도 더욱 쉽게 학습할 수 있도록 한 수험 대비서입니다.

기초 일본어 학습에 꼭 필요한 핵심 문자·어휘/문법을 빠르게 정복한다!

문자·어휘는 일본어 학습의 기본입니다. 일본어를 잘하려면 어휘는 무엇보다 중요한 요소라는 것은 학습자 여러분도 잘 알고 있을 것입니다. 단어가 밑바탕이 되어야 독해나 회화, 청해 실력도 향상될 수 있습니다. 본서의 문자·어휘 파트에서는 N5 단계에서 꼭 알아두어야 할 문자·어휘를 품사별로 나누고 예문과 함께 제시하였습니다. 아울러 자세한 해설을 강의실 생중계로 정리하여 학습효과를 높일 수 있도록 하였습니다. 또한 일본어를 배우면서 학습자들이 어려워하는 것이 한자입니다. 한자는 형태가 복잡해서 잘 외워지지 않는다고 하는데 눈으로만 보지 말고 쓰면서 뜻과 음을 소리 내어 외워보세요. 그러면 형태는 물론이고 발음까지도 쉽게 외울 수 있습니다. 비록 본서가 수험서이지만 본서를 통해 일본어 학습의 탄탄한 토대를 쌓는다는 마음가짐으로 본서를 학습해 나간다면 일본어 실력 향상에 많은 도움이 될 것입니다.

문법 파트는 초급 과정에서 매우 중요한 접속 형태별로 묶어 문형 습득과 활용에 초점을 두어 엮었습니다. 접속 형태와 활용을 잘 암기해 놓으면 어떤 문법 문제에도 대처할 수 있으며 문형을 이용하여 하고 싶은 말을 얼마든지 만들어서 표현할 수 있게 됩니다. 무엇보다 문제 풀이에 있어 자세한 풀이 과정이나 정답을 찾는 순서와 요령 등을 정리하여 혼자서도 쉽게 문법을 익히고 시험에 효율적으로 대처할 수 있도록 구성하였습니다.

시험에 있어서 문제 유형 파악이야말로 합격 혹은 고득점과도 직결되는 아주 중요한 요소입니다. 수험생들은 문제를 많이 접해서 각 문제 유형과 특징을 확실하게 파악하고 최대한 문제를 많이 풀어보고 시험에 응시하는 것이 좋습니다. 이 교재가 많은 도움이 되길 바라며 포기하지 말고 꾸준히 하면 반드시 좋은 결과를 맺을 것이라 생각합니다.

2023년 3월

김정은

이 책은 N5의 가장 핵심이 되는 문자 · 어휘와 문법을 총 8개의 시나공으로 나누어 엮었습니다. 모든 시나공 문자 · 어휘와 문법에는 '적중 예상 문제'를 수록하였으며, 실전처럼 풀어볼 수 있는 모의고사를 수록하였습니다.

* 문법 *

① 한눈에 미리 보기

각 시나공 문법에서 배울 문법과 해석을 학습에 앞서 한눈에 확인할 수 있습니다. 공부 시작하기 전에 알고 있는 문법이 어느 정도인지 미리 체크해볼 수 있습니다.

② 시나공 소개

이 책은 시나공 01에서 시나공 03까지 총 3개의 시나공 문법으로 구성되어 있습니다. 각 시나공 문법에서 배울 내용을 간단하게 요약 정리해두었습니다.

③ 시험에 이렇게 나온다!

각 시나공 문법에 대한 소개와 문제 유형을 살펴볼 수 있도록 예시 문제를 실었습니다. 본 학습 전에 가볍게 풀어보면서 정답 찾기 요령을 익혀보세요.

④ 문법 설명

각 문법의 접속형태와 의미를 정리했으며 예문과 예문에 나오는 어휘까지 꼼꼼하게 실었습니다.

⑤ 강의실 생중계

현장 경험을 토대로 선생님만의 문제 풀이 비법을 실었습니다. 시험에 출제되는 형태, 학습 시 주의할 점, 정답을 찾는 포인트 등 강의실에서만 들을 수 있는 내용을 생생하게 공개합니다!

⑥ 적중 예상 문제

실전에 강해지려면 실제 시험과 같은 형식의 문제를 풀어보는 것이 가장 좋습니다. 문제를 푼 다음에는 예문을 통째로 암기해보세요.

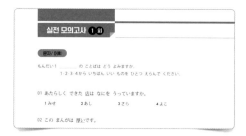

⑦ 실전 모의고사 2회분

실전과 똑같은 형태의 실전 모의고사 2회분을 실었습니다. 실전처럼 시간을 체크하면서 시험 직전에 풀어보세요.

* 문자 · 어휘 *

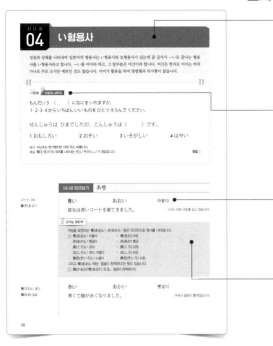

① 시나공 소개

이 책은 시나공 04에서 시나공 08까지 총 5개의 시나공 문자 · 어휘로 구성되어 있습니다. 각 시나공 문자 · 어휘에서 배울 내용을 간단하게 요약 정리해두었습니다.

② 시험에 이렇게 나온다!

각 시나공 문자 · 어휘에 대한 소개와 문제 유형을 살펴볼 수 있도록 예시 문제를 실었습니다. 본 학습 전에 가볍게 풀어보면서 정답 찾기 요령을 익혀보세요.

③ 문자 · 어휘 및 예문 제시

시험에 나오는 문자 · 어휘를 품사별로 정리하고 뜻과 예문을 실었습니다.

④ 강의실 생중계!

현장 경험을 토대로 선생님만의 문제 풀이 비법을 실었습니다. 시험에 출제되는 형태, 학습 시 주의할 점, 정답을 찾는 포인트 등 강의실에서만 들을 수 있는 내용을 생생하게 공개합니다.

⑤ 적중 예상 문제

실전에 강해지려면 실제 시험과 같은 형식의 문제를 풀어보는 것이 가장 좋습니다. 문제를 푼 다음에는 예문을 통째로 암기해보세요.

⑥ 실전 모의고사 2회분

실전과 똑같은 형태의 실전 모의고사 2회분을 실었습니다. 실전처럼 시간을 체크하면서 시험 직전에 풀어보세요.

이 책의 차례

첫째마당 | N5 문법

둘째마당 | N5 문자·어휘

실전 모의고사

정답&해설

JLPT란 무엇인가요?

JLPT는 Japanese-Language Proficiency Test에서 따온 이름으로 일본어를 모국어로 하지 않는 사람을 대상으로 52개 국가에서 응시하고 있는 일본어능력을 평가하는 시험입니다. 일본어와 관련된 지식과 더불어, 실제로 사용할 수 있는 실용적인 일본어 능력을 중시하기 때문에, 문자ㆍ어휘ㆍ문법과 같은 언어 지식을 활용한 커뮤니케이션 상의 과제 수행능력을 측정합니다.

- **실시횟수** : 연 2회 (7월과 12월에 실시)
- **시험레벨** : N1, N2, N3, N4, N5의 5단계
- **시험접수** : 능력시험사무국 홈페이지 (http://www.jlpt.or.kr)에 안내
- **주의사항** : 수험표, 신분증 및 필기도구 (HB연필, 지우개)를 반드시 지참

N5 레벨은 구체적으로 어떤 수준인가요?

기본적인 일본어를 어느 정도 이해할 수 있는 있는 수준이며 읽기와 듣기의 언어행동으로 나누어 제시한 인정기준은 아래와 같습니다.

읽기	히라가나나 가타카나 일상 생활에서 사용하는 기본적인 한자로 쓰여진 정형적인 어구나 글, 문장을 읽고 이해할 수가 있다.
듣기	교실이나 주변 등 일상생활에서도 자주 접하는 장면에서 느린 속도의 짧은 회화라면 필요한 정보를 듣고 이해할 수 있다.

N5 시험 시간표를 알려주세요!

1교시		2교시
언어지식(문자ㆍ어휘)	**언어지식(문법ㆍ독해)**	**청해**
(20분)	(40분)	(30분)

N5 합격기준은 어떻게 되나요?

새로운 일본어능력시험은 종합득점과 각 과목별 득점의 두 가지 기준에 따라 합격여부를 판정합니다. 즉, 종합득점이 합격에 필요한 점수(합격점) 이상이며, 각 과목별 득점이 과목 별로 부여된 합격에 필요한 최저점(기준점) 이상일 경우 합격입니다.

구분	합격점	기준점		
		언어지식	독해	청해
N5	80	38		19

N5 구성과 득점범위는 어떻게 되나요?

교시	항목	시간	내용		문항	득점범위
1교시	언어지식 (문자 · 어휘)	20분	1	한자읽기	7	0~120
			2	한자쓰기	5	
			3	문맥규정	6	
			4	용법	3	
	언어지식 (문법)	40분	1	문법형식 판단	9	
			2	문장 만들기	4	
			3	글의 문법	4	
	독해		4	단문이해	2	
			5	중문이해	2	
			6	정보검색	1	
2교시	청해	30분	1	과제이해	7	0~60
			2	포인트이해	6	
			3	발화표현	5	
			4	즉시응답	6	
		총 90분			총 71	0~180

※ 문항 수는 매회 시험에서 출제되는 대략적인 기준으로 실제 시험에서의 출제 수는 다소 달라질 수 있습니다.

6주 완성 프로그램

본 교재의 가장 이상적인 학습 일자입니다. 시험 6주 전에 시작해서 4~6일에 한 개의 시나공을 학습하도록 설계한 학습 프로그램입니다. 12주 전에 시작하시는 분은 6주 완성 프로그램을 2회 반복하시거나 6주를 12주로 늘리거나 하여 각자 자신만의 학습계획을 세워보세요.

첫째 주	1일차	2일차	3일차	4일차	5일차	6일차	7일차
학습 내용	시나공 01	시나공 01	시나공 01	적중 예상문제	시나공 02	시나공 02	시나공 02
둘째 주	8일차	9일차	10일차	11일차	12일차	13일차	14일차
학습 내용	적중 예상문제	시나공 03	시나공 03	시나공 03	적중 예상문제	복습	복습
셋째 주	15일차	16일차	17일차	18일차	19일차	20일차	21일차
학습 내용	시나공 04	시나공 04	시나공 04	적중 예상문제	시나공 05	시나공 05	시나공 05
넷째 주	22일차	23일차	24일차	25일차	26일차	27일차	28일차
학습 내용	적중 예상문제	시나공 06	시나공 06	시나공 06	시나공 06	적중 예상문제	시나공 07
다섯째 주	29일차	30일차	31일차	32일차	33일차	34일차	35일차
학습 내용	시나공 07	시나공 07	시나공 07	시나공 07	적중 예상문제	시나공 08	시나공 08
여섯째 주	36일차	37일차	38일차	39일차	40일차	41일차	42일차
학습 내용	시나공 08	시나공 08	적중 예상문제	실전 모의고사1	실전 모의고사2	복습	복습

N5 문법

시험에 꼭 나오는 최우선순위 문법

시나공
01

이 장에서 배울 문법은 'ます형과 ない형에 접속하는 문법'입니다.
본격적인 학습에 앞서 자신이 알고 있는 문법이 어느 정도인지 □에 체크해 보세요.

ます형		
□ 01	~ません	~하지 않습니다
□ 02	~ませんか	~하지 않겠습니까?
□ 03	~ましょう	~합시다
□ 04	~に行く / ~に来る	~하러 가다 / ~하러 오다
□ 05	~たい	~하고 싶다
ない형		
□ 06	~ないでください	~하지 말아 주세요, ~하지 마세요
□ 07	~ないほうがいい	~하지 않는 편이 좋다
□ 08	~なければならない	~하지 않으면 안 된다, ~해야 한다
□ 09	~なくてもいい	~하지 않아도 좋다, ~하지 않아도 된다

1. 동사 기본형 : '원형, 사전형이라고도 하며 끝 글자가 ～う단으로 끝납니다. 끝 글자를 어미라 하고, 그 앞 부분은 어간이라 합니다. 동사는 1그룹동사(5단동사), 2그룹동사(1단동사), 3그룹동사(불규칙동사) 3가지로 분류합니다.

1그룹동사(5단동사) **(1) 끝 글자가 う단으로 끝나는 동사**

会う 만나다　　　書く 쓰다　　　　話す 이야기하다　　待つ 기다리다

死ぬ 죽다　　　　呼ぶ 부르다　　　飲む 마시다

1그룹동사(5단동사) **(2) あ, う, お단+る 형태인 동사**

始まる 시작되다　集まる 모이다　　作る 만들다　　　通る 지나가다

예외 1그룹동사 **(1) 그룹동사 형태이지만, 1그룹동사인 동사**

い단+る:　　　　入る 들어가다　　走る 달리다　　　要る 필요하다
　　　　　　　　知る 알다　　　　切る 자르다

え단+る:　　　　帰る 돌아가다

2그룹동사(1단동사) **(1) い단+る로 구분되는 동사**

起きる 일어나다　見る 보다　　　　借りる 빌리다　　着る 입다

できる 할 수 있다

2그룹동사(1단동사) **(1) え단+る로 구분되는 동사**

食べる 먹다　　　開ける 열다　　　出る 나가다　　　寝る 자다

3그룹동사(불규칙동사)

来る 오다　　　　する 하다

예 新しい車を買う。 새 차를 산다.

　母はテレビを見る。 어머니는 TV를 본다.

　かばんに本を入れる。 가방에 책을 넣는다.

　田舎からおばあさんが来る。 시골에서 할머니가 온다.

　一生懸命勉強する。 열심히 공부한다.

2 동사 ます형: '～ㅂ니다'로 정중한 표현을 나타냅니다.

1그룹동사(5단동사) う단을 い단으로 바꾸고 ます를 붙입니다.

会う	만나다	→	会います	만납니다
持つ	들다	→	持ちます	듭니다
呼ぶ	부르다	→	呼びます	부릅니다
作る	만들다	→	作ります	만듭니다

2그룹동사(1단동사) る를 떼고 ます를 붙입니다.

見る	보다	→	見ます	봅니다
起きる	일어나다	→	起きます	일어납니다
開ける	열다	→	開けます	엽니다
閉める	닫다	→	閉めます	닫습니다

3그룹동사(불규칙동사) 来る, する

| 来る | 오다 | → | 来ます | 옵니다 |
| する | 하다 | → | します | 합니다 |

....

예외 1그룹동사 활용은 1그룹동사 활용과 같습니다.

切る 자르다	→	切ります	자릅니다
走る 달리다	→	走ります	달립니다
帰る 돌아가다	→	帰ります	돌아갑니다

예 学校へ行きます。 학교에 갑니다.

プールで泳ぎます。 풀에서 수영합니다.

お酒を飲みます。 술을 마십니다.

毎朝、ご飯を食べます。 매일 아침 밥을 먹습니다.

3. 동사 ない형 : '~지 않는다'로 부정의 의미를 나타냅니다.

1그룹동사(5단동사) 　う단을 あ단으로 바꾸고 ない를 붙입니다.

会う*	만나다	⟶	会わない	만나지 않는다
書く	쓰다	⟶	書かない	쓰지 않는다
飲む	마시다	⟶	飲まない	마시지 않는다
作る	만들다	⟶	作らない	만들지 않는다

※ * う로 끝나는 동사의 ない형은 わ가 되며, ある의 부정은 あらない가 아니라 ない입니다.

2그룹동사(1단동사) 　る를 떼고 ない를 붙입니다.

見る	보다	⟶	見ない	보지 않는다
いる	있다	⟶	いない	없다
食べる	먹다	⟶	食べない	먹지 않는다
出る	나가다	⟶	出ない	나가지 않는다

3그룹동사(불규칙동사) 　来る, する

| 来る | 오다 | ⟶ | 来ない | 오지 않는다 |
| する | 하다 | ⟶ | しない | 하지 않는다 |

예외 1그룹동사 　활용은 1그룹동사 활용과 같습니다.

切る	자르다	⟶	切らない	자르지 않는다
走る	달리다	⟶	走らない	달리지 않는다
帰る	돌아가다	⟶	帰らない	돌아가지 않는다

예 高いものは買わない。 비싼 것은 사지 않는다.

お酒は飲まない。 술은 마시지 않는다.

早く起きない。 일찍 일어나지 않는다.

全然考えない。 전혀 생각하지 않는다.

彼は来ない。 그는 오지 않는다.

시험에 꼭 나오는 최우선순위 문법

이번 장에서는 ます형과 ない형에 접속하는 문법에 대하여 학습하도록 하겠습니다. 우선 기초다지기를 통해 동사 기본형이 ます형과 ない형으로 각각 어떻게 활용이 되는지 잘 학습해두세요.

시험에 **이렇게 나온다!**

もんだい1 （　　　）に なにを いれますか。
1·2·3·4から いちばん いい ものを ひとつ えらんで ください。

にちようびは ゆっくり（　　　）たいです。

1 やすま   2 やすむ   3 やすめ   4 やすみ

해석 일요일에는 푹 쉬고 싶습니다.
해설 1, 2인칭에 쓰이는 희망의 '~たい ~하고 싶다'에 붙는 올바른 활용 형태를 찾는 문제입니다. 3인칭에 쓰이는 표현은 '~たがる ~하고 싶어 하다'입니다.
정답 4

---

01 ます형에 접속하는 문법

| 01 | ~ません | ~하지 않습니다 |

접속 동사 ます형＋~ません
의미 '~지 않습니다'로 동사의 정중한 부정 표현을 나타낸다.

学校(がっこう) 학교
毎日(まいにち) 매일
朝(あさ)ご飯(はん)
이침밥
そうじ 청소

学校には毎日行きません。

학교는 매일 가지 않습니다.

朝ご飯を食べません。

아침밥을 먹지 않습니다.

今日はそうじをしません。

오늘은 청소를 하지 않습니다.

💿 강의실 생중계!

'~ます ~습니다'의 부정 표현입니다. 활용은 동사 ます형과 동일하게 합니다. 뒤에 나오는 '~ませんか ~하지 않겠습니까', '~ましょう ~합시다'와 함께 외워 두세요.

02 ~ませんか ~하지 않겠습니까?

접속 동사 ます형 ＋ ~ませんか
의미 말하는 사람이 상대방에게 제안, 권유하는 표현이다.

一緒(いっしょ)に 함께
歌(うた) 노래
歌(うた)う 노래 부르다
スキー 스키
習(なら)う 배우다

一緒に歌を歌いませんか。   함께 노래를 부르지 않겠습니까?

スキーを習いませんか。   스키를 배우지 않을래요?

> **강의실 생중계!**
>
> '~ましょうか ~할까요?'도 권유, 제안의 표현입니다. 두 표현 중 ~ませんか는 부정 의문문으로 부정형으로 상대방에게 물어 보는 것으로 '~ましょうか ~할까요?' 보다 좀 더 완곡한 표현이 됩니다.

03 ~ましょう ~합시다

접속 동사 ます형 ＋ ~ましょう
의미 말하는 사람이 상대방에게 권유, 제안하는 표현이다.

今日(きょう) 오늘
時間(じかん) 시간
木曜日(もくようび)
목요일
会(あ)う 만나다
開(あ)ける 열다

今日は時間がありませんから、木曜日に会いましょう。   오늘은 시간이 없으니까 목요일에 만납시다.

暑いですね。ドアを開けましょうか。   덥네요. 문을 열까요?

> **강의실 생중계!**
>
> ~ましょう는 권유, 제안의 의미 외에 '의지'의 의미도 있습니다.
> 예 私(わたし)がしましょう。 제가 하지요.

04 ~に行く / ~に来る ~하러 가다 / ~하러 오다

접속 동사 ます형 ＋ ~に行(い)く / ~に来(く)る
의미 목적의 의미를 나타낸다.

日曜日(にちようび)
일요일
家族(かぞく) 가족
花見(はなみ) 꽃구경
友達(ともだち) 친구

日曜日、家族と花見に行きます。   일요일에 가족과 꽃구경하러 갑니다.

友達が日本から私に会いに来ます。   친구가 일본에서 저를 만나러 옵니다.

| 05 | ~たい | ~하고 싶다 |

접속 동사 ます형 + ~たい
의미 1, 2인칭에 쓰이는 희망 표현이다.

アメリカ 미국
日本料理(にほんりょう
り) 일본요리
食(た)べる 먹다

アメリカに行きたい。 　　　　　　　　　　　　미국에 가고 싶다.

日本料理が食べたいです。 　　　　　　　　일본요리를 먹고 싶습니다.

> 🖉 **강의실 생중계!**
>
> ~たい는 1인칭 화자의 희망을 나타내거나 2인칭 청자의 희망을 물어보거나 할 때 쓰이는데 3인칭에
> 는 'たがる ~하고 싶어 하다'가 쓰입니다.
> 예 うちの子供(こども)は何(なん)でも知(し)りたがる。 우리 아이는 무엇이든 알고 싶어 한다.

02 ない형에 접속하는 문법

| 06 | ~ないでください | ~하지 말아 주세요, ~하지 마세요 |

접속 동사 ない형 + ~ないでください
의미 하지 말아야 할 행동을 제지하는 부탁, 금지 표현이다.

室内(しつない) 실내
たばこ 담배
吸(す)う 피우다
絵(え) 그림
さわる 손대다, 만지다
明日(あした) 내일

室内ではたばこを吸わないでください。 　　실내에서는 담배를 피우지 말아 주세요.

絵にさわらないでください。 　　　　　　그림에 손대지 말아 주세요.

明日は来ないでください。 　　　　　　　내일은 오지 말아 주세요.

| 07 | ~ないほうがいい | ~하지 않는 편이 좋다 |

접속 동사 ない형 + ~ないほうがいい
의미 충고나 조언을 하는 표현이다.

お酒(さけ) 술
飲(の)む 마시다
甘(あま)い 달다
たくさん 많이

お酒は飲まないほうがいいです。 　　　　술은 마시지 않는 편이 좋습니다.

甘いのはたくさん食べないほうがいいです。 　단 것은 많이 먹지 않는 편이 좋습니다.

> 🖉 **강의실 생중계!**
>
> 긍정 표현인 '~たほうがいい ~하는 게 좋다'는 た형에 접속합니다.
> 예 たばこはやめたほうがいい。 담배는 그만두는 편이 좋다.

08 ～なければならない ～하지 않으면 안 된다, ～해야 한다

접속 명사 · な형용사 어간 + で(じゃ) + ～なければならない /
い형용사 어간 + く + ～なければならない /
동사 ない형 + ～なければならない

의미 사회 상식, 일반적인 판단 등에 근거하여 해야 할 필요나 의무를 나타낸다.

交通(こうつう) 교통
ルール 규칙
守(まも)る 지키다
毎日(まいにち) 매일
薬(くすり) 약
大会(たいかい) 대회
参加(さんか) 참가
学生(がくせい) 학생

交通ルールは守らなければならない。 교통법규는 지키지 않으면 안 된다.

わたしは毎日薬を飲まなければならない。 나는 매일 약을 먹지 않으면 안 된다.

大会の参加は学生じゃなけれならない。 대회 참가는 학생이 아니면 안 된다.

∬ 강의실 생중계!

～なくてはならない, ～なければいけない, ～なくてはいけない 등도 같은 의미입니다.

09 ～なくてもいい ～하지 않아도 좋다, ～하지 않아도 된다

접속 명사 · な형용사 어간 + で(じゃ) + ～なくてもいい /
い형용사 어간 + く + ～なくてもいい /
동사 ない형 + ～なくてもいい

의미 '～할 필요가 없다'라는 허용의 의미를 나타낸다.

会(あ)う 만나다
値段(ねだん) 가격
そんなに 그렇게
高(たか)い 비싸다
意見(いけん) 의견
同(おな)じだ 같다

彼とは会わなくてもいいです。 그와는 만나지 않아도 좋습니다.

値段はそんなに高くなくてもいいです。 가격은 그렇게 비싸지 않아도 좋습니다.

みんなと意見が同じじゃなくてもいいです。 모두와 의견이 같지 않아도 됩니다.

もんだい1 (　　　)に なにを いれますか。
1・2・3・4から いちばん いい ものを ひとつ えらんで ください。

01 この コンピューターは (　　　) ください。

　　1 つかないで　　　　2 つかうないで　　　3 つかいないで　　　4 つかわないで

02 ひるごはんを いっしょに (　　　)。

　　1 たべてませんか　　2 たべませんか　　　3 たべりませんか　　4 たべれませんか

03 あしたまで ほんを (　　　)。

　　1 かえすなければなりません　　　　　2 かえさなければなりません
　　3 かえしてなければなりません　　　　4 かえしたなければなりません

04 あつい コーヒーが (　　　) たいです。

　　1 のみ　　　　　　2 のま　　　　　　3 のむ　　　　　　4 のめ

05 ほっかいどうに すんでいる ともだちは わたしを いちねんに いっかいは
　　(　　　) きます。

　　1 あおに　　　　　2 あわに　　　　　3 あうに　　　　　4 あいに

06 わたしは ごごからの かいぎには (　　　) いいですか。

　　1 はいれなくても　　2 はいりなくても　　3 はいらなくても　　4 はいるなくても

もんだい2 ＿＿＿★＿＿ に 入る ものは どれですか。
1・2・3・4から いちばん いい ものを ひとつ えらんで ください。

01 りゅうがくの せいかつが ＿＿＿ ＿＿＿ ★ ＿＿＿ です。

1 かえり 　　　　2 たい 　　　　3 くにに 　　　　4 おわったら

02 かれと ＿★＿ ＿＿＿ ＿＿＿ ＿＿＿ ですか。

1 あわない 　　　2 が 　　　　3 ほう 　　　　4 いい

03 ともだち ＿＿＿ ＿＿＿ ＿＿＿ ★ いきます。

1 みに 　　　　2 と 　　　　3 を 　　　　4 えいが

04 さむく ＿＿＿ ＿＿＿ ＿＿＿ ★ いいです。

1 まど 　　　　2 なければ 　　　3 を 　　　　4 あけても

05 そろそろ いえ ＿＿＿ ＿＿＿ ★ ＿＿＿ 。

1 なりません 　　2 なければ 　　　3 帰ら 　　　　4 へ

06 にじ ＿＿＿ ＿＿＿ ＿＿＿ ★ ましょう。

1 かいぎ 　　　　2 から 　　　　3 はじめ 　　　　4 を

もんだい3 01 から 05 に 何を いれますか。

ぶんしょうの いみを かんがえて 1・2・3・4から いちばん いい ものを
ひとつ えらんで ください。

＜としょかんの りよう あんない＞

としょかんの りよう あんないを おしらせします。

1. りよう じかんは ごぜん 9じから ごご 7じまでです。

2. やすみは まいしゅう げつようびです。

3. ほんを 01 かたは 2かいで うけつけして ください。

4. かみには おなまえと でんわばんごうを かいて ください。

じゅうしょは 02 。

5. かりた ほんは いっしゅうかん いないに 03 。

6. としょかんの なかでは たばこは 04 。

たばこが 05 かたは そとで すって くさだい。

01

1 かりに くる　　2 かりに きた　　3 かりに いく　　4 かりに いった

02

1 かいた ほうが いいです　　　　2 かいたり します

3 かかなければ いけません　　　　4 かかなくても いいです

03

1 かえさなければ なりません　　　2 かえさなくても いいです

3 かえさないで ください　　　　　4 かえさない ほうが いいです

04

1 すって ください　　　　　　　　2 すっても いいです

3 すわないで ください　　　　　　4 すわなくても いいです

05

1 すいたい　　　2 すった　　　3 すわない　　　4 すいに くる

적 중 예상 문제 ②

▶ 정답 및 해설 210쪽

もんだい1　（　　　）に なにを いれますか。
　　　　　　　1・2・3・4から いちばん いい ものを ひとつ えらんで ください。

01 まいにち くすりを（　　　）なりません。

　　1 のもなければ　　　2 のむなければ　　　3 のまなければ　　　4 のみなければ

02 ほんを（　　　）としょかんに いきます。

　　1 かりれば　　　　　2 かりに　　　　　3 かりて　　　　　4 かりよう

03 じんじゃの なかでは（　　　）。

　　1 はしらないで ください　　　　　　2 はしりたいです
　　3 はしらなくても いいです　　　　　4 はしった ほうが いいです

04 A「かぜが つよいですね。」
　　B「まどを（　　　）。」

　　1 しめたく ありません　　　　　　　2 しめません
　　3 しめないで ください　　　　　　　4 しめましょうか

05 みんなで うたを（　　　）。

　　1 うたいましょう　2 うたうましょう　3 うたわましょう　4 うたおましょう

06 たばこは（　　　）ほうが いいですよ。

　　1 すわなくて　　　　2 すわない　　　　3 すわなかった　　　4 すわなく

もんだい 2 ___★___ に 入る ものは どれですか。
1・2・3・4から いちばん いい ものを ひとつ えらんで ください。

01 いえで はく スリッパだから _____ ___★___ _____ _____ 。
    1 かならず   2 なくても   3 いい   4 たかく

02 ひとと はなす _____ _____ ___★___ _____ なりません。
    1 ことばに   2 ときは   3 なければ   4 きを つけ

03 ことし _____ _____ _____ ___★___ です。
    1 いきたい   2 アメリカ   3 りょこうに   4 は

04 外が うるさい _____ _____ _____ ___★___ ほうが いいです。
    1 まど   2 から   3 を   4 あけない

05 その _____ _____ ___★___ _____ ください。
    1 には   2 ないで   3 のら   4 じてんしゃ

06 しゅうまつに _____ _____ _____ ___★___ ませんか。
    1 いっしょに   2 し   3 を   4 テニス

もんだい3 　01　から　05　に 何を いれますか。
ぶんしょうの いみを かんがえて 1·2·3·4から いちばん いい ものを
ひとつ えらんで ください。

わたしは 日本に りゅうがくする ことに しました。こどもの ときから
日本の れきしに ついて べんきょうしたいと おもいました。　01　 日
本語の べんきょうを いっしょうけんめい　02　。りゅうがくに いく
　03　 中学校の ともだちが わたしに　04　。ともだちは いなかから
くるのですが、ソウルに なんかい 来た ことが あるので えきに むかえに
　05　。ひさしぶりに ともだちと うみを みに いく よていです。

01

1 けれども　　　　2 しかし　　　　3 でも　　　　　4 ですから

02

1 しなくても いいです　　　　　　2 しなければ ならないです
3 しないで ください　　　　　　　4 しない ほうが いいです

03

1 まえに　　　　　2 あとで　　　　3 とちゅうで　　　4 あいだに

04

1 あいに いく よていです　　　　2 あって くる よていです
3 あいに くる よていです　　　　4 あって いく よていです

05

1 いった ことが あります　　　　2 いった ほうが いいです
3 いかなくても いいです　　　　　4 いかないで ください

시나공 02

합격을 위한 필수 문법

이 장에서 배울 문법은 '동사 기본형과 보통형에 접속하는 문법'입니다.
본격적인 학습에 앞서 자신이 알고 있는 문법이 어느 정도인지 □에 체크해 보세요.

기본형 · 보통형

□ 10	~と	~하면	
□ 11	~から	~이기 때문에	
□ 12	~し	~하고	
□ 13	~が／~けれども	~데, ~지만	
□ 14	~と思う	~라고 생각하다	
□ 15	~と言う	~라고 하다	
□ 16	~だろう	~겠지, ~것이다	
□ 17	~かもしれない	~일지도 모른다	
□ 18	~ことがある	~하는 것이 있다, ~하는 때(경우)가 있다	
□ 19	~ことができる	~할 수 있다	
□ 20	~前に	~전에	
□ 21	~まで	~까지	
□ 22	~までに	~까지	

기타

□ 23	~にとって	~에 있어서	
□ 24	~について	~에 대해서	
□ 25	~になる/~くなる	~가 되다/~해 지다	
□ 26	~とき	~할 때	

합격을 위한 필수 문법

이번 장에서는 기본형과 보통형에 접속하는 문법에 대하여 학습하도록 하겠습니다. 가정조건, 이유, 추량, 판단이나 의견, 전문, 습관, 경험을 나타내는 표현 등에 대해 학습합니다.

시험에 **이렇게 나온다!**

もんだい1 (   )に なにを いれますか。
1·2·3·4から いちばん いい ものを ひとつ えらんで ください。

あには にちようびは ゆっくり (   )と 言いました。

1 やすま   **2** やすむ   **3** やすめ   **4** やすみ

해석 형은 일요일에는 푹 쉰다고 말했습니다.
해설 다른 사람에게 전하여 들은 말을 나타내는 '~と言(い)う ~라고 하다'에 붙는 올바른 활용 형태를 찾는 문제입니다. ~と言う는 보통형에 접속하므로 やすむと言いました가 되어 2번이 정답입니다.   **정답** 2

---

01 기본형과 보통형에 접속하는 문법

10	~と	~(하)면

접속 명사+だ / い형용사 · な형용사 · 동사 기본형+~と
의미 가정 조건 표현으로, 동작의 반복, 습관 등 앞일을 계기로 뒤의 일이 성립함을 나타낸다.

週末(しゅうまつ) 주말
運動会(うんどうかい)
운동회
困(こま)る 곤란하다
今回(こんかい) 이번
仕事(しごと) 일
頼(たの)む 부탁하다
咲(さ)く 피다
まっすぐ 똑바로
本屋(ほんや) 서점
旅行(りょこう) 여행

冬になると寒くなります。   겨울이 되면 추워집니다.

週末運動会があるから、雨だと困ります。
주말에 운동회가 있어서 비가 내리면 곤란합니다.

今回の仕事は、英語が上手じゃないと頼めません。
이번 일은 영어가 능숙하지 않으면 부탁할 수 없습니다.

🎧 **강의실 생중계!**

주로 사실, 자연 현상, 습관, 진리 등에 쓰입니다. 뒤에는 의지형, 명령형 등의 문장이 올 수 없습니다.
예 春になると花が咲きます。 봄이 되면 꽃이 핍니다. (자연 현상)
まっすぐ行くと本屋があります。 똑바로 가면 서점이 있습니다.(사실)
秋になるといつも旅行に行きます。 가을이 되면 언제나 여행을 갑니다.(습관)

～から ～이기 때문에, ～해서

접속 명사+だ / い형용사・な형용사・동사 보통형+～から
의미 말하는 사람의 주관적인 입장에서 행하는 의뢰, 명령, 추측, 의지, 주장 등의 이유를 나타낸다.

一日中(いちにちじゅう) 하루 종일

雨(あめ) 비

出(で)かける
외출하다, 나가다

用(よう) 볼일

古(ふる)い 낡다

捨(す)てる 버리다

今日は一日中雨ですから出かけません。

오늘은 하루 종일 비가 내려서 외출하지 않습니다.

家に用があるから早く帰ります。　집에 볼일이 있어서 빨리 돌아가겠습니다.

このかさは古いですから捨ててもいいです。　이 우산은 낡아서 버려도 좋습니다.

🎧 **강의실 생중계!**

이유를 나타내는 표현으로 ～ので도 있는데 ～から는 ～ので보다 원인, 이유를 강하게 말할 때 쓰입니다. '～하기 때문입니다'라고 할 때는 ～からです만 쓸 수 있습니다.

---

12 **～し** ～하고

접속 명사・な형용사 어간+だ / い형용사・동사 보통형+～し
의미 병렬의 의미로, 동시에 일어나는 사항이나 말하는 사람의 생각과 관련된 일을 나열할 때 쓴다.

ハンサムだ 잘생기다

頭(あたま)が いい
머리가 좋다

降(ふ)る (비 등이) 내리다

風(かぜ) 바람

強(つよ)い 강하다

住(す)む 살다

所(ところ) 곳

交通(こうつう) 교통

不便(ふべん)だ 불편하다

彼はハンサムだし、頭もいいです。　그는 잘 생겼고 머리도 좋습니다.

今日は雨も降るし、風も強いです。　오늘은 비도 내리고 바람도 강합니다.

今住んでいる所は交通も不便だし、買い物も不便だ。

지금 살고 있는 곳은 교통도 불편하고 장보기도 불편하다.

🎧 **강의실 생중계!**

나열한 내용이 시간적 나열과는 관계가 없으므로 앞뒤를 바꾸어 써도 괜찮습니다.
예 彼は頭もいいし、ハンサムです。 그는 머리도 좋고 잘생겼습니다.

13 ~が / ~けれども   ~는데, ~지만

접속 명사+だ / い형용사 · な형용사 · 동사 보통형+~が / ~けれども

의미 역접의 의미로, 앞의 글에서 서술한 사실과 서로 반대되는 내용이거나 그와 일치하지 않는 내용이 뒤의 글에서 성립함을 나타낸다. ~けれども는 ~けれど, ~けど로 쓰이기도 한다.

学生(がくせい) 학생
勉強(べんきょう) 공부
アルバイト 아르바이트
今週(こんしゅう)
이번 주
来週(らいしゅう) 다음주
店(みせ) 가게
カレー 카레
高(たか)い 비싸다, 높다

彼は学生ですが、勉強しません。
그는 학생인데 공부하지 않습니다.

今週はアルバイトに行きますが、来週は行きません。
이번 주는 아르바이트하러 가지만 다음주는 가지 않습니다.

この店のカレーは高いけれども、おいしくありません。
이 가게의 카레는 비싼데 맛이 없습니다.

14 ~と思う   ~라고 생각하다

접속 명사+だ / い형용사 · な형용사 · 동사 보통형+~と思(おも)う

의미 말하는 사람의 주관적인 판단, 개인적 의견을 나타내며 의문문에서는 듣는 사람의 개인적 판단이나 의견을 묻는 표현이 된다.

飲(の)みすぎ 과음
体(からだ) 몸
思(おも)う 생각하다
英語(えいご) 영어
上手(じょうず)だ 잘하다
分(ふん) 분
後(ご) 후

飲みすぎは体によくないと思います。
과음은 몸에 좋지 않다고 생각합니다.

山田さんは英語が上手だと思います。
야마다 씨는 영어를 잘한다고 생각합니다.

田中さんは30分後に来ると思います。
다나카 씨는 30분 후에 온다고 생각합니다.

15 ~と言う   ~라고 하다

접속 명사+だ / い형용사 · な형용사 · 동사 보통형+~と言(い)う

의미 다른 사람이 말한 것을 인용해서 말하거나 다른 사람을 통하여 전해 들은 말을 나타내는 표현으로, 전문의 조동사 '~そうだ ~라고 한다'와 같은 표현이다.

~時(じ) ~시
会社(かいしゃ) 회사
戻(もど)る
되돌아가다, 되돌아오다
言(い)う 말하다
最近(さいきん) 최근
結婚(けっこん)する
결혼하다

彼女は2時までに会社に戻ると言いました。
그녀는 2시까지 회사에 돌아온다고 했습니다.

彼は最近結婚したと言う。
그는 최근에 결혼했다고 한다.

～だろう ～이겠지, ～일 것이다

접속 명사 · な형용사 어간 / い형용사 · 동사 보통형＋～だろう
의미 말하는 사람의 추량, 불확실한 추측이나 확인을 나타내는 표현이다.

用(よう) 볼일, 용무
たぶん 아마
曇(くも)る 흐리다
むし暑(あつ)い
후덥지근하다, 무덥다

田中さんは今日用があると言ったから、だぶん来ないだろう。

다나카 씨는 오늘 볼일이 있다고 했으니까 아마 안 올 것이다.

明日は曇るだろう。

내일은 흐리겠지.

8月だから日本はむし暑いだろう。

8월이니까 일본은 후덥지근하겠지.

📎 강의실 생중계!

추측을 나타낼 경우는 たぶん(아마도), きっと(분명) 등과 함께 쓰는 경우가 많으며 이럴 경우는 가능성이 높은 추측을 나타냅니다. 문어체에서는 남녀 모두 쓸 수 있지만 회화체에서는 일반적으로 남성이 친한 상대에게 쓰고 여성은 ～でしょう를 씁니다.

---

17 **～かもしれない** ～일지도 모른다

접속 명사 · な형용사 어간 / い형용사 · 동사 보통형＋～かもしれない
의미 말하는 사람의 주관적인 추측을 나타내며 단정할 수는 없지만 ～할 가능성이 있다는 의미로 쓰인다.

肉(にく) 고기
値段(ねだん) 값
高(たか)い 비싸다, 높다
ゴルフ 골프
下手(へた)だ
못하다, 서툴다

肉の値段が高くなるかもしれません。

고기 값이 비싸질지도 모릅니다.

田中さんは行かないかもしれません。

다나카 씨는 가지 않을지도 모릅니다.

彼はゴルフは下手かもしれません。

그는 골프는 서툴지도 모릅니다.

---

18 **～ことがある** ～하는 것이 있다, ～할 때(경우)가 있다

접속 동사 기본형＋～ことがある
의미 불규칙한 경우나 습관을 나타내며, '～하는 경우가 있다', '～하기도 한다'라고 해석한다.

会(あ)う 만나다
運動(うんどう) 운동
朝(あさ)ご飯(はん)
아침밥

たまに彼女と会うことがあります。

가끔씩 그녀와 만나는 일이 있습니다.

運動しないことがあります。

운동하지 않을 때가 있습니다.

朝ご飯を食べないことがありますか。

아침밥은 먹지 않을 때가 있습니다.

19 ～ことができる ～할 수 있다

접속 동사 기본형 + ～ことができる
의미 가능성이나 능력의 유무를 나타낸다.

スキー 스키
料理(りょうり) 요리
作(つく)る 만들다

わたしはスキーをすることができます。 　　나는 스키를 탈 수 있습니다.

日本語で手紙を書くことができますか。 　　일본어로 편지를 쓸 수 있습니까?

母は日本料理を作ることができます。 　　어머니는 일본요리를 만들 수 있습니다.

> **강의실 생중계!**
>
> '스키를 타다'는 スキーに乗(の)る가 아니라 スキーをする입니다.

20 ～前に ～전에

접속 명사 + の・동사 기본형 + ～前(まえ)に
의미 어떤 행위를 먼저 하는지에 대해 나타낸다.

寝(ね)る 자다
シャワーを浴(あ)びる
샤워를 하다
予約(よやく) 예약
スケジュール 스케줄
チェックする 체크하다
留学(りゅうがく)する
유학하다

わたしは寝る前にシャワーを浴びます。 　　나는 가기 전에 샤워를 합니다.

ホテルの予約の前に、スケジュールをチェックします。
　　　　　　　　　　　　　　호텔을 예약하기 전에 스케줄을 체크합니다.

兄は5年前に日本に留学しました。 　　형은 5년 전에 일본에 유학했습니다.

21 ～まで ～까지

접속 명사・동사 기본형 + ～まで
의미 동작이나 상태가 계속되는 마지막 시점을 나타낸다. 예를 들면 영화관에 관객이 없다하여 영업시간을 빨리 끝낼 수 없으므로 마지막 시각까지를 의미한다.

映画館(えいがかん)
영화관
働(はたら)く 일하다
会議(かいぎ) 회의
終(お)わる 끝나다
待(ま)つ 기다리다

映画館は11時までです。 　　영화관은 11시까지입니다.

父は毎日7時まで働きます。 　　아빠는 매일 7시까지 일합니다.

会議が終わるまで待ちます。 　　회의가 끝날 때까지 기다립니다.

| 22 | ~までに | ~까지 |

접속 명사, 동사 기본형 + ~までに

의미 행동이나 작용이 성립하는 시점의 범위, 한계, 기한을 나타낸다. 주로 일회성이거나 순간적인 일이 그 시점 전까지 끝남을 나타낸다. 꼭 정해진 마지막 날짜나 시각까지가 아니라 그 전에 행동이 이루어질 수 있다.

レポート 리포트
金曜日(きんようび) 금요일
出(だ)す 제출하다
返(かえ)す 반납하다
簡単(かんたん)だ 간단하다

レポートは金曜日までに出してください。　　　리포트는 금요일까지 제출해 주세요.

本は明日までに返します。　　　책은 내일까지 반납하겠습니다.

日本に行くまでに、簡単な会話ができるようになりたい。
　　　일본에 가기 전까지 간단한 회화를 할 수 있게 되고 싶다.

02 기타

| 23 | ~にとって | ~에게 있어서 |

접속 명사 + ~にとって

의미 사람이나 조직을 나타내는 명사에 붙어 '그 입장에서 보면'이라는 의미를 나타낸다. '~에게 있어서는'이라고 할 때는 ~にとっては라고 하면 된다.

辞書(じしょ) 사전
役(やく)に立(た)つ 도움이 되다
犬(いぬ) 개
家族(かぞく) 가족

この辞書は私にとって役に立ちます。　　　이 사전은 저에게 도움이 됩니다.

彼女にとって、犬は家族と同じです。　　　그녀에게 있어서 개는 가족과 같습니다.

| 24 | ~について | ~에 대해서 |

접속 명사 + ~について

의미 중심이 되는 사항을 한정하여 제시하며, 주로 사고활동이나 언어활동과 관련된 동사가 서술의 대상이 된다. '~에 대해서는'이라고 할 때는 ~については라고 하면 된다.

日本文化(にほんぶんか) 일본문화
知(し)る 알다

明日のスケジュールについて聞いた。　　　내일 스케줄에 대해서 들었다.

日本文化について話してください。　　　일본 문화에 대해서 이야기해 주세요.

| 25 | ~になる/~くなる | ~가 되다/~해지다 |

접속 명사 + な형용사 어간 + ~になる / い형용사 어간 + ~くなる

의미 장래의 행위에 대해 무언가의 결정이나 합의가 되거나 어떤 결과의 발생을 나타내기도 하고 어떤 일의 그 자체의 자연적인 변화를 나타내기도 한다.

道(みち) 길
教室(きょうしつ) 교실
急(きゅう)に 갑자기
静(しず)かだ 조용하다

弟は大学生になりました。　　　　　　　　　남동생은 대학생이 되었습니다.

道が広くなります。　　　　　　　　　　　　길이 넓어집니다.

教室の中が急に静かになりました。　　　　　교실 안이 갑자기 조용해졌습니다.

| 26 | ~とき | ~할 때 |

접속 명사 + の / い형용사 · な형용사의 명사수식형/동사 보통형 + ~とき

의미 동사, い형용사, な형용사의 연체형에 붙어 그 상황과 동시에 병렬로 다른 일이나 상태가 성립함을 나타낸다.

子供(こども) 어린이, 아이
野菜(やさい) 야채
嫌(きら)いだ 싫어하다
旅行(りょこう) 여행
撮(と)る 찍다
写真(しゃしん) 사진
暇(ひま)だ 한가하다
公園(こうえん) 공원
散歩(さんぽ)する
산책하다

わたしは子供のとき、野菜が嫌いでした。　　나는 어렸을 때, 야채를 싫어했습니다.

この写真は旅行に行ったとき、撮った写真です。

　　　　　　　　　　　　　　　　이 사진은 여행을 갔을 때 찍은 사진입니다.

わたしは暇なときは公園を散歩します。　　　나는 한가할 때는 공원을 산책합니다.

もんだい1 (   )に なにを いれますか。
1・2・3・4から いちばん いい ものを ひとつ えらんで ください。

01 おかねが (   )から、りょこうに いけません。
1 ない 　　　2 なかった 　　　3 なくて 　　　4 なくても

02 おさけを (   )と かおが あかく なります。
1 のま 　　　2 のみ 　　　3 のめ 　　　4 のむ

03 この みせは (   )し、おいしいです。
1 やすく 　　　2 やすい 　　　3 やすくて 　　　4 やすければ

04 あしたは あめが (   )と 思います。
1 ふり 　　　2 ふら 　　　3 ふれ 　　　4 ふる

05 きのうは あつかったです (   )、きょうは すずしいです。
1 ので 　　　2 が 　　　3 し 　　　4 から

06 かれは しごとが おわって いまから ごはんを (   )と いいました。
1 食べよ 　　　2 食べれ 　　　3 食べ 　　　4 食べる

もんだい2 ＿＿＿＿★＿＿＿ に 入る ものは どれですか。

1・2・3・4から いちばん いい ものを ひとつ えらんで ください。

01 ここより ＿＿＿＿ ＿＿＿＿ ＿＿＿＿ ＿★＿ かもしれません。

    1 の   2 あそこ   3 ほうが   4 しずか

02 きょうは ＿＿＿＿ ＿＿＿＿ ＿★＿ ＿＿＿＿ おもいます。

    1 は   2 こない   3 かれ   4 と

03 どようび ＿＿＿＿ ＿★＿ ＿＿＿＿ ＿＿＿＿ やすみです。

    1 がっこう   2 から   3 だ   4 は

04 みんな ＿＿＿＿ ＿＿＿＿ ＿★＿ ＿＿＿＿ いいました。

    1 と   2 に   3 いかない   4 は

05 かれは ひるは かいしゃいん ＿＿＿＿ ＿★＿ ＿＿＿＿ ＿＿＿＿ がくせいです。

    1 が   2 よる   3 は   4 です

06 はるが ＿＿＿＿ ＿★＿ ＿＿＿＿ ＿＿＿＿ さきます。

    1 くる   2 はな   3 と   4 が

ぶんしょうの いみを かんがえて 1・2・3・4から いちばん いい ものを
ひとつ えらんで ください。

　　私は アパート 01 すんで います。 いま すんで いる アパートは
えきから あるいて 3分ぐらい 02 こうつうが べんりだと 思います。
いえの ちかくには こうえん、ぎんこう、スーパーなどが 03 、ほんや
も あって せいかつが とても べんりです。 04 この アパートは かがく
が とても たかいです。最初、アパートを みた とき、「 05 。」と 思
いました。アパートの かがくは たかいけれども こうつうや せいかつが べ
んりで ここの くらしに たいへん まんぞくして います。

01

1 で　　　　　　2 に　　　　　　3 より　　　　　4 まで

02

1 かかりますから　　　　　　　2 かからないから
3 かからないので　　　　　　　4 かかりませんから

03

1 あるから　　2 あるので　　3 あるのに　　4 あるし

04

1 それで　　2 それでは　　3 そして　　4 でも

05

1 たかければ　　2 たかい　　3 たかくない　　4 たかいだろう

적중 예상 문제 ②

▶ 정답 및 해설 220쪽

もんだい1 （　　　　）に なにを いれますか。
1·2·3·4から いちばん いい ものを ひとつ えらんで ください。

01 なつやすみが （　　　　）までに この ほんを よみたいです。

　　1 おわれ　　　　　2 おわら　　　　　3 おわる　　　　　4 おわり

02 たまに ともだちと （　　　　）ことが あります。

　　1 けんかしたり　　2 けんかする　　　3 けんかして　　　4 けかしたら

03 50キロメートルも およぐ （　　　　）できますか。

　　1 ことでは　　　　2 ことを　　　　　3 ことでも　　　　4 ことが

04 ねる （　　　　）かるく いっぱい おさけを のみます。

　　1 あとで　　　　　2 まえに　　　　　3 まで　　　　　　4 ので

05 この まちは だんだん （　　　　）なりますね。

　　1 すみやすくて　　2 すみやすい　　　3 すみやすく　　　4 すみやす

06 にほんに （　　　　）とき、いろんな けいけんを しました。

　　1 いた　　　　　　2 いる　　　　　　3 いて　　　　　　4 いたら

もんだい2 _____ ★ _____ に 入る ものは どれですか。
1・2・3・4から いちばん いい ものを ひとつ えらんで ください。

01 かれに ___★___ _____ _____ _____ かんたんです。

    1 にわ   2 とって   3 しごと   4 は

02 しちじ ___★___ _____ _____ _____ ください。

    1 までに   2 に   3 きて   4 えきのまえ

03 わたしは さいきん _____ _____ _____ ___★___ なりました。

    1 が   2 の   3 からい   4 すきに

04 けっこんする ___★___ _____ _____ いました。

    1 に   2 つとめて   3 かいしゃ   4 まえに

05 ははは ときどき _____ ___★___ _____ _____ が あります。

    1 を   2 こと   3 つくる   4 にほんりょうり

06 みなさん、これから じぶん _____ _____ _____ ___★___ 話してみましょう。

    1 しょうらい   2 の   3 に   4 ついて

もんだい3　　01　から　05　に　何を　いれますか。
　　　　ぶんしょうの　いみを　かんがえて　1・2・3・4から　いちばん　いい　ものを
　　　　ひとつ　えらんで　ください。

　　私は　　01　。こどもの　とき、がっこうで　ならいました。最初は　水も
こわかったし、　02　　およげませんでした。私は　がっこうで　週に　3かい
じゅぎょうが　おわってから　5じ　　03　　練習しました。それで　だんだん
みずも　こわく　なくなり、およぎも　　04　。それから　体も　じょうぶに　な
りました。私　05　　すいえいは　どんな　運動よりも　いい　運動です。

01

　　1 およぐ　ことが　できません　　　　2 およいだ　ことが　ありません
　　3 およいだ　ことが　あります　　　　4 およぐ　ことが　できます

02

　　1 ぜんぜん　　　　2 すこし　　　　3 ちょっと　　　　4 よく

03

　　1 なら　　　　　　2 に　　　　　　3 まで　　　　　　4 が

04

　　1 じょうずに　なります　　　　　　2 じょうずに　なりました
　　3 つよく　なります　　　　　　　　4 つよく　なります

05

　　1 について　　　　2 にして　　　　3 になって　　　　4 にとって

한눈에 미리 보기

고득점을 위한 핵심 문법

시나공 03

이 장에서 배울 문법은 'て, た, たり, たら형에 접속하는 문법'입니다.
본격적인 학습에 앞서 자신이 알고 있는 문법이 어느 정도인지 □에 체크해 보세요.

□	27	~ている	~하고 있다
□	28	~てから	~하고 나서
□	29	~てはいけません	~해서는 안 된다, ~하면 안 된다
□	30	~ても	~라도, ~해도
□	31	~てもいい	~해도 좋다, ~해도 괜찮다, ~해도 된다
□	32	~てください	~해 주세요
□	33	~てくださいませんか	~해 주시지 않겠습니까?
□	34	~てくれ	~해 줘
□	35	~てくれませんか	~해 주지 않겠습니까?
□	36	~てもらえませんか	~해 줄 수 없겠습니까?
□	37	~ていただけませんか	~해 주실 수 없겠습니까?
□	38	~たことがある	~한 적이 있다
□	39	~たほうがいい	~하는 게 좋다
□	40	~の後で/~た後で	~후에/~한 후에
□	41	~たら	~라면, ~하면, ~더니
□	42	~たらどうですか	~하면 어떻습니까?
□	43	~たり~たりする	~하거나 ~하거나 하다

て, た, たり, たら형 (동사 음편형)

'동사가 て, た, たり, たら에 접속할 때 1그룹동사의 끝글자(어미)가 바뀌는 현상으로, 'い음편', '촉음편', '발음편'이 있습니다 (～ぐ, ～ぬ, ～ぶ, ～む로 끝나는 동사는 で, だ, だり, だら가 됩니다).
1그룹동사(5단동사) 중 ～す로 끝나는 동사와 2그룹(1단동사), 3그룹동사(불규칙동사)는 음편이 일어나지 않고 동사 ます형에 접속합니다.

___

의미

～て (나열, 원인 이유) : ～하고, ～해서

～た (과거, 완료) : ～했다, ～한

～たり (병렬, 동작, 상태의 나열) : ～하기도 하고, ～하거나

～たら (과거 가정, 현재 가정) : ～했다면, ～면

い음편   어미 ～く, ～ぐ를 い로 바꾸고 て, た, たり, たら를 붙입니다.

書く － 쓰다	書いて 쓰고, 써서	書いた 썼다, 쓴	書いたり 쓰거나	書いたら 쓰면, 썼다면
泳ぐ － 헤엄치다	泳いで 헤엄치고, 헤엄쳐서	泳いだ 헤엄쳤다, 헤엄친	泳いだり 헤엄치거나	泳いだら 헤엄치면, 헤엄쳤다면

- - -

〈주의〉
行く는 예외로 行った － 行って － 行ったり － 行ったら 형태로 활용합니다.

촉음편   어미 ～う, ～つ, ～る를 촉음(っ)으로 바꾸고 て, た, たり, たら를 붙입니다.

買う － 사다	買って 사고, 사서	買った 샀다, 산	買ったり 사거나	買ったら 사면, 샀다면
持つ － 들다	持って 들고, 들어서	持った 들었다, 든	持ったり 들거나	持ったら 들면, 들었다면
作る － 만들다	作って 만들고, 만들어서	作った 만들었다, 만든	作ったり 만들거나	作ったら 만들면, 만들었다면

어미 ~ぬ, ~ぶ, ~む를 발음편(ん)으로 바꾸고 で, だ, だり, だら를
붙입니다.

死ぬ – 죽다	死んで 죽고, 죽어서	死んだ 죽었다, 죽은	死んだり 죽거나	死んだら 죽으면, 죽었다면
呼ぶ – 부르다	呼んで 부르고, 불러서	呼んだ 불렀다, 부른	呼んだり 부르거나	呼んだら 부르면, 불렀다면
飲む – 마시다	飲んで 마시고, 마셔서	飲んだ 마셨다, 마신	飲んだり 마시거나	飲んだら 마시면, 마셨다면

음편이 발생하지 않는 동사 ~す로 끝나는 동사, 1그룹동사(1단동사), 2그룹동사(불규칙
동사)는 ます형에 접속합니다.

話す – 말하다	話して 말하고, 말해서	話した 말했다, 말한	話したり 말하거나	話したら 말하면, 말했다면
見る – 보다	見て 보고, 봐서	見た 보았다, 본	見たり 본거나	見たら 보면, 보았다면
食べる – 먹다	食べて 먹고, 먹어서	食べて 먹었다, 먹은	食べたり 먹거나	食べたら 먹으면, 먹었다면
来る – 오다	来て 오고, 와서	来た 왔다, 온	来たり 오거나	来たら 오면, 왔다면
する – 하다	して 하고, 해서	した 했다, 한	したり 하거나	したら 하면, 했다면

예 昨日は家で休んだ。 어제는 집에서 쉬었다.

昨日買った時計です。 어제 산 시계입니다.

テレビを見たり、音楽を聞いたりします。 텔레비전을 보거나 음악을 듣거나 합니다.

着いたら連絡します。 도착하면 연락하겠습니다.

시나공 03 고득점을 위한 핵심 문법

て, た, たり, たら형을 음편형이라고 합니다. 음편이란 발음을 편하게 하기 위해 'い음편', '촉음편', '발음편'의 3가지 음편으로 바뀌는 현상으로 ～す를 제외한 1그룹동사에서만 일어납니다. て, た, たり, たら 모두 바뀌는 형태는 같으므로 한꺼번에 외워두세요.

시험에 이렇게 나온다!

もんだい1 （　　　　）になにをいれますか。
1・2・3・4から いちばん いい ものを ひとつ えらんで ください。

わたしに とうきょうを あんない（　　　　　）。

1 して くださいませんか　　　　3 して あげますか

3 して もらえませんか　　　　4 して いただけませんか

해석 저에게 도쿄를 안내해 주시지 않겠습니까?
해설 상대방에게 부탁이나 의뢰하는 표현입니다. ～てください의 부정형인 ～てくださいませんか의 형태로 더 완곡한 표현을 나타냅니다.
정답 1

---

27 ～ている ～하고 있다

접속 동사 て형 + ～ている
의미 동작의 진행이나 상태를 나타낸다.

今(いま) 지금
新聞(しんぶん) 신문
読(よ)む 읽다
帽子(ぼうし) 모자
かぶる 쓰다
窓(まど) 창문
開(あ)ける 열다
会議(かいぎ) 회의
始(はじ)まる 시작되다

父は今、新聞を読んでいます。(진행)　　아빠는 지금 신문을 읽고 있습니다.

帽子をかぶっている人が私の母です。(상태) 모자를 쓰고 있는 사람이 제 어머니입니다.

窓が開いています。(상태)　　　　　　창문이 열려 있습니다.

강의실 생중계!

그 밖에 반복, 결과로서의 상태, 경험 등을 나타내기도 합니다.
예 彼女はいつもここでコーヒーを飲んでいます。(반복)
그녀는 언제나 여기서 커피를 마시고 있습니다.
会議はもう始まっています。(결과의 상태) 회의는 이미 시작되었습니다.
日本にはもう五回行っています。(경험) 일본에는 벌써 5번 갔습니다.

28 　～てから　～하고 나서

접속 동사 て형＋～てから
의미 A ～てから B 형태로, A가 B보다 먼저 행함. 앞의 동작이 먼저 일어남을 나타낸다. 해석할 때 '～하고 나서' 또는 '～하고'라고 한다.

洗濯(せんたく)する
세탁하다
出(で)かける 외출하다
宿題(しゅくだい) 숙제
遊(あそ)ぶ 놀다
テレビ 텔레비전
寝(ね)る 자다

洗濯してから出かけます。　　　　　　　세탁을 하고 나서 외출합니다.

宿題をしてから遊びます。　　　　　　　숙제를 하고 나서 놉니다.

テレビを見てから寝ます。　　　　　　　텔레비전을 보고 나서 잡니다.

29 　～てはいけません　～해서는 안 된다, ～하면 안 된다

접속 동사 て형＋～ではいけません
의미 금지를 나타내며 주로 부모, 교사, 직장 상사 등 감독 입장에 있는 사람이 감독당하는 입장에 있는 사람에게 사용한다. 비슷한 표현으로 ～てはならない가 있다.

入(はい)る
들어가다, 들어오다
治(なお)る 낫다
お酒(さけ) 술
シャワーを浴(あ)びる
샤워를 하다

ここに入ってはいけません。　　　　　　여기에 들어와서는 안 됩니다.

治るまでお酒を飲んではいけません。　　나을 때까지 술을 마시면 안 됩니다.

いつまでシャワーを浴びてはいけませんか。　언제까지 샤워를 해서는 안 됩니까?

30 　～ても　～라도, ～해도

접속 명사·な형용사 어간＋～でも/い형용사 어간＋く＋～ても/동사 て형＋～ても
의미 A가 성립하면 B가 성립된다는 순접의 관계를 부정한다.

話(はなし) 이야기
お店(みせ) 가게
遠(とお)い 멀다
大変(たいへん)だ
큰일이다, 힘들다
アルバイト 아르바이트
止(や)める 그만두다

その話は聞いてもわかりません。　　　　그 이야기는 들어도 모르겠습니다.

おいしいお店なら遠くても行きます。　　맛있는 가게라면 멀어도 가겠습니다.

大変でもアルバイトは止めません。　　　힘들어도 아르바이트는 그만두지 않습니다.

31 ~てもいい　~해도 좋다, ~해도 괜찮다, ~해도 된다

접속 명사·な형용사 어간 + ~でもいい / い형용사 어간 + く + ~てもいい / 동사 て형 + ~てもいい
의미 허가나 허락의 의미를 나타낸다.

案内(あんない)する
안내하다

部屋(へや) 방

狭(せま)い 좁다

デザイン 디자인

同(おな)じだ 같다

明日私が案内してもいいですか。 　　　　　내일 제가 안내해도 되겠습니까?

部屋は狭くてもいいです。 　　　　　방은 좁아도 됩니까?

デザインは同じでもいいです。 　　　　　디자인은 같아도 좋습니까?

32 ~てください　~해 주세요

접속 동사 て형 + ~てください
의미 상대방에게 의뢰, 지시, 명령하는 표현이다.

連絡(れんらく) 연락

電話番号(でんわばんごう) 전화번호

貸(か)す 빌리다

明日連絡してください。 　　　　　내일 연락해 주세요.

電話番号を書いてください。 　　　　　전화번호를 써 주세요.

本を貸してください。 　　　　　책을 빌려 주세요.

33 ~てくださいませんか　~해 주시지 않겠습니까?

접속 동사 て형 + ~てくださいませんか
의미 ~てください의 부정형을 써서 더 완곡한 표현을 나타낸다.

教(おし)える 가르치다

説明(せつめい)する
설명하다

写真(しゃしん) 사진

お名前を教えてくださいませんか。 　　　　　성함을 가르쳐 주시지 않겠습니까?

使い方を説明してくださいませんか。 　　　　　사용법을 설명해 주시지 않겠습니까?

この写真を見てくださいませんか。 　　　　　이 사진을 봐 주시지 않겠습니까?

34 ~てくれ ~해 줘

접속 동사 て형 + ~てくれ
의미 상대방에게 강하게 명령하는 표현으로 반말이다.

静(しず)かだ 조용하다
スーパー 슈퍼마켓
牛乳(ぎゅうにゅう) 우유
買(か)う 사다
宿題(しゅくだい) 숙제
手伝(てつだ)う 돕다

静かにしてくれ。
조용히 해 줘.

スーパーで牛乳を買ってきてくれ。
슈퍼마켓에서 우유를 사와 줘.

宿題を手伝ってくれ。
숙제를 도와 줘.

35 ~てくれませんか ~해 주지 않겠습니까?

접속 동사 て형 + ~てくれませんか
의미 상대에게 의뢰, 지시, 명령하는 표현으로 ~てくださいませんか가 존경표현이다.

手紙(てがみ) 편지
読(よ)む 읽다
窓(まど) 창문
閉(し)める 닫다
砂糖(さとう) 설탕

手紙を読んでくれませんか。
편지를 써 주지 않겠습니까?

窓を閉めてくれませんか。
창문을 닫아 주시지 않겠습니까?

砂糖をとってくれませんか。
설탕을 집어 주시지 않겠습니까?

36 ~てもらえませんか ~해 줄 수 없겠습니까?

접속 동사 て형 + ~てもらえませんか
의미 ~てくれませんか와 마찬가지로 상대에게 의뢰하는 표현이다.

代(か)わり 대신
ごみ 쓰레기
捨(す)てる 버리다

私の代わりに行ってもらえませんか。
제 대신에 가 줄 수 없겠습니까?

ごみを捨ててもらえませんか。
쓰레기를 버려 줄 수 없겠습니까?

早く来てもらえませんか。
빨리 와 줄 수 없겠습니까?

🖐 강의실 생중계!

직역하면 '~해 받을 수 없겠습니까?'라는 표현으로 상대방이 해 주어야 받을 수 있으므로 '~해 줄 수 없겠습니까?'로 의역하는 것이 자연스럽습니다.

37 ～ていただけませんか ～해 주실 수 없겠습니까?

접속 동사 て형 + ～ていただけませんか
의미 ～てもらえませんか와 같은 의미이나 ～ていただけませんか가 더 정중한 표현이다.

英語(えいご) 영어
日本料理(にほんりょう
り) 일본요리
作(つく)る 만들다
パン 빵

英語を教えていただけませんか。 영어를 가르쳐 주실 수 없겠습니까?

日本料理を作っていただけませんか。 일본요리를 만들어 주실 수 없겠습니까?

パンを買っていただけませんか。 빵을 사주실 수 없겠습니까?

38 ～たことがある ～한 적이 있다

접속 동사 て형 + ～たことがある
의미 경험을 나타낸다. 이미 경험한 표현이므로 반드시 동사 た형에 접속한다.

雑誌(ざっし) 잡지
ゴルフ 골프

日本の雑誌を読んだことがありますか。 일본 잡지를 읽은 적이 있습니까?

ゴルフをしたことがありません。 골프를 한 적이 없습니다.

日本語を教えたことがあります。 일본어를 가르친 적이 있습니다.

39 ～たほうがいい ～하는 게 좋다

접속 동사 て형 + ～たほうがいい
의미 상대방에게 충고나 조언을 할 때 사용한다.

休(やす)む 쉬다
深(ふか)い 깊다
考(かんが)える 생각하다

アルバイトをやめるなら早く話したほうがいい。
아르바이트를 그만둔다면 빨리 말하는 게 좋다.

体のぐあいが悪かったら、一日は休んだほうがいいです。
몸 상태가 안 좋으면 하루는 쉬는 게 좋습니다.

もう少し深く考えたほうがいい。 깊이 생각하는 게 좋다.

📒 강의실 생중계!

긍정일 때는 た형이나 기본형에 접속해도 무방하지만 상대방에게 강하게 권유할 때는 た형을 쓰는 경우가 많습니다. 그러나 부정은 반드시 동사 ない형에 접속해야 합니다.

40 　〜の後で / 〜た後で　　〜한 후에

접속 명사＋の＋後で/동사 て형＋〜た後で
의미 동작이나 사건이 끝난 후에 그 다음의 일이 어느 정도 시간을 두고 일어남을 나타낸다. 앞의 동작이 이루어 진 후를 나타내므로 반드시 た형이 쓰인다.

食事(しょくじ) 식사
仕事(しごと) 일
終(お)わる 끝나다
映画(えいが) 영화
掃除(そうじ)する
청소하다
洗濯(せんたく)する
세탁하다

食事の後で、勉強します。　　　　　　　　　　　식사 후에 공부합니다.

仕事が終った後で、映画を見に行きます。　　　일이 끝난 후에 영화를 보러 갑니다.

掃除した後で、洗濯します。　　　　　　　　　청소를 한 후에 세탁합니다.

41 　〜たら　　〜라면, 〜하면, 〜더니

접속 명사 · な형용사 어간＋だっ · い형용사 어간＋かっ · 동사 て형＋〜たら
의미 'A가 실현된 경우에 B가 실현된다.' 라는 가정 조건을 나타낸다.

着(つ)く 도착하다
電話(でんわ)する
전화하다
安(やす)い 싸다
無理(むり)だ 무리다
成功(せいこう)する
성공하다
お金(かね) 돈
返(かえ)す 돌려주다

東京に着いたら、電話します。　　　　　　　토쿄에 도착하면 전화하겠습니다.

安かったら、買います。　　　　　　　　　　　　　싸면 사겠습니다.

無理だったら、しなくてもいいです。　　　　무리라면 하지 않아도 됩니다.

42 　〜たらどうですか　　〜하면 어떻습니까?

접속 동사 て형＋〜たらどうですか
의미 제안이나 권유를 나타낸다.

案内(あんない)する
안내하다
週末(しゅうまつ) 주말
会(あ)う 만나다
聞(き)く 듣다

東京タワーを案内したらどうですか。　　　도쿄타워를 안내하면 어떻습니까?

週末に会ったらどうですか。　　　　　　　　　주말에 만나면 어떻습니까?

先生に聞いたらどうですか。　　　　　　　선생님에게 물으면 어떻습니까?

43 ~たり~たりする　~하거나 ~하거나 하다

접속 명사 · な형용사 어간+だっ · い형용사 어간+かっ · 동사 て형+~たり~たりする

의미 몇 개의 상황의 동작 중에서 대표적인 것을 2, 3개 열거하는 표현이다.

友達(ともだち) 친구
映画(えいが) 영화
買(か)い物(もの) 쇼핑
遅(おそ)い 늦다
簡単(かんたん)だ
간단하다
複雑(ふくざつ)だ
복잡하다

友達と映画を見たり、買い物をしたりします。

친구와 영화를 보거나 쇼핑을 하거나 합니다.

帰りは早かったり、遅かったりします。　　귀가는 빠르거나 늦거나 합니다.

長かったり複雑だったりする作文を短く分かりやすくしました。

길거나 복잡하거나 한 작문을 짧고 알기 쉽게 했습니다.

📎 강의실 생중계!

'왔다 갔다 한다'라는 표현은 行(い)ったり来(き)たりする이다. 우리말과 어순이 바뀐다.

もんだい1 (　　　　)に なにを いれますか。

1·2·3·4から いちばん いい ものを ひとつ えらんで ください。

01 にほんの えいがを (　　　　) ありますか。

　　1 みてことが　　　　2 みてことを　　　　3 みたことが　　　　4 みたことを

02 えきから (　　　　) ても いいですか。

　　1 とおかった　　　　2 とおい　　　　3 とおければ　　　　4 とおく

03 じゅぎょうちゅうに (　　　　) いけません。

　　1 ねては　　　　2 ねても　　　　3 ねないと　　　　4 ねなくて

04 A 「すみません、にもつを はこんで (　　　　)。」

　　B 「いいですよ。」

　　1 あげますか。　　2 もらえませんか　　3 さしあげますか。　　4 くれ

05 ちちは いま しんぶんを (　　　　) います。

　　1 よんで　　　　2 よんだら　　　　3 よんだ　　　　4 よんだり

06 ごはんを (　　　　)、でかけます。

　　1 たべあとで　　　　2 たべたあとで　　　　3 たべるあとで　　　　4 たべてあとで

もんだい2   ___ ★ ___ に 入る ものは どれですか。
1·2·3·4から いちばん いい ものを ひとつ えらんで ください。

01 しゅくだいを ___ ___ ___ ★ いけません。

　　1 あそびに　　　　2 し　　　　　　3 いっては　　　　4 ないで

02 すみません、___ ___ ★ ___ ませんか。

　　1　タクシー　　　2 よんで　　　　3 を　　　　　　　4 いただけ

03 シャワーを ___ ★ ___ ___ 飲みます。

　　1 を　　　　　　　2 ビール　　　　3 から　　　　　　4 あびて

04 こうつうひが ___ ___ ___ ★ でしょう。

　　1 も　　　　　　　2 いかない　　　3 だれ　　　　　　4 たかかったら

05 わたしは しごと ___ ___ ___ ★ いきます。

　　1 おわって　　　　2 が　　　　　　3 あそびに　　　　4 から

06 れきしで ___ ___ ★ ___ です。

　　1 すんで　　　　　2 きょうとで　　3 ゆうめいな　　　4 みたい

もんだい3　　01 から 05 に 何を いれますか。
　　ぶんしょうの いみを かんがえて 1・2・3・4から いちばん いい ものを
ひとつ えらんで ください。

　　友達と こうえんに あそびに 行きました。こうえんの 中に びじゅつかん
が ありました。入場料は ３００円でした。すばらしい えが 01 あり
ました。びじゅつかんの 人に「ここで しゃしんを 02 」と ききました。
その ひとは「いいえ、こちらで しゃしんは 03 」と こたえました。わ
たしたちは 04 。しゃしんは びじゅつかんを でて、こうえんで とりま
した。それから びじゅつかんに ある レストランで ゆうごはんを 食べた あ
とで、帰って きました。とても たのしい 時間でした。きかいが あったら
05 いきたいです。

01
　　1 あまり　　　　　2 たくさん　　　　3 すこししか　　　　4 ぜんぜん

02
　　1 とってくださいませんか　　　　2 とっても いいですか
　　3 とりたいですか　　　　　　　　4 とらなくても いいですか

03
　　1 とらないでください　　　　　　2 とらない ほうが いいです
　　3 とらなければ なりません　　　　4 とっても いいです

04
　　1 えを かったり、えを うったり しました
　　2 えを みたり、えの せつめいを きいたり しました
　　3 えを かりたり、えを かしたり しました
　　4 えを あげたり、えを もらったり しました

05
　　1 また　　　　　　2 すぐ　　　　　3 まえに　　　　4 ばかり

적중 예상 문제 ② ——————————————— ▶ 정답 및 해설 229쪽

もんだい1 (　　　)に なにを いれますか。

1・2・3・4から いちばん いい ものを ひとつ えらんで ください。

01 せんせい、かさを (　　　) くださいませんか。

　1 かしても　　　　2 かりて　　　　　3 かりても　　　　4 かして

02 あおい コートを (　　　) ひとが たなかさんです。

　1 きている　　　　2 きていて　　　　3 きていたら　　　4 きていよう

03 おふろに (　　　) ゆうごはんを つくりました。

　1 はいったら　　　2 はいるまで　　　3 はいってから　　4 はいっても

04 A「こんど ゴルフを して (　　　) どうですか。」

　 B「わたしも ゴルフを して みたいと おもって います。」

　1 みて　　　　　　2 みたら　　　　　3 みるから　　　　4 みに

05 今日は 家に もどって (　　　) ほうが いいですね。

　1 やすんだら　　　2 やすむ　　　　　3 やすんだ　　　　4 やすんで

06 からだの ぐあいが よくないのか、(　　　) します。

　1 あつかった、さむかった　　　　　2 あつかったら、さむかったら

　3 あつかって、さむかって　　　　　4 あつかったり、さむかったり

もんだい2 _____ ★ _____ に 入る ものは どれですか。
1・2・3・4から いちばん いい ものを ひとつ えらんで ください。

01 この くだもの _____ _____ _____ ★ いいですか。

　　1を　　　　　　　2で　　　　　　　3つくっても　　　4ジャム

02 しゅくだい _____ _____ ★ _____ ましょう。

　　1あとで　　　　　2でかけ　　　　　3おえた　　　　　4を

03 こどもの とき _____ _____ ★ _____ あります。

　　1を　　　　　　　2ならった　　　　3ピアノ　　　　　4ことが

04 あの テレビ _____ _____ _____ ★ します。

　　1こわれたのか　　　　　　　　　2おおきくなったり、ちいさくなったり
　　3は　　　　　　　　　　　　　　4おとが

05 ふゆに なって うんどうを ぜんぜん しませんね。たまに _____ _____
　　 _____ ★ どうですか。

　　1たら　　　　　　2は　　　　　　　3し　　　　　　　4うんどう

06 たばこは ★ _____ _____ _____ です。

　　1が　　　　　　　2やめた　　　　　3いい　　　　　　4ほう

もんだい3 ☐01☐ から ☐05☐ に 何を いれますか。
ぶんしょうの いみを かんがえて 1・2・3・4から いちばん いい ものを
ひとつ えらんで ください。

　レストランの 前で 友達を まって いました。とおりには バスと でんしゃ
が ☐01☐ 。とおりの むこうには でんしゃを まって いる ひとが 5、6
人 いました。バス のりばでも ☐02☐ ひとが バスを まって いました。
　しばらくして 友達が きました。私たちは デパートに いく ために、レス
トランを でて、バス のりばに いきました。☐03☐ の 外国人が 「しんじ
ゅくまで いく バスの ばんごうは なんばんですか。」と ききました。わた
しは「ここで 35番の バス ☐04☐ のって 5番目で おりてください。35
－1番に ☐05☐ 。」と おしえて あげました。

01

1 はしるからです　　　　　　　2 はしりません

3 はしりたいです　　　　　　　4 はしって いました

02

1 よく　　　　　2 ひじょうに　　　3 おおぜいの　　　4 ときどき

03

1 あいだ　　　　2 つぎ　　　　　3 となり　　　　　4 ほか

04

1 に　　　　　　2 が　　　　　　3 の　　　　　　4 も

05

1 のっても いいです　　　　　　2 のっては いけません

3 のって きます　　　　　　　　4 のって かえります

N5 문자 · 어휘

둘째마당

성질과 상태를 나타내며 일본어의 형용사는 い형용사와 な형용사가 있는데 끝 글자가 ～い로 끝나는 형용사를 い형용사라고 합니다. ～い를 어미라 하고, 그 앞부분은 어간이라 합니다. 어간은 한자로 어미는 히라가나로 주로 쓰지만 예외인 것도 많습니다. 어미가 활용을 하며 명령형과 의지형이 없습니다.

시험에 **이렇게 나온다!**

もんだい3 （　　　）になにをいれますか。
1·2·3·4からいちばんいいものをひとつえらんでください。

せんしゅうは ひまでしたが、こんしゅうは（　　　）です。

1 おもしろい　　　　2 おそい　　　　3 いそがしい　　　　4 はやい

해석 지난주는 한가했지만 이번 주는 바쁩니다.
해설 暇(ひま)だ와 대조를 나타내는 忙(いそが)しい가 정답입니다.　　　　정답 3

시나공 따라잡기　　あ행

コート 코트
着(き)る 입다

青い　　　　　　　あおい　　　　　　　파랗다
彼女は青いコートを着てきました。　　　　그녀는 파란 코트를 입고 왔습니다.

📎 강의실 생중계!

색상을 표현하는 青(あお)い, 赤(あか)い 등은 어간만으로 명사를 나타냅니다.
예 青(あお)い 파랗다　　　– 青(あお) 파랑
　 赤(あか)い 빨갛다　　　– 赤(あか) 빨강
　 黒(くろ)い 검다　　　　– 黒(くろ) 검정
　 白(しろ)い 희다, 하얗다　– 白(しろ) 하양
　 黄色(きいろ)い 노랗다　– 黄色(きいろ) 노랑
그리고 青(あお)い에는 '얼굴이 창백하다'는 뜻도 있습니다.
예 顔(かお)が青(あお)くなる。 얼굴이 창백해지다.

寒(さむ)い 춥다
顔(かお) 얼굴

赤い　　　　　　　あかい　　　　　　　빨갛다
寒くて顔が赤くなりました。　　　　추워서 얼굴이 빨게졌습니다.

部屋(へや) 방
少(すこ)し 조금

| 暖かい | あたたかい | 따뜻하다 |

部屋をもう少し暖かくしましょうか。

방을 조금 더 따뜻하게 할까요?

> **강의실 생중계!**
>
> 반대말은 '涼(すず)しい 선선하다'입니다.

仕事(しごと) 업무, 일
始(はじ)まる 시작되다

| 新しい | あたらしい | 새롭다 |

新しい仕事が始まりました。

새로운 업무가 시작되었습니다.

> **강의실 생중계!**
>
> 반대말은 '古(ふる)い 낡다, 오래되다'입니다.

今日(きょう) 오늘
昨日(きのう) 어제

| 暑い | あつい | 덥다 |

今日は昨日より暑くありません。

오늘은 어제보다 덥지 않습니다.

> **강의실 생중계!**
>
> '厚(あつ)い 두껍다', '熱(あつ)い 덥다'와 발음이 같으므로 주의하세요.

アイスコーヒー
아이스커피
好(す)きだ 좋아하다

| 熱い | あつい | 뜨겁다 |

熱いコーヒーよりアイスコーヒーのほうが好きです。

뜨거운 커피보다 아이스커피를 더 좋아합니다.

パン 빵
ジャム 잼
塗(ぬ)る 바르다

| 厚い | あつい | 두껍다 |

パンにジャムを厚く塗ります。

빵에 잼을 두껍게 바릅니다.

遊(あそ)び 놀이
駄目(だめ)だ 안 된다

| 危ない | あぶない | 위험하다 |

危ない遊びは駄目だよ。

위험한 놀이는 안 돼.

チョコレート 초콜릿
～すぎる 너무 ～하다
味噌(みそ) 된장
声(こえ) 목소리

| 甘い | あまい | 달다 |

このチョコレートは甘すぎます。

이 초콜릿은 너무 답니다.

> **강의실 생중계!**
>
> 甘(あま)い에는 '싱겁다, 달콤하다, 엄하지 않다' 등의 뜻이 있습니다.
>
> 예 甘い味噌(みそ)。 싱거운 된장.
> 甘い声(いえ)。 달콤한 목소리.
> 山田先生は甘い。 야마다 선생님은 엄하지 않다.

男性(だんせい) 남성 声(こえ) 목소리	**いい** その男性はいい声をしています。	좋다 그 남성은 좋은 목소리를 가지고 있습니다.

週末(しゅうまつ) 주말	**忙しい**　　　いそがしい 週末にはいつも忙しいですか。	바쁘다 주말에는 언제나 바쁩니까?

虫歯(むしば) 충치 歯(は) 이	**痛い**　　　いたい 虫歯のため、歯が痛いです。	아프다 충치 때문에 이가 아픕니다.

🔖 **강의실 생중계!**

우리말은 '몸이 아프다'라고 하는데 일본어는 体(からだ)の具合(ぐあい)が悪(わる)い 또는 体(からだ)の具合(ぐあい)がよくない라고 하며, 痛(いた)い는 부분적인 통증을 표현할 때 쓰입니다.
예 お腹(なか)が痛い。 배가 아프다.　　　　　腰(こし)が痛い。 허리가 아프다.

布団(ふとん) 이불 要(い)る 필요하다 化粧(けしょう)する 화장하다 味(あじ) 맛	**薄い**　　　うすい 薄い布団が要ります。 薄く化粧します。 このジュースは味が薄いです。	얇다, 엷다, 싱겁다 얇은 이불이 필요합니다. 엷게 화장을 합니다. 이 주스는 맛이 싱겁습니다.

店(みせ) 가게 サンドイッチ 샌드위치	**おいしい** この店のサンドイッチはおいしいです。	맛있다 이 가게의 샌드위치는 맛있습니다.

🔖 **강의실 생중계!**

비슷한 표현인 うまい는 '맛있다'는 뜻과 함께 '잘하다'라는 뜻도 있습니다.
예 この料理(りょうり)はうまいですね。 이 요리는 맛있네요.
　　水泳(すいえい)がうまいです。 수영을 잘합니다.

	多い　　　おおい 姉は服が多いです。	많다 언니는 옷이 많습니다.

息子(むすこ) 아들 ～より ~보다 背(せ) 키	**大きい**　　　おおきい 息子は父より背が高いです。	크다 아들은 아버지보다 키가 큽니다.

夕(ゆう)べ 어젯밤 帰(かえ)る 귀가하다	**遅い**　　　おそい 夕べは遅く帰ってきました。	늦다 어젯밤은 늦게 돌아왔습니다.

속도의 의미를 나타낼 때는 速(はや)い를, 시간의 빠름을 나타낼 때는 주로 '早(はや)い 이르다'를 씁니다.

かばん 가방
子供(こども) 아이, 어린이
持(も)つ 들다

重い　　　　　　　おもい　　　　　　무겁다

重そうなかばんを子供が持っています。

무거워 보이는 가방을 아이가 들고 있습니다.

重(おも)い病気(びょうき)라고 할 때는 '위중한 병'이라는 뜻입니다.

勉強(べんきょう) 공부

おもしろい　　　　　　　　　　　　재미있다

このごろ日本語の勉強がおもしろくなりました。

요즘 일본어 공부가 재미있어졌습니다.

기쁨을 나타내는 '楽(たの)しい 즐겁다'와 '嬉(うれ)しい 기쁘다'도 함께 알아 두세요.

시나공 따라잡기　　か행

カレーライス 카레라이스

辛い　　　　　　からい　　　　　　맵다

このカレーライスは辛くないです。

이 카레라이스는 맵지 않습니다.

塩辛(しおから)いは '짜다'라는 뜻입니다.

風邪(かぜ) 감기
安心(あんしん)する
안심하다

軽い　　　　　　かるい　　　　　　가볍다

軽い風邪なので、安心しました。

가벼운 감기여서 안심했습니다.

반대말은 '重(おも)い 무겁다'입니다.

顔(かお) 얼굴
女(おんな)の子(こ)
여자 아이

かわいい　　　　　　　　　　　　귀엽다

かわいい顔をしている女の子。

귀여운 얼굴을 하고 있는 여자 아이.

| セーター 스웨터
着(き)る 입다
出(で)かける 외출하다 | 黄色い | きいろい | 노랗다 |
| | 黄色いセーターを着て出かけます。 | | 노란 스웨터를 입고 외출합니다. |

| 手(て) 손
洗(あら)う 씻다 | 汚い | きたない | 더럽다 |
| | 汚くなった手を洗います。 | | 더러워진 손을 씻습니다. |

| 道(みち) 길
見(み)える 보이다 | 暗い | くらい | 어둡다 |
| | 暗くて、道がよく見えません。 | | 어두워서 길이 잘 보이지 않습니다. |

강의실 생중계!

'暗(くら)い 어둡다', '黒(くろ)い 검다'는 발음이 비슷하므로 주의하세요.

| 帽子(ぼうし) 모자
かぶる 쓰다 | 黒い | くろい | 검다 |
| | 黒い帽子をかぶっています。 | | 검은 모자를 쓰고 있습니다. |

시나공 따라잡기　さ행

| ストーブ 스토브, 난로
つける 켜다 | 寒い | さむい | 춥다 |
| | 寒かったら、ストーブをつけてください。 | | 추우면 스토브를 켜 주세요. |

강의실 생중계!

반대말은 '暑(あつ)い 덥다'입니다.

| 壁(かべ) 벽
塗(ぬ)る 칠하다 | 白い | しろい | 하얗다 |
| | 壁を白い色で塗りました。 | | 벽을 하얀색으로 칠했습니다. |

| お客(きゃく)さん 손님 | 少ない | すくない | 적다 |
| | 今日はお客さんが少ないです。 | | 오늘은 손님이 적습니다. |

| 夜(よる) 밤
少(すこ)し 조금 | 涼しい | すずしい | 선선하다, 서늘하다, 시원하다 |
| | 夜になったら、少しは涼しくなります。 | | 밤이 되면 조금은 선선해집니다. |

| | 狭い | せまい | 좁다 |
| | 前より狭い部屋です。 | | 전보다 좁은 방입니다. |

시나공 따라잡기　た행

前(まえ) 전, 앞
部屋(へや) 방

高い　　　　たかい　　　　높다, 비싸다

このレストランのサラダは高くないです。　　이 레스토랑의 샐러드는 비싸지 않습니다.

あの山は高い。　　저 산은 높다.

彼は背が高い。　　그는 키가 크다.

レストラン 레스토랑
サラダ 샐러드
山(やま) 산
背(せ) 키

강의실 생중계!

高(たか)い의 관용표현입니다.
腰(こし)が高い 거만하다　　鼻(はな)が高い 우쭐하다

楽しい　　　　たのしい　　　　즐겁다

パーティーはとても楽しかったです。　　파티는 매우 즐거웠습니다.

강의실 생중계!

楽(たの)しい는 위의 예문처럼 지속적인 기쁨을 나타내며, 嬉(うれ)しい는 일시적인 기쁨을 나타냅니다.
[예] 嬉しいニュースがあります。 기쁜 뉴스가 있습니다.

パーティー 파티

小さい　　　　ちいさい　　　　작다

ズボンが小さくなりました。　　바지가 작아졌습니다.

강의실 생중계!

'키가 작다'라는 표현은 背(せ)が小(ちい)さい가 아니라 背(せ)が低(ひく)い로 표현해야 합니다.

ズボン 바지

近い　　　　ちかい　　　　가깝다

会社から駅までは近いです。　　회사에서 역까지는 가깝습니다.

강의실 생중계!

近(ちか)+道(みち)인 近道(ちかみち)는 '가까운 길', 즉 '지름길'을 뜻합니다.

会社(かいしゃ) 회사
駅(えき) 역

つまらない　　　　　　　　시시하다, 재미없다

その映画はつまらないと思います。　　그 영화는 시시하다고 생각합니다.

강의실 생중계!

つまらない에는 '변변치 않다'는 뜻도 있습니다.
[예] つまらない物(もの)ですが、どうぞ。 변변치 않은 것이지만, 받아 주세요.

63

映画(えいが) 영화
思(おも)う 생각하다

| 冷たい | つめたい | 차다 |

朝の冷たい空気がいい気持ちです。

아침의 찬 공기가 기분이 좋습니다.

> 🖇 강의실 생중계!
>
> 冷(つめ)たい는 사람에게도 쓰입니다.
> 예 冷たい人(ひと)。 냉정한 사람.

空気(くうき) 공기
気持(きも)ち 기분

| 強い | つよい | 강하다, 세다 |

わたしは寒さには強いですが、暑さには弱いです。

저는 추위에는 강하지만 더위에는 약합니다.

> 🖇 강의실 생중계!
>
> お酒(さけ)が強(つよ)い는 '술에 강하다'는 뜻이고, 強(つよ)いお酒(さけ)는 '독한 술'입니다.

寒(さむ)さ 추위
暑(あつ)さ 더위

| 遠い | とおい | 멀다 |

ここから駅までは遠いですか。

여기에서 역까지는 멉니까?

시나공 따라잡기   な행

| ない | | 없다 |

スポーツには興味がないです。

스포츠에는 흥미가 없습니다.

| 長い | ながい | 길다 |

この映画はなかなか長かったです。

이 영화는 꽤 길었습니다.

スポーツ 스포츠
興味(きょうみ) 흥미

시나공 따라잡기   は행

| 早い | はやい | 이르다 |

今日はいつもより早く起きました。

오늘은 여느 때보다 빨리 일어났습니다.

| 速い | はやい | 빠르다 |

このエレベーターは速いですね。

이 엘리베이터는 빠르군요.

起(お)きる 일어나다

低い　　　　　　　ひくい　　　　　　낮다, 작다

兄は弟より背が低いです。　　　　　　　　　　　형은 남동생보다 키가 작습니다.

エレベーター 엘리베이터

広い　　　　　　　ひろい　　　　　　넓다

広い家に住みたいです。　　　　　　　　　　넓은 집에 살고 싶습니다.

강의실 생중계!

広(ひろ)い는 공간뿐만이 아니라 심성에도 쓰입니다.
예 心(こころ)が広い。마음이 넓다.

弟(おとうと) 남동생

家(いえ) 집
住(す)む 살다

太い　　　　　　　ふとい　　　　　　굵다

字をもっと太く書いてください。　　　　　　　글자를 더 굵게 써 주세요.

강의실 생중계!

동사 '太(ふと)る 살찌다'도 알아두세요.
예 最近(さいきん)、太ってきました。요즘 살쪘습니다.

字(じ) 글씨, 글자
書(か)く 쓰다

古い　　　　　　　ふるい　　　　　　　낡다, 오래되다

これは15年間使った古い机です。　　　　　이것은 15년간 쓴 낡은 책상입니다.

ほしい　　　　　　　　　　　　　원하다, 갖고 싶다

私はペットがほしいです。　　　　　　　　저는 애완동물을 갖고 싶습니다.

강의실 생중계!

~年(ねん) ~년
~間(かん) ~간
机(つくえ) 책상

1, 2인칭에 쓰이는 희망 표현으로 조사는 반드시 が를 씁니다. 그리고 3인칭에는 ほしがる를 쓰며,
조사는 を를 씁니다.
예 主人(しゅじん)は新しい車(くるま)をほしがっています。남편은 새 차를 갖고 싶어합니다.

細い　　　　　　　ほそい　　　　　　좁다

途中で細い道もありました。　　　　　　　　도중에 좁은 길도 있었습니다.

강의실 생중계!

細(ほそ)い는 '좁다'라는 뜻 이외에 '가늘다'라는 뜻도 있습니다.
예 細い腰(こし)。가는 허리.

ペット 애완동물

まずい　　　　　　　　　　　　　　맛없다

あのレストランのハンバーグはまずかったです。

저 레스토랑의 햄버그 스테이크는 맛이 없었습니다.

丸い　　　　　　まるい　　　　　둥글다

彼女の顔は丸いです。

그녀의 얼굴은 둥급니다.

途中(とちゅう) 도중

短い　　　　　みじかい　　　　짧다

髪を短く切ってください。

머리를 짧게 잘라 주세요.

> 🖋 **강의실 생중계!**
>
> 短(みじか)い는 길이나 시간뿐만 아니라 성격에도 쓰입니다.
> 예 気(き)が短い。성질이 급하다.

難しい　　　　むずかしい　　　어렵다

この英語の問題は難しいですね。

이 영어 문제는 어렵네요.

髪(かみ) 머리
切(き)る 자르다

> 🖋 **강의실 생중계!**
>
> 문제가 쉽다고 할 때 簡単(かんたん)だ도 씁니다.

英語(えいご) 영어
問題(もんだい) 문제

易しい　　　　やさしい　　　　쉽다

日本語は英語より易しいです。

일본어는 영어보다 쉽습니다.

> 🖋 **강의실 생중계!**
>
> 발음이 같은 '優(やさ)しい 상냥하다. 자상하다'도 있으므로 주의하세요.

安い　　　　　やすい　　　　　싸다

カメラはこの店が一番安いです。

카메라는 이 가게가 제일 쌉니다.

시나공 따라잡기 | わ행

日本語(にほんご) 일본어

| 若い | わかい | 어리다, 젊다 |

彼女は年より若く見えます。　　　　　　　　　　　그녀는 나이보다 젊어 보입니다.

🖊 강의실 생중계!

'젊을 때'라는 표현은 若(わか)い時(とき)라고 하며, '젊은이'는 若者(わかもの)라고 합니다.

カメラ 카메라
一番(いちばん) 제일

| 悪い | わるい | 나쁘다 |

たばこは体に悪いです。　　　　　　　　　　　　　담배는 몸에 나쁩니다.

年(とし) 나이

🖊 강의실 생중계!

悪(わる)い에는 '미안하다'는 뜻도 있습니다.
예 悪いけど、先(さき)に行ってくれ。 미안하지만 먼저 가 줘.

たばこ 담배
先(さき) 먼저, 앞

もんだい 1 _____ の ことばは どう よみますか。
1・2・3・4から いちばん いい ものを ひとつ えらんで ください。

01 いえの ちかくに 新しい ビルが できました。

    1 むずかしい   2 やさしい   3 うつくしい   4 あたらしい

02 あねの へやは わたしの へやより 広いです。

    1 はやい   2 ひろい   3 あまい   4 せまい

03 この みせは くだものが あまり 安く ありません。

    1 やすく   2 おもく   3 つよく   4 ながく

04 丸い テーブルが ほしいです。

    1 からい   2 わるい   3 まるい   4 ふとい

05 この いすは 軽くて らくです。

    1 かるくて   2 うすくて   3 くらくて   4 せまくて

06 よしださんは こんや かえりが 遅く なると おもいます。

    1 おそく   2 あつく   3 ちかく   4 うすく

もんだい2 ＿＿＿＿＿の ことばは どう かきますか。
1・2・3・4から いちばん いい ものを ひとつ えらんで ください。

01 この ほんは あつく ないです。

    1 厚く   2 熱く   3 暑く   4 重く

02 この おてあらいは せまくて きたないです。

    1 若い   2 危ない   3 汚い   4 短い

03 ながい スカートを みじかく しました。

    1 低く   2 短く   3 白く   4 赤く

04 わたしにとって ひらがな、カタカナは やさしいですが、かんじは
むずかしいです。

    1 欲しい   2 楽しい   3 難しい   4 涼しい

05 やまださんは わたしより ひとつ わかいです。

    1 苦い   2 眠い   3 悪い   4 若い

06 あるきすぎて あしが いたく なりました。

    1 青く   2 痛く   3 寒く   4 太く

もんだい3 (　　　　)に なにを いれますか。
　　　　　1・2・3・4から いちばん いい ものを ひとつ えらんで ください。

01 (　　　　) コーヒーが のみたいです。

　　1 つめたい　　　　　2 ひくい　　　　　　3 つよい　　　　　　4 まずい

02 ゆうべの おんがくかいは (　　　　) ですか。

　　1 ほそかった　　　　2 かわいかった　　　3 おいしかった　　　4 たのしかった

03 かばんが (　　　　) わたしが もちます。

　　1 つまらなければ　2 よければ　　　　　3 おもければ　　　　4 たかければ

04 わたしは (　　　　) たべものは たべられません。

　　1 せまい　　　　　　2 からい　　　　　　3 ひくい　　　　　　4 ちかい

05 きょうは (　　　　) ので、 いけません。

　　1 みじかい　　　　　2 ほそい　　　　　　3 ちいさい　　　　　4 いそがしい

06 こどもも よめる もっと (　　　　) ほんは ありませんか。

　　1 やさしい　　　　　2 つまらない　　　　3 あたたかい　　　　4 あぶない

もんだい4 _____の ぶんと だいたい おなじ いみの ぶんが あります。
1・2・3・4から いちばん いい ものを ひとつ えらんで ください。

01 <u>こんしゅうは いそがしかったです。</u>

1 こんしゅうは じかんが ありました。
2 こんしゅうは ひまじゃありませんでした。
3 こんしゅうは あそびに いきました。
4 こんしゅうは たのしく すごしました。

02 <u>それは あたらしい カメラです。</u>

1 それは おおきく ない カメラです。
2 それは たかく かった カメラです。
3 それは ふるく なった カメラです。
4 それは かった ばかりの カメラです。

03 <u>きょうは すずしいです。</u>

1 きょうは あつくて いい てんきです。
2 きょうは さむくて いい てんきです。
3 きょうは あめが ふるし、かぜも つよいです。
4 きょうは あつくも さむくも なくて いい てんきです。

04 <u>かれは ほそい じょせいが すきです。</u>

1 かれは ふとい じょせいが すきです。
2 かれは あかるい じょせいが すきです。
3 かれは やせて いる じょせいが すきです。
4 かれは くらい じょせいが すきです。

もんだい1 ＿＿＿＿＿＿の ことばは どう よみますか。
1・2・3・4から いちばん いい ものを ひとつ えらんで ください。

01 <u>青い</u> そら、しろい くも。

　　1 あかい　　　　　2 し ろい　　　　　3 きいろい　　　　　4 あおい

02 はが <u>痛くて</u> はいしゃさんに いきました。

　　1 いたくて　　　　2 うすくて　　　　　3 よくて　　　　　　4 かるくて

03 この ケーキは あまり <u>甘く</u> ありません。

　　1 やすく　　　　　2 あまく　　　　　　3 あつく　　　　　　4 みじかく

04 しごとが <u>忙しければ</u> いかなくても いいです。

　　1 いそがし　　　　2 むずかし　　　　　3 おいし　　　　　　4 すずし

05 わたしの へやは <u>暗くて</u> せまいです。

　　1 よくて　　　　　2 うすくて　　　　　3 くらくて　　　　　4 かるくて

06 やまださんは あしが <u>小さい</u>です。

　　1 みじかい　　　　2 ちいさい　　　　　3 ながい　　　　　　4 おおきい

もんだい2 ＿＿＿＿＿の ことばは どう かきますか。
1・2・3・4から いちばん いい ものを ひとつ えらんで ください。

01 ことしの ふゆは きょねんより <u>さむい</u>です。

1 悪い　　　　　　2 寒い　　　　　　3 暑い　　　　　　4 長い

03 その かばんは <u>おもくて</u> もてません。

1 赤くて　　　　　2 悪くて　　　　　3 重くて　　　　　4 早くて

03 いもうとは せが <u>ひくい</u>です。

1 広い　　　　　　2 丸い　　　　　　3 細い　　　　　　4 低い

04 この にもつは <u>かるくて</u> ひとりで もつ ことが できます。

1 狭くて　　　　　2 軽くて　　　　　3 太くて　　　　　4 高くて

05 かのじょは かおが <u>まるくて</u> かわいいです。

1 丸くて　　　　　2 長くて　　　　　3 太くて　　　　　4 青くて

06 こんかいの テストは ぜんかいより <u>やさしかった</u>ですか。

1 涼しかった　　　2 難しかった　　　3 忙しかった　　　4 易しかった

もんだい3 (   )に なにを いれますか。
　　　　　1・2・3・4から いちばん いい ものを ひとつ えらんで ください。

01 おとうとは あにより ちからが (   ) です。

　　1 まずい　　　　　2 ほしい　　　　　3 かわいい　　　　4 つよい

02 いえから かいしゃまでは (   ) です。

　　1 ちかかった　　　2 きたなかった　　3 おそかった　　　4 くらかった

03 そとの くうきが (   ) まどを しめました。

　　1 くろくて　　　　2 いたくて　　　　3 つめたくて　　　4 まずくて

04 へやが (   ) エアコンを つけましょうか。

　　1 あたたかければ　2 すずしければ　　3 つめたければ　　4 あつければ

05 この カメラの デザインは (   ) ありません。

　　1 とおく　　　　　2 わるく　　　　　3 しろく　　　　　4 とおく

06 かかとが (   ) くつは はけません。

　　1 やさしい　　　　2 からい　　　　　3 ながい　　　　　4 たかい

もんだい 4 _____の ぶんと だいたい おなじ いみの ぶんが あります。
1・2・3・4から いちばん いい ものを ひとつ えらんで ください。

01 かなは かんじより やさしいです。

1 かなは かんじより むずかしいです。
2 かなは かんじより ふくざつです。
3 かなは かんじより かんたんです。
4 かなは かんじより おなじです。

02 この まんねんひつは やすいです。

1 この まんねんひつは たかく ありません。
2 この まんねんひつは ふるく ありません。
3 この まんねんひつは はやく ありません。
4 この まんねんひつは わるく ありません。

03 ゆきの ふった ふゆの やまは あぶないです。

1 ゆきの ふった ふゆの やまは きけんです。
2 ゆきの ふった ふゆの やまは わるいです。
3 ゆきの ふった ふゆの やまは たのしいです。
4 ゆきの ふった ふゆの やまは おもしろいです。

04 あの レストランの ステーキは まずいです。

1 あの レストランの ステーキは あまいです。
2 あの レストランの ステーキは おいしくないです。
3 あの レストランの ステーキは ひくいです。
4 あの レストランの ステーキは たかいです。

な형용사

い형용사와 같이 성질과 상태를 나타내며 끝 글자가 ～だ로 끝납니다. ～だ를 어미라 하고, 그 앞부분은 어간이라 합니다. 사전에는 어간 형태로 실려 있으며 명사를 수식할 때 ～な 형태로 수식합니다.

시험에 이렇게 나온다!

もんだい3　（　　　）に なにを いれますか。
1·2·3·4から いちばん いい ものを ひとつ えらんで ください。

あには うんどうは（　　　　）ですが、うたは へたです。

1 かんたん　　　　　2 じょうず　　　　　3 むり　　　　　4 ゆうめい

해석 형은 운동은 잘하지만, 노래는 잘 못합니다.
해설 대조를 이루는 문장입니다. 어휘 학습을 할 때 반대말을 잘 기억해 두어야 합니다. 下手(へた)だ의 반대말은 上手(じょうず)だ이므로 정답은 2번입니다.　　　　　　　　　　　　　　　　　　　　　　　　　　　　　　　**정답 2**

시나공 따라잡기　　あ행

嫌だ　　　　　　　　　いやだ　　　　　　　싫다
うそをつく人は嫌です。　　　　　　　　　　　　　　　　거짓말 하는 사람은 싫습니다.

강의실 생중계!

嫌(いや)だ를 비슷한 뜻의 嫌(きら)いだ와 비교해서 살펴보겠습니다.
嫌(いや)だ: 싫거나 불쾌감을 나타내며 짧은 시간에 느낀 기분을 나타냅니다.
嫌(きら)いだ: 싫거나 불쾌감을 나타내며 오래 지속된 기분을 나타냅니다.
예 最近(さいきん)は仕事(しごと)が嫌(いや)になりました。 요즘에는 일이 싫어졌습니다.
　嫌(きら)いな食べ物は何ですか。 싫어하는 음식은 무엇입니까?

二人(ふたり) 두 사람
意見(いけん) 의견

同じだ　　　　　　　　おなじだ　　　　　　같다
二人は意見が同じです。　　　　　　　　　　　　　　　두 사람은 의견이 같습니다.

강의실 생중계!

同(おな)じだ는 명사를 수식할 때 주로 '同じ+명사'의 형태가 됩니다.
예 友達と同じ靴下(くつした)です。 친구와 같은 양말입니다.

魚(さかな) 생선, 물고기

| 嫌いだ | きらいだ | 싫어하다 |

彼女は魚が嫌いです。　　　　　　　　　　　　　그녀는 생선을 싫어합니다.

教室(きょうしつ) 교실
掃除(そうじ)する
청소하다

| きれいだ | | 예쁘다, 깨끗하다 |

教室をきれいに掃除します。　　　　　　　　　교실을 깨끗하게 청소합니다.

강의실 생중계!

きれいだ를 美(うつく)しい와 비교해서 알아볼까요?
きれいだ : 예쁘다, 깨끗하다. 구체적인 대상에만 쓰입니다.
美しい : 예쁘다. 구체적, 추상적 대상에 모두 쓰입니다.
예　花がきれいに咲(さ)いています。 꽃이 예쁘게 피어 있습니다.
　　花が美しいです。 꽃이 아름답습니다.
　　美しい友情(ゆうじょう)です。 아름다운 우정입니다.

家族(かぞく) 가족
過(す)ごす 지내다

| 元気だ | げんきだ | 건강하다 |

家族は元気に過ごしています。　　　　　　　　가족은 건강하게 지내고 있습니다.

図書館(としょかん)
도서관

| 静かだ | しずかだ | 조용하다 |

図書館では静かにします。　　　　　　　　　　도서관에서는 조용히 합니다.

踊(おど)り 춤

| 上手だ | じょうずだ | 능숙하다, 잘하다 |

彼は歌と踊りが上手です。　　　　　　　　　　그는 노래와 춤이 능숙합니다.

강의실 생중계!

'上手(じょうず)だ 잘하다'라는 표현은 대상을 나타낼 때 조사 ～を가 아니라 ～が를 씁니다.

| 丈夫だ | じょうぶだ | 튼튼하다 |

このかばんはとても丈夫です。　　　　　　　　이 가방은 매우 튼튼합니다.

강의실 생중계!

丈夫(じょうぶ)だ는 사물뿐만이 아니라 사람에게도 씁니다.
예　うちの子は丈夫です。 우리 아이는 튼튼합니다.

好きだ　　　　　　すきだ　　　　　좋아하다

わたしは彼女が好きになりました。 저는 그녀를 좋아하게 되었습니다.

'好(す)きだ 좋아하다'는 표현은 대상을 나타낼 때조사 ~を가 아니라 ~が를 씁니다.

시나공 따라잡기 | た행

病院(びょういん) 병원

大丈夫だ　　　　だいじょうぶだ　　괜찮다, 문제없다

病院には行かなくても大丈夫です。 병원에는 가지 않아도 괜찮습니다.

'괜찮다'는 뜻의 結構(けっこう)だ와 쓰임이 어떻게 다른지 자세히 알아볼까요?
大丈夫(だいじょうぶ)だ는 '별 문제가 없다'라는 의미를 내포하는 '괜찮다'는 의미이고, 結構(けっこう)だ는 '충분하다'는 의미로 더 이상은 바라지 않음을 나타냅니다.
예 この建物(たてもの)は強い地震(じしん)にも大丈夫です。 이 건물은 강한 지진에도 괜찮습니다.
　　もう結構です。 이제 괜찮습니다. (=이제 충분합니다)

大好きだ　　　　だいすきだ　　　아주 좋아하다

チョコレートアイスクリームが大好きです。 초콜릿 아이스크림을 아주 좋아합니다.

'とても好きです 매우 좋아합니다'라고도 합니다.

今(いま) 지금
君(きみ) 당신, 그대, 너

大切だ　　　　　たいせつだ　　　중요하다, 소중하다

君は私にとって大切な人です。 당신은 저에게 있어서 소중한 사람입니다.

大切(たいせつ)だ와 비슷한 표현으로 大事(だいじ)だ가 있습니다.
예 これは大事な本です。 이것은 소중한 책입니다.

夜(よる) 저녁

大変だ　　　　　たいへんだ　　　힘들다

夜のアルバイトは大変です。 밤에 하는 아르바이트는 힘듭니다.

大変(たいへん)だ는 '큰일이다'는 뜻도 있습니다. 또한 부사로도 쓰입니다.
예 大変だ！火事(かじ)だ。 큰일이다! 화재이다.　　　　大変寒いです。 매우 춥습니다.

시나공 따라잡기	な행~ら행

家族(かぞく) 가족
集(あつ)まる 모이다

にぎやかだ

번화하다, 떠들썩하다

家族が集まったら、にぎやかになります。

가족이 모이면 떠들썩해집니다.

時(とき) 때
買(か)い物(もの) 쇼핑

暇だ　　　　　ひまだ

한가하다

暇な時は買い物をします。

한가할 때는 쇼핑을 합니다.

> **강의실 생중계!**
>
> 명사로 쓰일 때는 '시간, 틈, 기회, 짬'을 나타냅니다.
> 예 暇がない。 시간이 없다.

料理(りょうり) 요리

下手だ　　　　　へただ

서툴다, 못하다

彼女は料理が下手です。

그녀는 요리가 서툽니다.

> **강의실 생중계!**
>
> '~을 못하다'라는 표현은 조사 ~を가 아니라 ~が를 씁니다.

電車(でんしゃ) 전철

便利だ　　　　　べんりだ

편리하다

そこは電車で行けば便利です。

거기는 전철로 가면 편리합니다.

観光(かんこう)スポット
관광지

有名だ　　　　　ゆうめいだ

유명하다

京都で有名な観光スポットはどこですか。

교토에서 유명한 관광지는 어디입니까?

非常(ひじょう)に 매우
ビル 빌딩

立派だ　　　　　りっぱだ

훌륭하다

非常に立派なビルですね。

매우 훌륭한 빌딩이네요.

> **강의실 생중계!**
>
> '멋지다, 훌륭하다'를 나타내는 すばらしい도 함께 알아볼까요?
> 立派(りっぱ)だ : 위의 예문처럼 객관적인 시각으로 느끼는 뛰어남을 나타냅니다.
> すばらしい : 감동이나 칭찬 등의 감정이 함축된 표현을 나타냅니다.
> 예 それはすばらしい小説(しょうせつ)です。 그것은 훌륭한 소설입니다.
> 참고로 둘 다 사람, 사물에 쓸 수 있습니다.

もんだい1　_____の ことばは どう よみますか。
1・2・3・4から いちばん いい ものを ひとつ えらんで ください。

01 きっさてんで 静かな おんがくが ながれて います。

　　1 しずかな　　　　2 すき　　　　　　3 きれい　　　　　4 きらい

02 けがは もう 大丈夫ですか。

　　1 だいしょうふ　　2 たいしょうぶ　　3 たいじょうふ　　4 だいじょうぶ

03 さいきん しごとが 大変です。

　　1 だいへん　　　　2 たいべん　　　　3 たいへん　　　　4 だいべん

04 えいがかんは 便利な ばしょに ありますね。

　　1 へんり　　　　　2 べんり　　　　　3 べんに　　　　　4 へんに

05 かのじょは おどりは へたですが、うたは 上手です。

　　1 たいせつ　　　　2 じょうぶ　　　　3 じょうず　　　　4 ゆうめい

06 きょうは 暇です。

　　1 らく　　　　　　2 ひま　　　　　　3 だめ　　　　　　4 いま

もんだい2 _____ の ことばは どう かきますか。
1·2·3·4から いちばん いい ものを ひとつ えらんで ください。

01 ちいさかった おこさんが こんなに りっぱな おとなに なりましたね。

1 立旅　　　　　2 並派　　　　　3 立派　　　　　4 並旅

02 かれは せかいてきに ゆうめいな かがくしゃです。

1 益各　　　　　2 有名　　　　　3 益名　　　　　4 有各

03 わたしは えが へたです。

1 下多　　　　　2 下太　　　　　3 下田　　　　　4 下手

04 おからだを たいせつに して ください。

1 大切　　　　　2 体切　　　　　3 待切　　　　　4 太切

05 とても じょうぶな ほんだなです。

1 大天　　　　　2 丈天　　　　　3 丈夫　　　　　4 大夫

06 わたしは こどもの ときから まんがが だいすきでした。

1 大好き　　　　2 太好　　　　　3 大好　　　　　4 太好き

もんだい3 （　　　）に なにを いれますか。
　　　　　1・2・3・4から いちばん いい ものを ひとつ えらんで ください。

01 わたしは ねこは すきですが、いぬは （　　　）です。

　　1 ひま　　　　　　2 しずか　　　　　3 きらい　　　　　4 ゆうめい

02 この あたりは よるに なると （　　　）なります。

　　1 しずかに　　　　2 だいすき　　　　3 へた　　　　　　4 べんり

03 この へんは しゅうまつには （　　　）です。

　　1 じょうぶ　　　2 にぎやか　　　　3 たいせつ　　　　4 たいへん

04 （　　　）こえで うたを うたって います。

　　1 すきな　　　　　2 ひまな　　　　　3 いやな　　　　4 きれいな

05 A 「おからだは どうですか。」
　　B 「ありがとうございます。もう （　　　）。」
　　1 だいじょうぶです　2 だいすきです　　3 たいせつです　　4 だいきらいです

06 かれは （　　　）ホテルを もって いる。

　　1 じょうずな　　　2 たいへんな　　　3 りっぱな　　　　4 べんりな

もんだい4 ＿＿＿＿＿の ぶんと だいたい おなじ いみの ぶんが あります。
1・2・3・4から いちばん いい ものを ひとつ えらんで ください。

01 この みずは のんでも だいじょうぶです。

　1 この みずは のんでも いいです。

　2 この みずは のんでも あまいです。

　3 この みずは のんでも たいへんです。

　4 この みずは のんでも だいじです。

02 わたしは やさい サラダが すきです。

　1 わたしは やさい サラダを よく かいます。

　2 わたしは やさい サラダを よく つくります。

　3 わたしは やさい サラダを よく たべます。

　4 わたしは やさい サラダを よく します。

03 たいせつな ものは おもちに なって ください。

　1 おおきい ものは おもちに なって ください。

　2 だいじな ものは おもちに なって ください。

　3 あたらしい ものは おもちに なって ください。

　4 じょうぶな ものは おもちに なって ください。

04 わたしは りょうりが じょうずです。

　1 わたしは りょうりが よく つくれます。

　2 わたしは りょうりが よく つくれません。

　3 わたしは りょうりが よく たべられません。

　4 わたしは りょうりが よく たべれます。

もんだい1 _____の ことばは どう よみますか。
1·2·3·4から いちばん いい ものを ひとつ えらんで ください。

01 この レストランは ステーキが 有名です。

1 たいせつ　　　　2 べんり　　　　　3 ゆうめい　　　　4 ひま

02 わたしは こうつうが 便利な ところに すんでいる。

1 げんき　　　　　2 べんり　　　　　3 へた　　　　　　4 りっぱ

03 いもうとは 同じ くつしたを 2そく かいました。

1 おなじ　　　　　2 べんじ　　　　　3 そうじ　　　　　4 かんじ

04 やまのぼりの とちゅうで ゆきが ふって 大変でした。

1 じょうぶ　　　　2 おなじ　　　　　3 きれい　　　　　4 たいへん

05 あれは わたしに とって 大切な ギターです。

1 きらい　　　　　2 たいせつ　　　　3 ひま　　　　　　4 たいへん

06 わたしは にくより さかなの ほうが 好きです。

1 へた　　　　　　2 りっぱ　　　　　3 すき　　　　　　4 じょうず

もんだい2 ＿＿＿＿＿の ことばは どう かきますか。
1·2·3·4から いちばん いい ものを ひとつ えらんで ください。

01 いなかの りょうしんは げんきに すごして いる そうです。

1 元気 　　　　　2 有名 　　　　　3 上手 　　　　　4 大変

02 かのじょは りょうりが じょうずな ともだちです。

1 有名 　　　　　2 丈夫 　　　　　3 便利 　　　　　4 上手

03 まいにち はしって いるから あしは じょうぶです。

1 親切 　　　　　2 丈夫 　　　　　3 不便 　　　　　4 安全

04 しごとが いそがしいなら れんらくは しなくても だいじょうぶです。

1 必要 　　　　　2 危険 　　　　　3 大丈夫 　　　　　4 簡単

05 この ビルには エレベーターが あって べんりです。

1 上手 　　　　　2 立派 　　　　　3 丈夫 　　　　　4 便利

06 こんどの しごとは たいへんだと おもいます。

1 元気 　　　　　2 大変 　　　　　3 自由 　　　　　4 残念

もんだい3 (　　　) に なにを いれますか。
　　　　　1・2・3・4から いちばん いい ものを ひとつ えらんで ください。

01 けさ (　　　) へやを そうじしました。

　　1 へたに　　　　　2 すきに　　　　　3 きれいに　　　　4 きらいに

02 おかねが あれば (　　　) な いえを かいたいです。

　　1 じゅうぶん　　2 しんぱい　　　3 りっぱ　　　　4 しずか

03 おんがくかいでは (　　　) して ください。

　　1 しずかに　　　2 きらいに　　　3 にぎやかに　　4 すきに

04 その まちは まえ より (　　　) に なりました。

　　1 おなじ　　　　2 むり　　　　　3 たいへん　　　4 にぎやか

05 ともだちと (　　　) かさを かいました。

　　1 きらい　　　　2 おなじ　　　　3 ふくざつ　　　4 ふべん

06 わたしは うたは すきですが、うたうのは (　　　) です。

　　1 へた　　　　　2 おなじ　　　　3 きれい　　　　4 りっぱ

もんだい4 _____ の ぶんと だいたい おなじ いみの ぶんが あります。
1・2・3・4から いちばん いい ものを ひとつ えらんで ください。

01 わたしに とって かぞくが いちばん たいせつです。

　1 わたしに とって かぞくが いちばん しずかです。

　2 わたしに とって かぞくが いちばん ひまです。

　3 わたしに とって かぞくが いちばん だいじです。

　4 わたしに とって かぞくが いちばん にぎやかです。

02 わたしは スポーツが へたです。

　1 わたしは スポーツが じょうずではありません。

　2 わたしは スポーツが おもしろくありません。

　3 わたしは スポーツが いやではありません。

　4 わたしは スポーツが きらいではありません

03 スマートフォンを なくしたら たいへんです。

　1 スマートフォンを なくしたら いいです。

　2 スマートフォンを なくしたら あんしんします。

　3 スマートフォンを なくしたら こまります。

　4 スマートフォンを なくしたら にぎやかです。

04 この うたは にほんで ゆうめいです。

　1 この うたは にほんの ひとたちが すこし しって います。

　2 この うたは にほんの ひとたちが たくさん しって います。

　3 この うたは にほんの ひとたちが だんだん しって います。

　4 この うたは にほんの ひとたちが また しって います。

사람이나 사물의 동작, 존재를 나타내며 기본형의 끝 글자는 う단으로 끝납니다. う단을 어미라 하고 그 앞 부분을 어간이라 합니다. 어미가 활용을 하며 형용사와 달리 명령형과 의지형이 있으며 동사 종류에는 1그룹동사(5단동사), 2그룹동사(1단동사), 3그룹동사(불규칙동사)가 있습니다.

시험에  **이렇게 나온다!**

もんだい3 （　　　　）に なにを いれますか。
1・2・3・4から いちばん いい ものを ひとつ えらんで ください。

せんせいは　じゅぎょうを（　　　　）ました。

1 はじめ **2** あつまり **3** ならび **4** はれ

해석 선생님은 수업을 시작했습니다.
해설 문장에서 조사를 보았을 때 을이므로 타동사를 찾아야 합니다. 타동사는 始(はじ)める밖에 없으므로 1번이 정답입니다.　　**정답** 1

시나공 따라잡기　　あ행

駅(えき) 역
前(まえ) 앞

会う	あう	만나다

駅の前で友達に会いました。　　　　　　　　　　　역 앞에서 친구를 만났습니다.

🖊 **강의실 생중계!**

会(あ)う는 '~를 만나다'라고 할 때 조사 ~に를 씁니다.

窓(まど) 창문

開く	あく	열리다

窓が開いています。　　　　　　　　　　　　　　창문이 열려 있습니다.

🖊 **강의실 생중계!**

あく 라는 훈독은 '空(あ)く 비다'로도 씁니다. '공간이 비어 있다'라는 의미입니다.
예 席(せき)が空いている。자리가 비어 있다.

開ける	あける	열다

ドアを開けておいてください。　　　　　　　　문을 열어 놔 주세요.

値段(ねだん) 값

| 上げる | あげる | (높이, 값, 수치, 속도 등을) 올리다, 들다 |

ガソリンの値段を上げます。

가솔린 값을 올립니다.

子供(こども) 아이
川(かわ) 강

| 遊ぶ | あそぶ | 놀다 |

子供たちは川で遊びます。

아이들은 강에서 놉니다.

姉(あね) 언니, 누나
シャワー 샤워

| 浴びる | あびる | 끼얹다, 뒤집어쓰다 |

姉とシャワーを浴びます。

언니와 샤워를 합니다.

> **강의실 생중계!**
>
> '샤워를 하다'라는 표현은 シャワーをする가 아니라 シャワーをあびる라고 해야 합니다.

| 洗う | あらう | 씻다 |

子供が顔を洗っています。

아이가 얼굴을 씻고 있습니다.

> **강의실 생중계!**
>
> 洗(あら)う는 '씻다' 외에 '닦다, 감다'라는 뜻도 있습니다.
> 예 車を洗う。 차를 닦다.　　　　　　　髪(かみ)を洗う。 머리를 감다.

下(した) 아래
新聞(しんぶん) 신문

| ある | | (사물, 식물) 있다 |

テーブルの下に新聞があります。

테이블 아래에 신문이 있습니다.

> **강의실 생중계!**
>
> ある는 사물, 식물에 쓰지만 사람에게도 쓸 수 있는 경우가 있습니다. 사람의 존재 유무를 표현할 때 '있다, いる'를 모두 쓸 수 있지만 어디에 있는지의 유무일 때에는 いる만 씁니다.
> 예 兄弟(きょうだい)はありますか。 형제는 있습니까?
> 　 兄(あに)は部屋(へや)にいます。 형은 방에 있습니다.

学校(がっこう) 학교

| 歩く | あるく | 걷다 |

家から学校まで歩いて行けます。

집에서 학교까지 걸어서 갈 수 있습니다.

| 言う | いう | 말하다 |

明日帰ると言いました。

내일 돌아간다고 말했습니다.

> **강의실 생중계!**
>
> 言(い)う는 위의 예문처럼 주로 일방적으로 내용을 전달할 때 쓰는 반면, 話(はな)す는 말하는 사람과 듣는 사람과의 대화에 씁니다.
> 예 彼と電話(でんわ)で話しました。 그와 전화로 이야기했습니다.

89

冬休(ふゆやす)み 겨울 방학 外国(がいこく) 외국	行く	いく	가다
	冬休みに外国へ行こうとします。		겨울 방학에 외국에 가려고 합니다.

📎 강의실 생중계!

'~를/에 가다'라고 할 때 반드시 조사 ~に 또는 ~へ를 씁니다. ~を는 쓰지 않으므로 주의하세요.

デパート 백화점	いる		(사람, 동물) 있다
	デパートの前に人がたくさんいます。		백화점 앞에 사람이 많이 있습니다.
飲(の)み物(もの) 마실 것	要る	いる	필요하다
	飲み物は要りません。		마실 것은 필요 없습니다.

📎 강의실 생중계!

要(い)る는 예외 1그룹동사(예외 5단동사)라는 것을 반드시 기억하세요. 같은 표현으로 な형용사 '必要(ひつよう)だ 필요하다'가 있습니다.
예 大きいふくろが必要です。 큰 봉투가 필요합니다.

中(なか) 안	入れる	いれる	넣다
	かばんの中に本とノートを入れます。		가방 안에 책과 노트를 넣습니다.
カラオケ 가라오케, 노래방 歌(うた) 노래	歌う	うたう	노래 부르다
	カラオケに行って歌を歌いました。		노래방에 가서 노래를 불렀습니다.
妹(いもうと) 여동생	生まれる	うまれる	태어나다
	妹が生まれました。		여동생이 태어났습니다.

📎 강의실 생중계!

生(う)まれる는 사람뿐만이 아니라 사물이나 기록의 탄생에도 쓸 수 있으며, 다른 한자를 쓰는 産(う)まれる는 사람이 태어날 때만 쓰입니다.
예 研究会(けんきゅうかい)が生まれる。 연구회가 탄생하다.

スーパー 슈퍼	売る	うる	팔다
	それはスーパーで売っています。		그것은 슈퍼에서 팔고 있습니다.

毎日(まいにち) 매일

| 起きる | おきる | 일어나다 |

毎日7時に起きます。　　　　　　　　　　　　　　　　　　매일 7시에 일어납니다.

강의실 생중계!

起(お)きる는 '일어나다' 외에 '(사건, 사고가) 생기다, 발생하다'라는 뜻도 있습니다.
예 交通事故(こうつうじこ)が起きました。교통사고가 일어났습니다.

辞書(じしょ) 사전
机(つくえ) 책상
上(うえ) 위

| 置く | おく | 두다, 놓다 |

辞書は机の上に置きます。　　　　　　　　　　　　　　　사전은 책상 위에 두겠습니다.

息子(むすこ) 아들
テニス 테니스

| 教える | おしえる | 가르치다 |

息子にテニスを教えました。　　　　　　　　　　　　　　아들에게 테니스를 가르쳤습니다.

강의실 생중계!

教(おし)え子(ご)는 教え＋子의 복합어로 '제자'라는 뜻입니다.

水(みず) 물
出(で)る 나오다

| 押す | おす | 누르다 |

ここを押すと水が出ます。　　　　　　　　　　　　　　　여기를 누르면 물이 나옵니다.

강의실 생중계!

관용구 '念(ねん)を押(お)す 다짐하다, 확인하다'도 함께 알아두세요.

顔(かお) 얼굴

| 覚える | おぼえる | 외우다, 기억하다 |

彼女の顔は覚えていますか。　　　　　　　　　　　　　그녀의 얼굴은 기억하고 있습니까?

강의실 생중계!

'기억나지 않는다'라는 표현은 覚(おぼ)えていない입니다.

女(おんな)の子(こ)
여자아이

| 泳ぐ | およぐ | 헤엄치다 |

泳いでいるのは女の子です。　　　　　　　　　　　　　헤엄치고 있는 것은 여자아이입니다.

강의실 생중계!

명사화 泳(およ)ぎ는 '수영'입니다.

降りる	おりる	내리다

どこで降りたらいいですか。　　　　　　　　　　　　　　어디에서 내리면 됩니까?

🎧 강의실 생중계!

한자 '降(내릴 강)'은 두 가지 읽기가 있습니다. '降(お)りる'로 읽으면 (탈것 등에서) '내리다'는 뜻이고,
'降(ふ)る'로 읽으면 '(눈, 비 등이) 내리다'는 뜻이 됩니다.

仕事(しごと) 일
~頃(ころ·ごろ) ~쯤

終わる	おわる	끝나다

仕事は6時頃終わります。　　　　　　　　　　　　　　　　일은 6시쯤 끝납니다.

🎧 강의실 생중계!

終(お)わる는 타동사로도 쓰입니다.
[예] これで授業(じゅぎょう)を終わります。 이것으로 수업을 마칩니다.

시나공 따라잡기　か행

デパート 백화점
スーツ 양복

買う	かう	사다

デパートでスーツを買います。　　　　　　　　　　　　　백화점에서 양복을 삽니다.

返す	かえす	돌려주다, 반납하다

図書館の本を返しました。　　　　　　　　　　　　　　　도서관 책을 반납했습니다.

主人(しゅじん) 남편

帰る	かえる	돌아가(오)다

主人はまだ帰っていません。　　　　　　　　　　　　　　남편은 아직 돌아오지 않았습니다.

🎧 강의실 생중계!

집, 고향, 조국으로 갈 때는 반드시 帰(かえ)る를 씁니다. 帰(かえ)る는 예외 1그룹동사(예외 5단동
사)이므로 기억하세요. まだ~ていない는 '아직 ~않았다'로 해석합니다.
[예] お昼(ひる)はまだ食(た)べていない。 점심은 아직 먹지 않았다.

お金(かね) 돈

かかる		걸리다, 들다

お金は2万円ぐらいかかりました。　　　　　　　　　　　돈은 2만 엔 정도 들었습니다.

久(ひさ)しぶりに
오랜만에
手紙(てがみ) 편지

書く	かく	쓰다

久しぶりに友達に手紙を書きました。　　　　　　　　　오랜만에 친구에게 편지를 썼습니다.

コート 코트

かける
걸치다, 걸다

コートをかけている人が小田さんです。

코트를 걸치고 있는 사람이 오다 씨입니다.

강의실 생중계!

かける와 관련된 여러 표현을 살펴볼까요?
電話(でんわ)をかける 전화를 걸다　　声(こえ)をかける 말을 걸다　　腰(こし)をかける 앉다

貸す　　　　かす
빌려 주다

友達にノートを貸してもらいました。

친구가 노트를 빌려 주었습니다.

강의실 생중계!

'借(か)りる 빌리다'와 혼동하지 마세요.
예 このボールペンを借(か)りたいですが。이 볼펜을 빌리고 싶은데요.

帽子(ぼうし) 모자

かぶる
(모자) 등을 쓰다

子供が帽子をかぶっています。

아이가 모자를 쓰고 있습니다.

借りる　　　　かりる
빌리다

先生に本を借りに行きます。

선생님에게 책을 빌리러 갑니다.

강의실 생중계!

借(か)りる의 반대말은 '貸(か)す 빌려주다'입니다.

電気(でんき) 전기
暗(くら)い 어둡다

消える　　　　きえる
꺼지다

電気が消えて、部屋が暗くなりました。

전기가 꺼져서 방이 어두워졌습니다.

강의실 생중계!

消(き)える에는 여러 표현이 있습니다. '痛(いた)みが消える 통증이 없어지다', '足音(あしおと)が
消える 발소리가 사라지다' 등과 같이 사용되므로 알아두세요.

聞く　　　　きく
묻다, 듣다

それは彼女に聞けばわかります。

그것은 그녀에게 물으면 알 수 있습니다.

강의실 생중계!

聞(き)く가 '듣다'라는 의미일 때는 聴(き)く로도 씁니다.

白(しろ)い 하얗다
ワイシャツ 와이셔츠

着る きる 입다

いつも白いワイシャツを着ています。 언제나 흰 와이셔츠를 입고 있습니다.

강의실 생중계!

상의는 着(き)る, 하의나 양말, 구두는 はく로 씁니다.
예 スカートをはく。 스커트를 입다. 靴(くつ)をはく。 구두를 신다.

髪(かみ) 머리(털)

切る きる 자르다

髪は切らないほうがいいです。 머리카락은 자르지 않는 게 좋습니다.

강의실 생중계!

切(き)る는 예외 1그룹동사(예외 5단동사)임을 기억하세요. 切(き)る와 관련된 여러 표현을 살펴볼까요?
예 指(ゆび)を切る。 손가락을 베다. 電話(でんわ)を切る。 전화를 끊다.
ラジオを切る。 라디오를 끄다.

今朝(けさ) 오늘 아침
空(そら) 하늘

くもる 흐리다

今朝から空がくもっています。 오늘 아침부터 하늘이 흐립니다.

강의실 생중계!

아침부터 흐려 있는 상태를 나타내므로 くもっている로 표현합니다.

来る くる 오다

明日は来ないでください。 내일은 오지 마세요.

消す けす 끄다

ラジオを消さないで出かけました。 라디오를 끄지 않고 외출했습니다.

강의실 생중계!

消(け)す는 여러 의미가 있습니다. 예문을 통해 알아볼까요?
예 字(じ)を消す。 글자를 지우다. 雑音(ざつおん)を消す。 잡음을 없애다.
姿(すがた)を消す。 모습을 감추다.

学生(がくせい) 학생

答える こたえる 대답하다

学生たちはすぐ答えました。 학생들은 바로 대답했습니다.

강의실 생중계!

명사는 '答(こた)え 대답, 해답, 답안'입니다.

椅子(いす) 의자
足(た)りない 모자라다

困る　　　　　　こまる　　　　　　곤란하다

椅子が足りなくて困りました。 의자가 부족해서 곤란했습니다.

🖊 강의실 생중계!

困(こま)る는 '난처하다, 곤혹스럽다'는 의미도 있습니다.
예 子供(こども)に泣(な)かれて困りました。 아이가 울어서 난처했습니다.

시나공 따라잡기　さ행

花(はな) 꽃

咲く　　　　　　さく　　　　　　피다

花はまだ咲いていません。 꽃은 아직 피지 않았습니다.

一緒(いっしょ)に 함께
傘(かさ) 우산

さす　　　　　　　　　　　(우산을) 쓰다

友達と一緒に傘をさしました。 친구와 함께 우산을 썼습니다.

🖊 강의실 생중계!

さす에는 '비추다'라는 뜻도 있습니다.
예 朝日(あさひ)がさす。 아침 해가 비추다.

猫(ねこ) 고양이
悲(かな)しい 슬프다

死ぬ　　　　　　しぬ　　　　　　죽다

猫が死んで悲しいです。 고양이가 죽어 슬픕니다.

🖊 강의실 생중계!

死(し)ぬ의 완곡한 표현은 '亡(な)くなる 돌아가시다'입니다.
예 おじいさんが亡くなりました。 할아버지가 돌아가셨습니다.

着(つ)く 도착하다
時(とき) 때

閉まる　　　　　　しまる　　　　　　닫히다

着いた時にはドアは閉まっていました。 도착했을 때에는 문은 닫혀 있었습니다.

店(みせ) 가게

閉める　　　　　　しめる　　　　　　닫다

この店はいつも10時に閉めます。 이 가게는 언제나 10시에 닫습니다.

🖊 강의실 생중계!

閉(し)める는 '(문, 창, 상자, 서랍 등의 열린 공간을) 닫다'라는 의미입니다.

ネクタイ 넥타이

締める　　　　　しめる　　　　　매다, 죄다

ネクタイは締めなくてもいいです。　　　　넥타이는 매지 않아도 좋습니다.

ゴルフ 골프

知る　　　　　しる　　　　　알다

ゴルフをよく知っている人です。　　　　골프를 잘 알고 있는 사람입니다.

たばこ 담배

吸う　　　　　すう　　　　　피우다, 들이 마시다

ここでたばこを吸ってはいけません。　　　　여기에서 담배를 피워서는 안 됩니다.

両親(りょうしん) 부모님

住む　　　　　すむ　　　　　살다, 거주하다

両親はどこに住んでいますか。　　　　부모님은 어디에 살고 있습니까?

仕事(しごと) 일, 업무

する　　　　　　　　　　하다

今日の仕事は何をすればいいですか。　　　　오늘 업무는 무엇을 하면 됩니까?

休(やす)む 쉬다

座る　　　　　すわる　　　　　앉다

ベンチに座って休みます。　　　　벤치에 앉아 쉽니다.

시나공 따라잡기 た행

出す　　だす　　내다, 제출하다, 부치다

レポートは明日までに出してください。

리포트는 내일까지 제출해 주세요.

> **강의실 생중계!**
>
> '편지를 부치다'는 手紙(てがみ)を出(だ)す입니다. '나가다'는 뜻으로 쓰일 때는 出(で)る로 읽는 것에 주의하세요.

見(み)える 보이다
一番(いちばん) 가장
後(うしろ) 뒤

立つ　　たつ　　서다

見えなければ一番後の人たちは立ってください。

보이지 않으면 제일 뒤의 사람들은 서 주세요.

部長(ぶちょう) 부장
仕事(しごと) 일

頼む　　たのむ　　부탁하다

部長に仕事を頼まれました。

부장님에게 일을 부탁받았습니다.

> **강의실 생중계!**
>
> '頼(たの)む 부탁하다'의 수동태는 '頼まれる 부탁받다'입니다.
> 예　友人(ゆうじん)に家の留守番(るすばん)を頼まれた。
> 　　친구로부터 없는 동안 집을 봐달라고 부탁 받았다.
> 　　友達(ともだち)から買(か)い物(もの)を頼まれた。친구로부터 장을 봐달라고 부탁 받았다.

すし 초밥
初(はじ)めて 처음으로

食べる　　たべる　　먹다

すしを初めて食べてみました。

초밥을 처음으로 먹어 보았습니다.

二人(ふたり) 두 사람
答(こた)え
대답, 답안, 해답

違う　　ちがう　　다르다, 틀리다

二人の答えが違います。

두 사람의 답이 다릅니다.

> **강의실 생중계!**
>
> 違(ちが)う는 '다르다'는 뜻과 함께 '틀리다'는 뜻도 있습니다.
> 예　音(おと)が違う。음이 틀리다.　　　　答(こた)えが違う。답이 틀리다.
> 본문에 쓰인 예문은 '두 사람의 답이 같지 않다'는 의미이고, 위의 예문은 '음이나 문제의 답이 맞지 않다'는 의미입니다.

コンピューター 컴퓨터

使う　　つかう　　쓰다, 사용하다

このコンピューターを使ってもいいですか。

이 컴퓨터를 사용해도 됩니까?

歩(ある)く 걷다
足(あし) 다리

疲れる　　　　　　つかれる　　　　　피곤하다, 피로해지다
歩きすぎて、足が疲れています。　　　　　　너무 걸어서 다리가 피곤합니다.

> **강의실 생중계!**
>
> '피로해지다, 지치다'는 의미도 있습니다.
> 예 目(め)が疲(つか)れる。눈이 피로해지다.　　生活(せいかつ)に疲(つか)れる。생활에 지치다.

飛行機(ひこうき)
비행기
空港(くうこう) 공항

着く　　　　　　　つく　　　　　　　도착하다
飛行機は空港に着いています。　　　　　　비행기는 공항에 도착해 있습니다.

> **강의실 생중계!**
>
> 着(つ)くは '到着(とうちゃく)する 도착하다'와 같은 뜻입니다.

母(はは) 어머니
ケーキ 케이크

作る　　　　　　　つくる　　　　　　만들다
母とケーキを作ります。　　　　　　　어머니와 케이크를 만듭니다.

電灯(でんとう) 전등
明(あか)るい 밝다

つける　　　　　　　　　　　　　　켜다, 달다, 조심하다
電灯をつけて、明るくなりました。　　　　　전등을 켜서 밝아졌습니다.

> **강의실 생중계!**
>
> '電気(でんき)をつける 전기를 켜다'와 함께 '気(き)をつける 주의하다, 조심하다'라는 표현도 외워
> 두세요.

兄(あに) 형. 오빠
大学(だいがく) 대학교

勤める　　　　　　つとめる　　　　　근무하다
兄は大学に勤めています。　　　　　　　형은 대학에 근무하고 있습니다.

> **강의실 생중계!**
>
> 勤(つと)めるは '～에서 일하다'는 반드시 조사 ～に를 씁니다. 또한 '働(はたら)く 일하다, 근무하
> 다'는 반드시 조사 ～で를 쓰므로 주의하세요.

買(か)い物(もの) 쇼핑

出かける　　　　　　でかける　　　　　외출하다
母と買い物に出かけます。　　　　　　　엄마와 쇼핑하러 외출합니다.

> **강의실 생중계!**
>
> 出(で)かけるは 위의 예문처럼 볼일이 있어 목적을 가지고 목적지까지 이동함을 나타내며, 出(で)る
> 는 안에서 밖으로 이동함을 나타냅니다.
> 예 たくさんの雨(あめ)が降(ふ)っているので、出ません。많은 비가 내려서 안 나갑니다.

運転(うんてん) 운전

できる 　　　　　　　　　　　　　　할 수 있다

あなたは運転ができますか。　　　　　　　당신은 운전할 수 있습니까?

> **강의실 생중계!**
>
> できる는 '할 수 있다' 외에 '되다, 생기다'는 뜻도 있습니다.
> 예 日本語(にほんご)ができる。일본어를 할 수 있다.
> 　 準備(じゅんび)ができる。준비가 되다.

~頃(ごろ) ~경
事務所(じむしょ) 사무실

出る 　　　　　　でる 　　　　　　나가다

7時頃事務所を出ました。　　　　　　　7시쯤 사무소를 나갔습니다.

運動場(うんどうじょう) 운동장
ボール 공

飛ぶ 　　　　　　とぶ 　　　　　　날다

学校の運動場のほうからボールが飛んできました。

　　　　　　　　　　　　　学校 운동장에서 볼이 날아 왔습니다.

車(くるま) 차
急(きゅう)に 갑자기

止まる 　　　　　　とまる 　　　　　　멈추다, 서다, 멎다

車が急に止まりました。　　　　　　　차가 급히 멈추었습니다.

> **강의실 생중계!**
>
> '時計(とけい)が止まる 시계가 서다', '交通(こうつう)が止まる 교통이 끊어지다', '笑(わら)い声(ごえ)が止まらない 웃음소리가 끊이지는 않는다' 등의 예문으로 익혀두세요.

新聞(しんぶん) 신문

取る 　　　　　　とる 　　　　　　집다, 잡다, 쥐다, 들다

そこにある新聞をとってくれ。　　　　　　거기에 있는 신문을 집어 줘.

> **강의실 생중계!**
>
> '手(て)に取って見る 손에 들고 보다', '手に手を取る 손에 손을 잡다', '鉛筆(えんぴつ)を取る 연필을 잡다(글씨를 쓰다)' 등의 예문으로 익혀두세요.

隣(となり) 옆
写真(しゃしん) 사진

撮る 　　　　　　とる 　　　　　　(사진을) 찍다

隣の人に写真を撮ってもらいました。　　　옆 사람이 사진을 찍어 주었습니다.

> **강의실 생중계!**
>
> 写真を撮る와 같은 표현인 '写真を写(うつ)す 사진을 찍다'도 알아 두세요.

外(そと) 밖
鳴(な)き声(ごえ)
울음 소리

| 鳴く | なく | 울다 |

外で猫の鳴き声が聞こえます。   밖에서 고양이 울음소리가 들립니다.

강의실 생중계!

사람이 울 때는 泣(な)く, 동물이 울 때는 鳴(な)く로 씁니다.
[예] 子供(こども)が泣いています。 아이가 울고 있습니다.

学校(がっこう) 학교
水泳(すいえい) 수영

| 習う | ならう | 배우다 |

学校で水泳を習っています。   학교에서 수영을 배우고 있습니다.

강의실 생중계!

習(なら)うと는 '배워서 몸에 익힌다'는 의미입니다.

横(よこ) 옆

| 並ぶ | ならぶ | 늘어서다, 줄 서다 |

山田さんの横に並んでください。   야마다 씨 옆에 줄 서 주세요.

テーブル 테이블
スプーン 스푼
フォーク 포크

| 並べる | ならべる | 늘어놓다, 줄 세우다 |

テーブルにスプーンとフォークを並べます。   테이블에 스푼과 포크를 늘어놓습니다.

涼(すず)しい 선선하다

| なる | | 되다 |

この頃は涼しくなりました。   요즘은 선선해졌습니다.

강의실 생중계!

'~이(가) 되다'라고 할 때는 조사는 반드시 ~に를 씁니다.
[예] 科学者(かがくしゃ)になりました。 과학자가 되었습니다.

帽子(ぼうし) 모자
入(はい)る 들어가다,
들어오다

| 脱ぐ | ぬぐ | 벗다 |

帽子を脱いで入ってください。   모자를 벗고 들어오세요.

강의실 생중계!

'모자를 벗다'는 帽子を取(と)る, 帽子を外(はず)す라고도 합니다.

早(はや)い 빠르다

| 寝る | ねる | 자다, (드러)눕다 |

明日のため、早く寝ることにしました。   내일을 위해 일찍 자기로 했습니다.

山(やま) 산
気持(きも)ち 기분

登る　　　　　　　のぼる　　　　　　　오르다

山に登ると気持ちがよくなります。　　　　　　　산에 오르면 기분이 좋아집니다.

> **강의실 생중계!**
>
> 山(やま)＋登(のぼ)り의 형태인 山登(やまのぼ)り는 '등산'이라는 뜻입니다.

お茶(ちゃ) 차

飲む　　　　　　　のむ　　　　　　　마시다

お茶でも飲みませんか。　　　　　　　차라도 마시지 않겠습니까?

会社(かいしゃ) 회사
バス 버스

乗る　　　　　　　のる　　　　　　　타다

会社に行くときバスに乗って行きます。　　　　　　　회사에 갈 때 버스를 타고 갑니다.

시나공 따라잡기　は행

今(いま) 지금

入る　　　　　　　はいる　　　　　　　들어가다, 들어오다

今の会社に入って5年になります。　　　　　　　지금의 회사에 들어간 지 5년이 됩니다.

> **강의실 생중계!**
>
> 入(はい)る는 예외 1그룹동사(예외 5단동사)입니다.

女性(じょせい) 여성
皆(みんな) 모두
サンダル 샌들

はく　　　　　　　　　　　　　입다, 신다

女性は皆サンダルをはいています。　　　　　　　여성은 모두 샌들을 신고 있습니다.

> **강의실 생중계!**
>
> 상의는 着(き)る, 하의나 양말, 구두는 はく로 씁니다.
> 예 スカートをはく。 스커트를 입다.　　　靴(くつ)をはく。 구두를 신다.

来週(らいしゅう)
다음 주
夏休(なつやす)み
여름방학

始まる　　　　　　はじまる　　　　　　시작되다

来週から夏休みが始まります。　　　　　　　다음 주부터 여름방학이 시작됩니다.

坂(さか) 언덕
下(お)りる
내려가다, 내려오다

走る　　　　　　　はしる　　　　　　　달리다

坂を走って下りました。　　　　　　　언덕을 달려 내려왔습니다.

> **강의실 생중계!**
>
> 走(はし)る는 예외 1그룹동사(예외 5단동사)입니다. 반드시 기억하세요.

一生懸命(いっしょうけんめい) 열심히
金持(かねも)ち 부자

働く 　　　　　　 はたらく 　　　　　　 일하다

一生懸命働いて金持ちになりたいです。 　　　　　　 열심히 일해서 부자가 되고 싶습니다.

話す 　　　　　　 はなす 　　　　　　 이야기하다, 말하다

小田さんは吉田さんと話しています。 　　　　　　 오다 씨는 요시다 씨와 이야기하고 있습니다.

手紙(てがみ) 편지
切手(きって) 우표

はる 　　　　　　 붙이다

手紙に切手をはってください。 　　　　　　 편지에 우표를 붙여주세요.

週末(しゅうまつ) 주말
遊(あそ)ぶ 놀다

晴れる 　　　　　　 はれる 　　　　　　 날씨가 개다, 맑다

週末に晴れたら、遊びに行きます。 　　　　　　 주말에 날씨가 개면 놀러 갑니다.

> 🎤 **강의실 생중계!**
>
> 曇(くも)る는 '흐리다'는 뜻입니다. 일기예보에서 曇(くも)り時々(ときどき)晴(はれ)는 '흐리고 때때로 맑음'입니다.

言葉(ことば) 말
辞書(じしょ) 사전
興味(きょうみ) 흥미
風邪(かぜ) 감기
線(せん) 선

引く 　　　　　　 ひく 　　　　　　 끌다, 당기다, 잡아 끌다

そでを引く 　　　　　　 소매를 잡아끌다.

> 🎤 **강의실 생중계!**
>
> 引く는 '감기에 걸리다, 사전을 찾다, 선을 긋다' 등의 의미로도 사용됩니다.
> 예) 興味を引く。흥미를 끌다.
> 　　風邪を引く。감기에 걸리다.
> 　　知らない言葉は辞書を引きます。모르는 단어는 사전을 찾습니다.
> 　　線を引く。선을 긋다.

ギター 기타
ピアノ 피아노

弾く 　　　　　　 ひく 　　　　　　 (악기를) 치다

ギターかピアノが弾けますか。 　　　　　　 기타나 피아노를 칠 수 있습니까?

風(かぜ) 바람
強(つよ)い 강하다

吹く 　　　　　　 ふく 　　　　　　 불다

風が強く吹き始めました。 　　　　　　 바람이 강하게 불기 시작했습니다.

> 🎤 **강의실 생중계!**
>
> 吹(ふ)き始(はじ)める는 吹く의 ます형 '吹き+始める' 형태의 복합동사입니다.

雪(ゆき) 눈
混(こ)む
붐비다, 혼잡하다

降る 　　　　　　 ふる 　　　　　　 (비나 눈이) 내리다

雪が降って、いつもより道が混んでいます。 　　　　　　 눈이 내려 평소보다 길이 혼잡합니다.

시나공 따라잡기　ま행

左(ひだり) 왼쪽
図書館(としょかん) 도서관

曲がる　　　　　　　　まがる　　　　　돌다, 방향이 바뀌다
左に曲がると図書館があります。　　　　　　　　왼쪽으로 돌면 도서관이 있습니다.

> **강의실 생중계!**
>
> 曲がる는 '굽다, 기울다, 비뚤어지다'는 의미도 있습니다.
> 腰(こし)が曲がる。허리가 굽다.
> ネクタイが曲がる。넥타이가 비뚤어지다.

友達(ともだち) 친구
来(く)る 오다

待つ　　　　　　　　　まつ　　　　　　기다리다
友達が来るまでここで待つことにしました。
　　　　　　　　　　　　　　　　　친구가 올 때까지 여기서 기다리기로 했습니다.

食事(しょくじ) 식사
後(あと) 다음, 후
歯(は) 이

磨く　　　　　　　　　みがく　　　　　닦다
食事の後で、歯を磨きます。　　　　　　　　　　식사 후에 이를 닦습니다.

> **강의실 생중계!**
>
> 치약을 歯磨(はみが)き粉(こ)라고 합니다.

卒業式(そつぎょうしき) 졸업식
写真(しゃしん) 사진

見せる　　　　　　　　みせる　　　　　보이다, 보여주다
卒業式の写真を見せてください。　　　　　　　　졸업식 사진을 보여주세요.

毎日(まいにち) 매일
ニュース 뉴스

見る　　　　　　　　　みる　　　　　　보다
毎日ニュースを見ています。　　　　　　　　　　매일 뉴스를 보고 있습니다.

> **강의실 생중계!**
>
> 見る, 見せる, 見える를 비교해서 알아볼까요?
> 見る : 어떤 의도를 가지고 본다는 의미입니다.
> 見せる : 상대방이 보도록 함을 나타냅니다.
> 見える : 시야에 자연스럽게 들어옴을 나타냅니다.
> 예 テレビを見る。텔레비전을 보다.
> 　 写真(しゃしん)を見せる。사진을 보이다.
> 　 窓(まど)から山が見える。창문으로 산이 보이다.

空港(くうこう) 공항
客(きゃく) 손님

迎える　　　　　　　　むかえる　　　　맞이하다, 영접하다
空港で客を迎える。　　　　　　　　　　　　　　공항에서 손님을 영접하다.

	燃える	もえる	타다, 불타다

火が燃えている。 불이 타고 있다.

コップ 컵
手(て) 손

	持つ	もつ	가지다, 들다

彼女はコップを手に持っています。 그녀는 컵을 손에 들고 있습니다.

> **강의실 생중계!**
>
> 주로 손잡이가 없는 것은 コップ, 손잡이가 있는 것은 カップ라고 합니다.
> コーヒーカップ 커피 잔, 紙(かみ)コップ 종이컵. 하지만 컵라면은 손잡이가 없지만 カップラーメン이라고 합니다.

시나공 따라잡기 | や행

土曜日(どようび)
토요일

日曜日(にちようび)
일요일

	休む	やすむ	쉬다

土曜日と日曜日は家で休みます。 토요일과 일요일은 집에서 쉽니다.

> **강의실 생중계!**
>
> 休(やす)むは '자다'라는 뜻도 있어서 お休(やす)みなさい는 '안녕히 주무세요'라는 뜻입니다.

宿題(しゅくだい) 숙제

	やる		하다, 주다

妹は今、宿題をやっています。 여동생은 지금 숙제를 하고 있습니다.

今回(こんかい) 이번
外国人(がいこくじん)
외국인

	呼ぶ	よぶ	부르다

今回のパーティーに外国人の友達も呼びますか。
이번 파티에 외국인 친구도 부릅니까?

漫画(まんが) 만화

	読む	よむ	읽다

子供に漫画を読んであげました。 아이에게 만화를 읽어 주었습니다.

成功(せいこう) 성공

	喜ぶ	よろこぶ	기뻐하다

兄の成功を喜ぶ。 형(오빠)의 성공을 기뻐하다.

意味(いみ) 의미
丁寧(ていねい)だ
친절하다, 정중하다
説明(せつめい) 설명

分かる　　　　　　わかる　　　　　　알다, 알 수 있다

先生の丁寧な説明でやっと意味がわかりました。

선생님의 친절한 설명으로 겨우 의미를 알았습니다.

家内(かない) 아내
誕生日(たんじょうび)
생일

忘れる　　　　　　わすれる　　　　　잊다

家内の誕生日を忘れました。　　　　　　　　　아내의 생일을 잊었습니다.

汽車(きしゃ) 기차
切符(きっぷ) 표

渡す　　　　　　　わたす　　　　　　건네다

友達に汽車の切符を渡しました。　　　　　친구에게 기차표를 건넸습니다.

船(ふね) 배
川(かわ) 강

渡る　　　　　　　わたる　　　　　　건너다

船で川を渡ります。　　　　　　　　　　　　　배로 강을 건넙니다.

もんだい1 _____ の ことばは どう よみますか。
1・2・3・4から いちばん いい ものを ひとつ えらんで ください。

01 むすこは べんきょうは しないで 遊んで ばかり います。

    1 ならんで   2 たのんで   3 およいで   4 あそんで

02 もうすぐ じゅぎょうが 始まります。

    1 しまり   2 はじまり   3 とまり   4 こまり

03 ともだちに かりた ほんを 返しました。

    1 さし   2 わたし   3 かえし   4 だし

04 きょうしつに いつつの いすが 並んで います。

    1 すんで   2 よんで   3 やすんで   4 ならんで

05 てを 洗ってから ごはんを たべます。

    1 あらって   2 おわって   3 はいって   4 はしって

06 かれは たいしかんに 勤めたいと おもって います。

    1 はじめ   2 つとめ   3 しめ   4 とめ

もんだい2 _____ の ことばは どう かきますか。

1・2・3・4から いちばん いい ものを ひとつ えらんで ください。

01 みんなの こたえが <u>ちがい</u>ます。

1 違い   2 歌い   3 洗い   4 吸い

02 その ひとの かおを <u>おぼえて</u> いますか。

1 答えて   2 覚えて   3 消えて   4 考えて

03 しゅくだいを <u>わすれて</u> いました。

1 晴れて   2 生れて   3 忘れて   4 入れて

04 うしろの ひとも <u>すわって</u> ください。

1 座って   2 帰って   3 習って   4 渡って

05 テレビを <u>けして</u> ください。

1 返して   2 消して   3 貸して   4 話して

06 しゅじんは まだ <u>ねて</u> います。

1 寝て   2 出て   3 見て   4 来て

もんだい3 （　　　　）に なにを いれますか。
1・2・3・4から いちばん いい ものを ひとつ えらんで ください。

01 あなたは たばこを （　　　）。

    1 きりますか　　　　2 すいますか　　　　3 のみますか　　　　4 たべますか

02 ふじさんに （　　　） ことが ありますか。

    1 のぼった　　　　2 きた　　　　3 およいだ　　　　4 あるいた

03 はを （　　　） ねます。

    1 いれて　　　　2 とって　　　　3 みがいて　　　　4 はたらいて

04 あしたの バイトは （　　　） です。

    1 はなし　　　　2 かんがえ　　　　3 やすみ　　　　4 かえり

05 コンピューターの しすぎで、めが （　　　） います。

    1 おしえて　　　　2 でかけて　　　　3 こたえて　　　　4 つかれて

06 これは にほんりょこうで （　　　） しゃしんです。

    1 しった　　　　2 とった　　　　3 つかった　　　　4 もった

もんだい4 _____ の ぶんと だいたい おなじ いみの ぶんが あります。
1・2・3・4から いちばん いい ものを ひとつ えらんで ください。

01 先生に でんわを かけました。

　1 先生に でんわを しました。
　2 先生に でんわを かりました。
　3 先生に でんわを かしました。
　4 先生に でんわを あげました。

02 ちちは ちゅうがっこうで はたらいて います。

　1 ちちは ちゅうがっこうに いって います。
　2 ちちは ちゅうがっこうに かよって います。
　3 ちちは ちゅうがっこうに つとめて います。
　4 ちちは ちゅうがっこうに きて います。

03 ともだちは へやの なかで ぼうしを ぬがないで います。

　1 ともだちは へやの なかで ぼうしを きて います。
　2 ともだちは へやの なかで ぼうしを かぶって います。
　3 ともだちは へやの なかで ぼうしを もって います。
　4 ともだちは へやの なかで ぼうしを つくって います。

04 わたしは およげます。

　1 わたしは すいえいが できます。
　2 わたしは スキーが できます。
　3 わたしは スケートが できます。
　4 わたしは ゴルフが できます。

もんだい1 _____ の ことばは どう よみますか。
1・2・3・4から いちばん いい ものを ひとつ えらんで ください。

01 らいしゅうから ぎんこうで 働く よていです。

　　1 みがく　　　　　2 つく　　　　　　3 うごく　　　　　4 はたらく

02 ねんまつに おとうとが 生まれます。

　　1 うまれ　　　　　2 こまり　　　　　3 しまり　　　　　4 はじまり

03 ともだちに ほんを 貸して あげました。

　　1 かして　　　　　2 かえして　　　　3 はなして　　　　4 わたして

04 まいあさ 6じに 起きて あさごはんの したくを します。

　　1 いきて　　　　　2 できて　　　　　3 あきて　　　　　4 おきて

05 6じに しごとが おわると すぐ いえに 帰ります。

　　1 かり　　　　　　2 かえり　　　　　3 おり　　　　　　4 とり

06 さむいので まどを 開けないで ください。

　　1 いけ　　　　　　2 あけ　　　　　　3 まけ　　　　　　4 かけ

もんだい2 _____の ことばは どう かきますか。
1・2・3・4から いちばん いい ものを ひとつ えらんで ください。

01 あの みせで うって いる パンは おいしいです。

1 習って   2 洗って   3 売って   4 買って

02 びじゅつかんの まえで しゃしんを とりましょうか。

1 作り   2 撮り   3 走り   4 借り

03 くすりを いちにちに 3かい のんで ください。

1 住んで   2 読んで   3 呼んで   4 飲んで

04 あには にほんの えいがを みるのが しゅみです。

1 見る   2 着る   3 来る   4 困る

05 はなが さいたら はなみに いきます。

1 書いたら   2 働いたら   3 咲いたら   4 弾いたら

06 えきに いくので タクシーを よんで ください。

1 休んで   2 呼んで   3 頼んで   4 遊んで

もんだい3 (　　　)に なにを いれますか。
1・2・3・4から いちばん いい ものを ひとつ えらんで ください。

01 むすこは ことし こうこうに (　　　)ます。

　　1 はいり　　　　　2 かえり　　　　　3 のり　　　　　4 おり

02 きのうは くもっていたが、きょうは (　　　)います。

　　1 わすれて　　　　2 いれて　　　　　3 はれて　　　　4 つかれて

03 あねは スカートを、わたしは ズボンを よく (　　　)ます。

　　1 かき　　　　　　2 はき　　　　　　3 みがき　　　　4 ふき

04 くすりやさんは みぎに (　　　)すぐに あります。

　　1 あって　　　　　2 はじまって　　　3 まがって　　　4 あがって

05 この みちを (　　　)ぎんこうが ありますか。

　　1 こたえたら　　　2 わかったら　　　3 おしえたら　　　4 わたったら

06 みせの まえに ひとたちが (　　　)います。

　　1 かけて　　　　　2 ならんで　　　　3 つとめて　　　4 もらって

もんだい4 ＿＿＿＿＿＿＿の ぶんと だいたい おなじ いみの ぶんが あります。
1・2・3・4から いちばん いい ものを ひとつ えらんで ください。

01 あねは こうこうで にほんごを おしえて います。

1 あねは こうこうの せいとです。

2 あねは こうこうの せんせいです。

3 あねは こうこうの がくせいです。

4 あねは こうこうの こうちょうです。

02 あには まいにち テニスを して います。

1 あには まいにち テニスを みて います。

2 あには まいにち テニスを おしえて います。

3 あには まいにち テニスを ならって います。

4 あには まいにち テニスを やって います。

03 かいしゃは どようび やすみます。

1 わたしは どようび つとめます。

2 わたしは どようび はたらきません。

3 わたしは どようび ならいます。

4 わたしは どようび つきます。

04 ひさしぶりに てんきが はれました。

1 ひさしぶりに いい てんきです。

2 ひさしぶりに さむい てんきです。

3 ひさしぶりに わるい てんきです。

4 ひさしぶりに あつい てんきです。

07 명사

명사는 사물의 이름을 나타내는 품사로 특정한 사람이나 물건에 쓰이는 이름인지 일반적인 사물에 두루 쓰이는 이름인지에 따라 고유 명사와 보통 명사로 나뉩니다. 또한 대명사, 수사, 형식명사 등도 포함됩니다.

시험에 〉 **이렇게 나온다!**

_____のことばは どう よみますか。
1·2·3·4から いちばん いい ものを ひとつ えらんで ください。

家から病院まで遠いです。

1 びょうえん　　　　**2** びょうえん　　　　**3** びょういん　　　　**4** びょういん

해석 집에서 병원까지 멉니다.
해설 '病'은 음으로 'びょう', 훈으로 'やむ', 'やまい'로 읽으며 '院'은 음으로 'いん'으로 읽습니다. 제시된 단어는 음으로 읽는 단어로 정답은 4번 びょういん이 됩니다.
어휘 家(いえ) 집　病院(びょういん) 병원　遠(とお)い 멀다　　　　　　　　　　　　　　**정답** 4

시나공 따라잡기　あ행

韓国(かんこく) 한국
涼(すず)しい 선선하다

秋　　　　　　あき　　　　　　가을
韓国の秋は涼しいです。　　　　　　　　　　한국의 가을은 선선합니다.

パン 빵
食(た)べる 먹다

朝　　　　　　あさ　　　　　　아침
朝はいつもパンを食べます。　　　　　　　　아침은 언제나 빵을 먹습니다.

会社(かいしゃ) 회사
行(い)く 가다

朝ご飯　　　　　あさごはん　　　　아침밥
朝ご飯を食べないで会社へ行きました。　　아침밥을 먹지 않고 회사에 갔습니다.

강의실 생중계!

朝ご飯은 朝飯(あさはん)이라고도 합니다.

日本(にほん) 일본
友(とも)だち 친구
来(く)る 오다

あさって 　　　　　　　　　　　　　　모레

あさって日本から友だちが来ます。　　　　　　　모레 일본에서 친구가 옵니다.

歩(ある)く 걷다
足(あし) 다리
痛(いた)い 아프다

足 　　　　　**あし** 　　　　발

歩きすぎで足が痛いです。　　　　　　　너무 걸어서 발이 아픕니다.

> 🖉 **강의실 생중계!**
>
> 동사 ます형/ い형용사 어간/ な형용사 어간+**すぎる** 형태로 '너무 ~하다'라는 뜻이 됩니다.

病院(びょういん) 병원
行(い)く 가다
日(ひ) 날

明日 　　　　**あした** 　　　내일

明日は病院へ行く日です。　　　　　　　내일은 병원에 가는 날입니다.

> 🖉 **강의실 생중계!**
>
> 明日(あした)는 明日(あす) 또는 明日(みょうにち)라고도 발음하는데 각각의 쓰임새를 살펴보면 일상적으로 가장 많이 쓰이는 것이 明日(あした)이고 明日(あした)보다 격식을 차린 말이 明日(あす)로 문장체에서 쓰입니다. 明日(みょうにち)는 비즈니스 회화, 정중함과 격식을 차린 상황에 사용하는 경우가 많습니다.

あそこ 　　　　　　　　　　저기

あそこに田中さんがいます。　　　　　　　저기에 다나카 씨가 있습니다.

彼(かれ) 그
いい 좋다

頭 　　　　**あたま** 　　　머리

彼は頭がいいです。　　　　　　　그는 머리가 좋습니다.

受付(うけつけ) 접수처

あちら 　　　　　　　　　　저쪽

あちらに受付があります。　　　　　　　저쪽에 접수처가 있습니다.

> 🖉 **강의실 생중계!**
>
> **あっち**도 같은 표현이나 **あちら**가 정중한 표현입니다.

掃除(そうじ) 청소

後 　　　　**あと** 　　　나중

掃除は後でします。　　　　　　　청소는 나중에 하겠습니다.

> 🖉 **강의실 생중계!**
>
> 後(うし)ろ는 공간적 의미의 '뒤, 뒤쪽'입니다.
> 예 家の後ろに山があります。 집 뒤에 산이 있습니다.

日本料理(にほんりょうり) 일본요리
食(た)べる 먹다

あなた   당신

あなたは日本料理を食べたことがありますか。   당신은 일본요리를 먹은 적이 있습니까?

강의실 생중계!

'당신'을 뜻하는 あなた는 대등한 관계나 불특정다수에게 하는 광고 등에서 쓰이는 경우가 많습니다. 처음 만난 사람, 윗사람, 좀 거리가 있는 사람에게는 쓰지 않는 게 좋습니다. 상대방을 부를 때는 이름에 ～さん을 붙이는 것이 예의에 벗어나지 않습니다.

今(いま) 지금
出(で)かける 외출하다, 나가다

兄   あに   형, 오빠

兄は今出かけています。   형은 지금 외출했습니다.

大学院生(だいがくいんせい) 대학원생

姉   あね   누나, 언니

姉は大学院生です。   언니는 대학원생입니다.

昨日(きのう) 어제

雨   あめ   비

昨日は雨でした。   어제는 비가 내렸습니다.

강의실 생중계!

일본어에서는 동사나 명사를 생략해서 나타내기도 합니다. '雨です 비입니다'와 '雨が降(ふ)ります 비가 내립니다'는 같은 의미로 볼 수 있습니다. '帰りに友達に会(あ)いました 돌아가는 길에 친구를 만났습니다'에서 '道(みち) 길'을 생략하는 경우도 마찬가지입니다.

鉛筆(えんぴつ) 연필
ボールペン 볼펜

あれ   저것

あれは鉛筆じゃなくて、ボールペンです。   저것은 연필이 아니고 볼펜입니다.

学校(がっこう) 학교
近(ちか)い 가깝다

家   いえ   집

家から学校まで近いです。   집에서 학교까지 가깝습니다.

강의실 생중계!

家는 家(いえ)와 家(うち)로 쓰이는데 둘 다 '집'이라는 의미이지만 家(いえ)는 사람이 살고 있는 건물인 '집'의 의미이고 家(うち)는 사람이 살고 있는 건물인 '우리집'의 의미와 함께 '우리 가족', '가정'이라는 의미가 포함되어 있습니다.

教室(きょうしつ) 교실
机(つくえ) 책상
今年(ことし) 올해

いくつ   몇 개, 몇 살

教室に机はいくつありますか。   교실에 책상은 몇 개 있습니까?

今年、おいつですか。   올해 몇 살이십니까?

かばん 가방	いくら		얼마

このかばんはいくらですか。 이 가방은 얼마입니까?

家(いえ) 집	池	いけ	연못
後(うし)ろ 뒤			
池(いけ) 연못			

家の後ろに池があります。 집 뒤에 연못이 있습니다.

呼(よ)ぶ 부르다	医者	いしゃ	의사

医者を呼びに行きました。 의사를 부르러 갔습니다.

> 📣 강의실 생중계!
>
> 医者(いしゃ) 앞에는 존경을 나타내는 'お'를 뒤에는 '~さん'을 붙여서 'お医者(いしゃ)さん 의사 선생님'이라고 부르거나 가리킵니다.

教室(きょうしつ) 교실	椅子	いす	의자
椅子(いす) 의자			
ある 있다			

教室に椅子が十あります。 교실에 의자가 10개 있습니다.

> 📣 강의실 생중계!
>
> '子'는 훈독으로는 こ로, 음독으로는 す,し로 읽습니다. '帽子(ぼうし) 모자'의 경우처럼 し로도 읽습니다.

時間(じかん) 시간	一日	いちにち	하루

一日は24時間です。 하루는 24시간입니다.

> 📣 강의실 생중계!
>
> 一日(ついたち)로 읽을 때에는 '1일'이라는 의미입니다.

~匹(ひき) ~마리	犬	いぬ	개

犬が2匹います。 개가 2마리 있습니다.

ちょうど 딱, 마침	今	いま	지금
~時(じ) ~시			

今ちょうど10時です。 지금 정각 10시입니다.

言葉(ことば) 말	意味	いみ	의미
教(おし)える 가르치다			

その言葉の意味を教えてください。 그 말의 의미를 가르쳐 주세요.

中学校(ちゅうがっこう)
중학교

妹 いもうと 여동생

妹は中学校3年生です。 　　　　　여동생은 중학교 3학년입니다.

> **강의실 생중계!**
>
> '~학년'에 해당하는 말은 ～年生(ねんせい)입니다. 一年生(いちねんせい), 二年生(にねんせい), 三年生(さんねんせい), 四年生(よねんせい), 五年生(ごねんせい), 六年生(ろくねんせい)라고 합니다.

仕事(しごと) 직업
何(なん) 무엇

妹さん いもうとさん 여동생분

妹さんのお仕事は何ですか。 　　　　여동생분의 직업은 무엇입니까?

> **강의실 생중계!**
>
> 남의 직업이나, 일을 표현할 때는 존경을 나타내는 접두어 お를 붙여서 존경표현으로 お仕事(しごと)라고 합니다.

病院(びょういん) 병원
前(まえ) 앞. 전
人(ひと) 사람
たくさん 많이
いる 있다

入り口 いりぐち 입구

病院の入り口の前に人がたくさんいます。 　병원 입구 앞에 사람이 많이 있습니다.

> **강의실 생중계!**
>
> 반대어는 '出口(でぐち) 출구'입니다.

色(いろ) 색상
シャツ 셔츠
ほしい 원하다

色 いろ 색

白い色のシャツがほしいです。 　　　흰색 와이셔츠를 원합니다.

> **강의실 생중계!**
>
> 色々(いろいろ)とは '색색이', 즉 '여러 가지'라는 뜻입니다.

机(つくえ) 책상
本(ほん) 책
ノート 노트
ある 있다
テーブル 테이블
本棚(ほんだな) 책장

上 うえ 위

机の上に本とノートがあります。 　　책상 위에 책과 노트가 있습니다.

後ろ うしろ 뒤

テーブルの後ろに本棚があります。 　　테이블 뒤에 책장이 있습니다.

日本(にほん) 노래
聞(き)く 듣다

歌 うた 노래

日本の歌は聞きませんか。 일본 노래는 듣지 않습니까?

母(はは) 어머니
あさって 모레

家 うち 집

母はあさっては家にいません。 　　어머니는 모레는 집에 없습니다.

夏休(なつやす)み
여름방학

| 海 | うみ | 바다 |

夏休みには海に行きたいです。 　　　여름방학에는 바다에 가고 싶습니다.

暑(あつ)い 덥다
脱(ぬ)ぐ 벗다

| 上着 | うわぎ | 윗옷, 상의 |

暑かったので、上着を脱ぎました。 　　　더워서 윗옷을 벗었습니다.

강의실 생중계!

上은 上(うえ), 上(うわ), 上(かみ) 등으로 읽히니 잘 기억하세요. 윗옷은 上(うえ)가 아니라 上(うわ)라고 읽히는 경우입니다. 발음에 주의하세요.

これ 이것
妹(いもうと) 여동생
描(か)く 그리다

| 絵 | え | 그림 |

これは妹が描いた絵です。 　　　이것은 여동생이 그린 그림입니다.

日本(にほん) 일본
よく 자주, 잘
見(み)る 보다

| 映画 | えいが | 영화 |

日本の映画をよく見ています。 　　　일본 영화를 자주 보고 있습니다.

夜(よる) 저녁, 밤
〜時(じ) 〜시

| 映画館 | えいがかん | 영화관 |

あの映画館は夜10時までです。 　　　저 영화관은 밤 10시까지입니다.

下手(へた)だ 서툴다
日本語(にほんご) 일본어
上手(じょうず)だ
능숙하다

| 英語 | えいご | 영어 |

英語は下手ですが、日本語は上手です。 　　　영어는 서툴지만 일본어는 능숙합니다.

先生(せんせい) 선생님
会(あ)う 만나다

| 駅 | えき | 역 |

駅で先生に会いました。 　　　역에서 선생님을 만났습니다.

靴(くつ) 구두
〜万(まん) 〜만
買(か)う 사다

| 〜円 | えん | 〜엔 |

この靴は1万円で買いました。 　　　이 구두는 만 엔에 샀습니다.

강의실 생중계!

'만 엔'이라고 할 때 반드시 一를 앞에 붙여서 一万円(いちまんえん)이라고 해야 합니다.

十本(じゅっぽん) 10자루
買(か)う 사다

| 鉛筆 | えんぴつ | 연필 |

鉛筆を十本買いました。 　　　연필을 10자루 샀습니다.

강의실 생중계!

'만년필'의 발음은 万年筆(まんねんひつ)입니다. 鉛筆의 筆와 같은 한자이지만 'ぴつ'가 아니므로 주의하세요.

元気(げんき)だ 건강하다

お母さん	おかあさん	어머니

お母さんはお元気ですか。 어머니는 건강하십니까?

강의실 생중계!

본인의 어머니에 대해 말할 때는 母(はは)라고 하고 타인의 어머니에 대해 말할 때는 お母(かあ)さん이라고 합니다.

日本(にほん) 일본
お土産(みやげ) 선물
あげる 주다

お菓子	おかし	과자

日本のお菓子をお土産であげました。 일본 과자를 선물로 주었습니다.

少(すこ)し 조금
～しか ～밖에
ある 있다

お金	おかね	돈

お金が少ししかありません。 돈이 조금 밖에 없습니다.

강의실 생중계!

조사 ～しか는 부정문을 수반합니다.

何人(なんにん) 몇 명
来(く)る 오다

お客さん	おきゃくさん	손님

お客さんは何人来ますか。 손님은 몇 명 옵니까?

医者(いしゃ) 의사

奥さん	おくさん	부인

山田さんの奥さんは医者です。 야마다 씨의 부인은 의사입니다.

강의실 생중계!

奥(おく)さん은 남의 부인을 높여 부르는 표현입니다. 자신의 아내를 나타낼 때는 妻(つま), 家内(かない)라고 합니다.

父(ちち) 아버지
少(すこ)し 조금
～しか ～밖에
飲(の)む 마시다

お酒	おさけ	술

父はお酒は少ししか飲めません。 아버지는 술은 조금 밖에 마시지 못합니다.

강의실 생중계!

お酒(さけ)는 보통 술을 가리키지만 '일본 술[정종]'을 뜻하기도 합니다.

デパート 백화점
～枚(まい) ～장

お皿	おさら	접시

デパートでお皿を４枚買いました。 백화점에서 접시를 4장 샀습니다.

| 隣(となり) 옆 警察(けいさつ) 경찰 | おじさん | | 아저씨, 숙부, 백부 |
| | 隣のおじさんは警察です。 | | 옆집 아저씨는 경찰입니다. |

강의실 생중계!

おじさん은 아저씨라는 뜻도 있지만 숙부, 백부라는 뜻도 있습니다.

| 今年(ことし) 올해 | おじいさん | | 할아버지 |
| | おじいさんは今年おいくつですか。 | | 할아버지는 올해 몇 세이십니까? |

강의실 생중계!

연세가 많은 분의 나이를 물을 때는 존경을 나타내는 접두어 お를 いくつ에 붙여서 おいくつ라고 합니다.

| 私(わたし) 나, 저 コーヒー 커피 好(す)きだ 좋아하다 | お茶 | おちゃ | 차 |
| | 私はコーヒーよりお茶が好きです。 | | 저는 커피보다 차를 좋아합니다. |

| 何階(なんがい) 몇 층 | お手洗い | おてあらい | 화장실 |
| | あ手洗いは何階ですか。 | | 화장실은 몇 층입니까? |

강의실 생중계!

외래어로 トイレ라고 합니다.

| どこ 어디 いらっしゃる 계시다 | お父さん | おとうさん | 아버지 |
| | お父さんはどこにいらっしゃいますか。 | | 아버지는 어디에 계십니까? |

| 来年(らいねん) 내년 高校生(こうこうせい) 고등학생 | 弟 | おとうと | 남동생 |
| | 弟は来年高校生になります。 | | 남동생은 내년 고등학생이 됩니다. |

| 結婚(けっこん)する 결혼하다 | 弟さん | おとうとさん | 남동생분 |
| | 弟さんは結婚していますか。 | | 남동생 분은 결혼했습니까? |

강의실 생중계!

'결혼했습니다'를 일본어로는 結婚(けっこん)しました가 아니라 지금까지도 결혼한 상태를 나타내므로 結婚しています라고 해야 합니다.

走(はし)る 달리다

男の子　　　　　おとこのこ　　　　남자아이

3人の男の子が走っています。　　　　3명의 남자아이가 달리고 있습니다.

✍ 강의실 생중계!

여자아이는 女(おんな)の子(こ)라고 합니다. 또한 走(はし)る는 예외 1그룹동사입니다.

青(あお)い 파랗다
シャツ 셔츠
着(き)る 입다

男の人　　　　　おとこのひと　　　　남자

男の人は青いシャツを着ています。　　　　남자는 파란 셔츠를 입고 있습니다.

父(ちち) 아버지
誕生日(たんじょうび)
생일

おととい　　　　　　　　　　그제

おとといは父の誕生日でした。　　　　그제는 아버지 생일이었습니다.

兄(あに) 형, 오빠
大学(だいがく) 대학교
卒業(そつぎょう)する
졸업하다
なる 되다
何(なに) 무엇

おととし　　　　　　　　　　재작년

兄はおととし大学を卒業しました。　　　　형은 재작년 대학을 졸업했습니다.

大人　　　　　おとな　　　　어른

大人になったら何になりたいの。　　　　어른이 되면 무엇이 되고 싶어?

✍ 강의실 생중계!

문장 끝에 쓰인 ～の는 의문 종조사로 쓰이는 경우가 있습니다.

朝(あさ)ご飯(はん)
아침밥
お腹(なか) 배

お腹　　　　　おなか　　　　배

朝ご飯を食べなくてお腹がすいてます。　　　　아침밥을 먹지 않아서 배가 고픕니다.

✍ 강의실 생중계!

'배가 고프다' 표현은 お腹(なか)が空(す)く입니다. 일본어에서는 배가 고픈 상태로 표현하므로
お腹が空いている라고 합니다.

どこ 어디
住(す)む 살다

お兄さん　　　　　おにいさん　　　　형님

お兄さんはどこに住んでいますか。　　　　형님은 어디에 살고 있습니까?

友達(ともだち) 친구
スカート 스커트
はく 입다

お姉さん　　　　　おねえさん　　　　누님

友達のお姉さんはいつもスカートをはいています。

친구의 누님은 언제나 스커트를 입고 있습니다.

小学校(しょうがっこう)
초등학교
先生(せんせい) 선생님

おばさん　　　　　　　　　　아주머니, 숙모

おばさんは小学校の先生です。　　　　숙모는 학교 선생님입니다.

一人(ひとり) 혼자 住(す)む 살다	おばあさん おばあさんは一人で住んでいます。	할머니 할머니는 혼자서 살고 있습니다.

| 駅(えき) 역
売(う)る 팔다
おいしい 맛있다 | お弁当　　　　　おべんとう
駅で売っているお弁当はおいしいです。 | 도시락
역에서 팔고 있는 도시락은 맛있습니다. |

> **강의실 생중계!**
> 역에서 파는 도시락을 駅弁(えきべん)이라고 합니다.

| 今夜(こんや) 오늘밤
音楽会(おんがくかい)
음악회 | 音楽　　　　　おんがく
今夜、音楽会に行きます。 | 음악
오늘밤 음악회에 갑니다. |

| 牛乳(ぎゅうにゅう) 우유
飲(の)む 마시다 | 女の子　　　　おんなのこ
女の子は牛乳を飲んでいます。 | 여자아이
여자아이는 우유를 마시고 있습니다. |

| 黒(くろ)い 검다
帽子(ぼうし) 모자
かぶる 쓰다 | 女の人　　　　おんなのひと
女の人は黒い帽子をかぶっています。 | 여자
여자는 검은 모자를 쓰고 있습니다. |

시나공 따라잡기　か행

| 本(ほん) 책
読(よ)む 읽다 | ～回　　　　　かい
その本は５回も読みました。 | ～회, ～번
그 책은 5번이나 읽었습니다. |

> **강의실 생중계!**
> 조사 ～も는 '～도'라는 뜻 이외에 위의 예와 같이 '～이나'라는 뜻도 있습니다.

| 私(わたし) 나, 저
事務所(じむしょ) 사무실 | ～階　　　　　かい
私の事務所は3階です。 | ～층
저의 사무실은 3층입니다. |

> **강의실 생중계!**
> 三階(さんかい)라고도 합니다. 하지만 '몇 층'은 반드시 何階(なんがい)입니다. 何階(なんかい)라고는 하지 않습니다.

| ～ヶ月(かげつ) ～개월
帰(かえ)る
돌아가다, 돌아오다 | 外国　　　　　がいこく
１ヶ月前に外国から帰ってきました。 | 외국
1개월 전에 외국에서 돌아왔습니다. |

英語(えいご) 영어 習(なら)う 배우다	外国人　　　　　　　がいこくじん	외국인
	外国人に英語を習います。	외국인에게 영어를 배웁니다.
主人(しゅじん) 남편. 주인 今(いま) 지금 会社(かいしゃ) 회사	会社　　　　　　　　かいしゃ	회사
	主人は今会社に行っています。	남편은 지금 회사에 갔습니다.
おばあさん 할머니 座(すわ)る 앉다	階段　　　　　　　　かいだん	계단
	階段におばあさんが座っています。	계단에 할머니가 앉아 있습니다.
昨日(きのう) 어제 友(とも)だち 친구	買い物　　　　　　　かいもの	쇼핑, 물건사기
	昨日友だちと買い物に行きました。	어제 친구와 쇼핑하러 갔습니다.
朝(あさ) 아침 起(お)きる 일어나다 まず 우선 洗(あら)う 씻다 なくす 잃어버리다	顔　　　　　　　　　かお	얼굴
	朝起きたら、まず顔を洗います。	아침에 일어나면 우선 얼굴을 씻습니다.
	かぎ	열쇠
	家のかぎをなくしました。	집 열쇠를 잃어버렸습니다.
時代(じだい) 시대 よく 자주 遊(あそ)ぶ 놀다	学生　　　　　　　　がくせい	학생
	学生時代はよく遊びに行きました。	학생시절에는 자주 놀러 갔습니다.

> 📎 **강의실 생중계!**
>
> 존경표현으로 '学生(がくせい)さん 학생분'이라고도 합니다.

彼(かれ) 그 〜ぶり〜만에 会(あ)う 만나다	〜ヶ月　　　　　　　かげつ	〜개월
	彼と３ヶ月ぶりに会いました。	그와 3개월 만에 만났습니다.

> 📎 **강의실 생중계!**
>
> 〜ヵ月(かげつ)로도 표기합니다. 발음은 둘 다 같습니다.

友達(ともだち) 친구 傘(かさ) 우산 貸(か)す 빌려주다	傘　　　　　　　　　かさ	우산
	友達に傘を貸してもらいました。	친구가 우산을 빌려 주었습니다.

強(つよ)い 강하다
風(かぜ) 바람
吹(ふ)く 불다

風　　　　　　かぜ　　　　　　바람

強い風が吹いています。　　　　　　　　강한 바람이 불고 있습니다.

🖊 강의실 생중계!

風邪(かぜ)라고 할 때는 발음만 같을 뿐, 뜻은 '감기'입니다.

風邪(かぜ) 감기
病院(びょういん) 병원

風邪　　　　　　かぜ　　　　　　감기

風邪で病院へ行きました。　　　　　　　감기로 병원에 갔습니다.

家族(かぞく) 가족
住(す)む 살다

家族　　　　　　かぞく　　　　　　가족

家族は大阪に住んでいます。　　　　　　가족은 오사카에 살고 있습니다.

🖊 강의실 생중계!

남의 가족을 높여 부를 때는 존경, 겸손, 미화를 나타내는 접두어 ご를 家族 앞에 붙여서 'ご家族 가족 분'이라고 합니다.

英語(えいご) 영화
上手(じょうず)だ
능숙하다

方　　　　　　かた　　　　　　분

その方は英語がお上手です。　　　　　　그 분은 영어가 능숙하십니다.

🖊 강의실 생중계!

お上手(じょうず)だ는 존경표현으로 '능숙하시다, 잘하시다'는 뜻입니다.

外国語(がいごくご)
외국어
書(か)く 쓰다

カタカナ　　　　　　　　　　가타카나

外国語はカタカナで書かなければなりません。　외국어는 카타카나로 써야 합니다.

🖊 강의실 생중계!

仮名(かな)의 한자는 같지만 '平仮名(ひらがな) 히라가나'에는 탁음이 있으므로 주의하세요.

姉(あね) 누나, 언니
結婚(けっこん)する
결혼하다

～月　　　　　　がつ　　　　　　～월

九月に姉は結婚します。　　　　　　　　9월에 언니는 결혼합니다.

遠(とお)い 멀다
毎日(まいにち) 매일
大変(たいへん)だ 힘들다

学校　　　　　　がっこう　　　　　　학교

学校が遠くて毎日大変です。　　　　　　학교가 멀어서 매일 힘듭니다.

曲(ま)がる 돌다

角　　　　　　かど　　　　　　모퉁이, 구석

角を曲がると病院があります。　　　　　모퉁이를 돌면 병원이 있습니다.

辞書(じしょ) 사전 中(なか) 안	かばん 辞書はかばんの中にあります。	가방 사전은 가방 안에 있습니다.
どんな 어떤 色(いろ) 색 花瓶(かびん) 꽃병 いい 좋다 母(はは) 어머니, 엄마 顔(かお) 얼굴	かびん どんな色の花瓶がいいですか。	꽃병 어떤 색의 꽃병이 좋습니까?
	紙　　　　　かみ 紙に母の顔を描きます。	종이 종이에 어머니 얼굴을 그립니다.

'髪(かみ) 머리카락', '神(かみ) 신'도 발음은 같습니다.

牛乳(ぎゅうにゅう) 우유 体(からだ) 몸	体　　　　　からだ 牛乳は体にいいです。	몸 우유는 몸에 좋습니다.
子供(こども) 아이, 어린이 川(かわ) 강 泳(およ)ぐ 헤엄치다	川　　　　　かわ 子供が川で泳いでいます。	강 아이가 강에서 헤엄치고 있습니다.
歩(ある)く 걷다 左(ひだり) 옆 郵便局(ゆうびんきょく) 우체국	～側　　　　　がわ 歩いて行くと左側に郵便局があります。	～쪽, 측, 편 걸어가면 왼쪽에 우체국이 있습니다.

관련 표현 '右側(みぎがわ) 오른쪽', '外側(そとがわ) 바깥쪽', '内側(うちがわ) 안쪽', '東側(ひがしがわ) 동쪽' 등도 기억해두세요.

毎日(まいにち) 매일 覚(おぼ)える 외우다	漢字　　　　　かんじ 毎日漢字を覚えています。	한자 매일 한자를 외우고 있습니다.
庭(にわ) 정원 植(う)える 심다	木　　　　　き 庭に木を植えました。	나무 정원에 나무를 심었습니다.
風(かぜ) 바람 吹(ふ)く 불다	北　　　　　きた 北の風が吹いています。	북(쪽) 북풍이 불고 있습니다.
三人(さんにん) 세 명 会(あ)う 만나다	喫茶店　　　　　きっさてん 喫茶店で三人で会いました。	다방, 찻집 다방에서 셋이서 만났습니다.

兄(あに) 형, 오빠
集(あつ)める 모으다

| 切手 | きって | 우표 |

兄は切手を集めています。

형은 우표를 모으고 있습니다.

映画(えいが) 영화
~枚(まい) ~장
買(か)う 사다

| 切符 | きっぷ | 표 |

映画の切符を4枚買いました。

영화 티켓을 4장 샀습니다.

📢 **강의실 생중계!**

외래어로 チケット라고 합니다.

友達(ともだち) 친구
会(あ)う 만나다

| 昨日 | きのう | 어제 |

昨日友達と会いました。

어제 친구와 만났습니다.

私(わたし) 나, 저
弟(おとうと) 남동생
豚肉(ぶたにく) 돼지고기
好(す)きだ 좋아하다
最近(さいきん) 최근
値段(ねだん) 값, 가격
上(あ)がる 오르다

| 牛肉 | ぎゅうにく | 소고기 |

私は牛肉が、弟は豚肉が好きです。

저는 소고기를, 남동생은 돼지고기를 좋아합니다.

| 牛乳 | ぎゅうにゅう | 우유 |

最近、牛乳の値段が上がりました。

최근 우유 값이 올랐습니다.

練習(れんしゅう)する 연
습하다

| 今日 | きょう | 오늘 |

今日も練習しなければなりません。

오늘도 연습해야 합니다.

学生(がくせい) 학생

| 教室 | きょうしつ | 교실 |

教室に30人の学生がいます。

교실에 30명의 학생이 있습니다.

何人(なんにん) 몇 명

| 兄弟 | きょうだい | 형제 |

何人兄弟ですか。

형제는 몇 명입니까?

📢 **강의실 생중계!**

남의 형제를 높여 부르는 표현은 'ご兄弟(きょうだい) 형제분'이라고 합니다.

大学(だいがく) 대학교
入(はい)る 들어가다

| 去年 | きょねん | 작년 |

去年大学に入りました。

작년에 대학에 들어갔습니다.

📢 **강의실 생중계!**

入(はい)る는 예외 1그룹동사입니다.

寄(よ)る 들르다
帰(かえ)る 돌아오다, 돌아
가다

ご飯(はん) 밥

銀行	ぎんこう	은행

銀行に寄ってから帰ります。   은행에 들르고 나서 돌아갑니다.

薬	くすり	약

ご飯を食べてから薬を飲んでください。   밥을 먹고 나서 약을 드세요.

📎 강의실 생중계!

'약을 먹다'는 薬を食べる가 아니라 薬を飲む라고 해야 합니다.

バナナ 바나나
一番(いちばん) 가장
好(す)きだ 좋아하다

果物	くだもの	과일

果物の中でバナナが一番好きです。   과일 중에서 바나나를 가장 좋아합니다.

子供(こども) 아이, 어린이
大(おお)きい 크다
開(あ)ける 열다

口	くち	입

子供が口を大きく開けます。   아이가 입을 크게 벌립니다.

📎 강의실 생중계!

開(あ)ける는 '열다' 외에 '벌리다'라는 뜻도 있습니다.

サイズ 사이즈
センチ 센티

靴	くつ	구두, 신발

この靴のサイズは23センチです。   이 구두 사이즈는 23센티입니다.

はく 신다
靴(くつ) 신발

靴下	くつした	양말

靴下をはかないで靴をはきます。   양말을 신지 않고 신발을 신습니다.

📎 강의실 생중계!

'양말을 벗다'는 '靴下を脱(ぬ)ぐ'라고 합니다.

どこ 어디

国	くに	나라, 고향

お国はどこですか。   고향은 어디십니까?

📎 강의실 생중계!

외국인에게 고향을 물어볼 때는 お国(くに)를 씁니다.

新(あたら)しい
새롭다, 오래지 않다
ほしい 원하다

車	くるま	차

新しい車がほしいです。   새 차를 가지고 싶습니다.

今朝   けさ   오늘 아침

今朝、ご飯を食べませんでした。   오늘 아침 밥을 먹지 않았습니다.

강의실 생중계!

今日(きょう)の朝(あさ)라고도 합니다.

両親(りょうしん) 부모님
~年(ねん) ~년

結婚   けっこん   결혼

両親は結婚して30年になります。   부모님은 결혼한 지 30년이 됩니다.

강의실 생중계!

남의 결혼을 일컬을 때는 높여서 ご結婚(けっこん)이라고 합니다.

りんご 사과
~円(えん) ~엔

~個   こ   ~개

このりんごは一個で200円です。   이 사과는 1개에 200엔입니다.

강의실 생중계!

'一(ひと)つ 하나'는 순수 일본어(和語)입니다.

習(なら)う 배우다

~語   ご   ~어

何語が習いたいですか。   무슨 언어를 배우고 싶습니까?

きれいだ 예쁘다
花(はな) 꽃
咲(さ)く 피다

公園   こうえん   공원

公園にきれいな花が咲いています。   공원에 예쁜 꽃이 피어 있습니다.

道(みち) 길
教(おし)える 가르치다

交番   こうばん   파출소

交番で道を教えてもらいました。   파출소에서 길을 가르쳐 주었습니다.

きれいだ 예쁘다

声   こえ   (사람, 동물의) 소리, 목소리

きれいな声ですね。   예쁜 목소리네요.

暑(あつ)い 덥다

ここ   여기

ここは暑くないです。   여기는 덥지 않습니다.

강의실 생중계!

발음이 같은 '熱(あつ)い 뜨겁다', '厚(あつ)い 두껍다'도 함께 알아두세요.

| 明日(あした) 내일 | 午後 | ごご | 오후 |
| 忙(いそが)しい 바쁘다 | 明日の午後、忙しいですか。 | | 내일 오후 바쁩니까? |

| ~時(じ) ~시 | 午前 | ごぜん | 오전 |
| テスト 테스트 | 午前10時からテストです。 | | 오전 10시부터 테스트입니다. |

| 両親(りょうしん) 부모님 | こちら | | 이쪽 |
| 部屋(へや) 방 | こちらは両親の部屋です。 | | 이쪽은 부모님 방입니다. |

> ♫ 강의실 생중계!
>
> こっちも 같은 표현이나 こちら가 더 공손한 표현입니다. こちらこそ는 '저야말로'라는 뜻입니다.

| ~歳(さい) ~세, ~살 | 今年 | ことし | 올해 |
| なる 되다 | 今年15歳になります。 | | 올해 15살이 됩니다. |

韓国語(かんこくご)	言葉	ことば	말, 단어
한국어			
カタカナ 가타가나	韓国語の言葉をカタカナで書きます。		한국어 단어를 가타가나로 적습니다.
書(か)く 쓰다			
野菜(やさい) 야채	子供	こども	아이, 어린이
好(す)きだ 좋아하다	うちの子供は野菜が好きです。		우리 아이는 야채를 좋아합니다.

> ♫ 강의실 생중계!
>
> 남의 자녀에 대해 말할 때는 'お子(こ)さん, 子供(こども)さん'이라고 합니다.

| 時間(じかん) 시간 | ご飯 | ごはん | 밥 |
| | これからご飯の時間です。 | | 지금부터 식사 시간입니다. |

| 日本(にほん) 일본 | これ | | 이것 |
| 地図(ちず) 지도 | これは日本の地図です。 | | 이것은 일본 지도입니다. |

今朝(けさ) 오늘 아침	頃	~ころ・ごろ	~경, 쯤, 때
何時(なんじ) 몇 시	今朝は何時頃起きましたか。		오늘 아침은 몇 시쯤 일어났습니까?
起(お)きる 일어나다			

> ♫ 강의실 생중계!
>
> 비슷한 표현인 くらい・ぐらい와 비교해서 살펴볼까요?
> ころ・ごろ: 주로 때를 나타내는 말에 붙어 쓰입니다.
> くらい・ぐらい: 수량이나 정도 등을 대략적으로 나타냅니다.
> 예 朝10時ごろ来ます。아침 10시쯤 오겠습니다.   30分ぐらいかかります。30분정도 걸립니다.

日本(にほん) 일본
旅行(りょこう) 여행

今月	こんげつ	이번 달

日本旅行は今月です。

일본 여행은 이번 달입니다.

水曜日(すいようび)
수요일
ある 있다

今週	こんしゅう	이번 주

今週の水曜日、テストがあります。

이번 주 수요일 테스트가 있습니다.

電話(でんわ)する
전화하다

今晩	こんばん	오늘 밤

今晩、電話してくれませんか。

오늘 밤 전화해 주지 않겠습니까?

시나공 따라잡기 　 さ행

祖母(そぼ) 할머니
亡(な)くなる 돌아가시다

～歳	さい	～세, ～살

祖母は88歳で亡くなりました。

할머니는 88세로 돌아가셨습니다.

> **강의실 생중계!**
>
> '亡(な)くなる 돌아가시다'는 '死(し)ぬ 죽다'의 완곡한 표현입니다.

肉(にく) 고기

魚	さかな	생선, 물고기

私は魚も肉もよく食べます。

저는 생선도 고기도 잘 먹습니다.

> **강의실 생중계!**
>
> 魚(うお)라는 발음도 있으나 요즘은 魚(さかな)를 주로 씁니다. 참고로 '낚시'라는 단어는 魚釣(うおつり)와 魚釣(さかなつ)り 둘 다 사용하며 '어시장'일 때에는 魚市場(うおいちば)라고 합니다.

失礼(しつれい)する
실례하다

先	さき	먼저, 아까

お先に失礼します。

먼저 실례하겠습니다.

> **강의실 생중계!**
>
> 先(さき)는 장소, 곳이라는 뜻도 있어서 行(ゆ)き先(さき)라고 하면 '행선지'라는 뜻이 되고 鼻先(はなさき), 指先(ゆびさき)와 같이 쓰일 때는 '코끝', '손끝'처럼 '끝'의 뜻으로 쓰입니다.

日本語(にほんご) 일본어

作文	さくぶん	작문

日本語で作文をします。

일본어로 작문을 합니다.

図書館(としょかん)
도서관
本(ほん) 책
借(か)りる 빌리다

～冊	さつ	～권

図書館で本を5冊借りました。

도서관에서 책을 5권 빌렸습니다.

机(つくえ) 책상		
上(うえ) 위	**雑誌** ざっし	잡지
雑誌(ざっし) 잡지	机の上に雑誌があります。	책상 위에 잡지가 있습니다.
ある 있다		
少(すこ)し 조금	**砂糖** さとう	설탕
入(い)れる 넣다	砂糖は少しだけ入れてください。	설탕은 조금만 넣어 주세요.
留学(りゅうがく) 유학	**再来年** さらいねん	다다음 해, 후년
行(い)く 가다	再来年留学に行きます。	다다음 해에 유학 갑니다.
毎日(まいにち) 매일	**散歩** さんぽ	산책
公園(こうえん) 공원	毎日公園を散歩します。	매일 공원을 산책합니다.
散歩(さんぽ)**する** 산책하다		
何(なん) 몇	**~時** じ	~시
行(い)く 가다	何時まで行けばいいですか。	몇 시까지 가면 됩니까?
スーパー 슈퍼	**塩** しお	소금
砂糖(さとう) 설탕	スーパーで塩と砂糖を買ってきなさい。	슈퍼에서 소금과 설탕을 사 오렴.
買(か)う 사다		
昨日(きのう) 어제	**仕事** しごと	일, 업무
夜(よる) 저녁	昨日は夜10時まで仕事をしました。	어제는 밤 10시까지 일했습니다.
~時(じ) ~시		
する 하다		

📎 **강의실 생중계!**

남의 일이나 직업을 일컬을 때는 존경을 나타내는 접두어 お를 앞에 붙여서 'お仕事'라고 합니다.

知(し)る 알다	**辞書** じしょ	사전
言葉(ことば) 단어	知らない言葉は辞書を引きました。	모르는 단어는 사전을 찾았습니다.
引(ひ)く 찾다		

📎 **강의실 생중계!**

비슷한 표현으로 辞典(じてん), 字引(じびき)가 있습니다. 사전에서 단어를 찾는다고 할 때 일본어는 引(ひ)く라는 동사를 씁니다.

週末(しゅうまつ) 주말	**時間** じかん	시간
	週末は時間がありません。	주말은 시간이 없습니다.
下(した) 아래	**下** した	아래, 밑
猫(ねこ) 고양이	机の下に猫がいます。	책상 아래에 고양이가 있습니다.
いる 있다		

いつでも 언제라도
いい 좋다

質問　　　　　　　しつもん　　　　　질문

いつでも質問をしてもいいです。
언제라도 질문을 해도 좋습니다.

家(いえ) 집
～台(だい) ～대
ある 있다

自転車　　　　　　じてんしゃ　　　　자전거

家に自転車が２台あります。
집에 자전거가 2대 있습니다.

今度(こんど) 이번
買(か)う 사다

自動車　　　　　　じどうしゃ　　　　자동차

今度自動車を買います。
이번에 자동차를 삽니다.

同(おな)じ 같은
～冊(さつ) ～권

字引　　　　　　　じびき　　　　　　사전

同じ字引が２冊あります。
같은 사전이 2권 있습니다.

自分　　　　　　　じぶん　　　　　　자기, 자신, 스스로

自分のことは自分でやりなさい。
자신의 일은 자기가 하렴.

🖋 강의실 생중계!

대명사일 때는 '나, 저'라는 뜻도 있습니다.
예 自分(じぶん)でしました。 제가 했습니다.

～枚(まい) ～장
出(だ)す 제출하다

写真　　　　　　　しゃしん　　　　　사진

写真１枚を出してください。
사진 1장을 제출해 주세요.

後(ご) 후
試験(しけん) 시험

～週間　　　　　　しゅうかん　　　　～주일

一週間後が試験です。
1주일 후가 시험입니다.

～中(ちゅう) ～중
寝(ね)る 자다

授業　　　　　　　じゅぎょう　　　　수업

授業中は寝ないでください。
수업 중에는 자지 마세요.

眼鏡(めがね) 안경
かける 쓰다

主人　　　　　　　しゅじん　　　　　남편

主人は眼鏡をかけています。
남편은 안경을 쓰고 있습니다.

今日(きょう) 오늘
多(おお)い 많다
遊(あそ)ぶ 놀다

宿題　　　　　　　しゅくだい　　　　숙제

今日は宿題が多くて、遊べません。
오늘은 숙제가 많아서 놀 수 없습니다.

取(と)る 집다, 잡다

しょうゆ   간장

あそこのしょうゆを取ってくださいませんか。

저기에 있는 간장을 집어 주시지 않겠습니까?

강의실 생중계!

'しお 소금', 'さとう 설탕', 'す 식초', 'こしょう 후추', 'ごま 깨', 등도 알아두세요.

学校(がっこう) 학교
昼(ひる)ご飯(はん) 점심밥

食堂   しょくどう   식당

学校の食堂で昼ご飯を食べました。

학교 식당에서 점심밥을 먹었습니다.

日本語(にほんご) 일본어
習(なら)う 배우다

~人   じん   ~사람, ~인

アメリカ人が日本語を習ってます。

미국인이 일본어를 배우고 있습니다.

강의실 생중계!

~人(じん)과 ~人(にん)에 대해서 알아볼까요?
~人(じん): 국민, 인종, 사람의 속성 등 일반적인 의미를 나타냅니다.
日本人(にほんじん) 일본인, 外国人(がいこくじん) 외국인, 主人(しゅじん) 남편, 美人(びじん)
미인 등.
~人(にん): 주로 특정 개인을 나타냅니다.
本人(ほんにん) 본인, 他人(たにん) 타인, 代理人(だいりにん) 대리인, 病人(びょうにん) 병자,
환자 등.

毎朝(まいあさ) 매일 아침
読(よ)む 읽다

新聞   しんぶん   신문

毎朝新聞を読みます。

메일 아침 신문을 읽습니다.

彼女(かのじょ) 그녀
背(せ) 키
高(たか)い 크다

背   せ・せい   키

彼女は背が高くはありません。

그녀는 키가 크지는 않습니다.

강의실 생중계!

'키가 크다'는 표현은 背(せ)が大(おお)きい가 아니라 背(せ)が高(たか)い라고 합니다.

先生(せんせい) 선생님
みんな 모두
優(やさ)しい
자상하다, 친절하다

生徒   せいと   학생

その先生は生徒みんなに優しいです。

그 선생님은 학생 모두에게 자상합니다.

目(め) 눈
入(はい)る 들어가다
痛(いた)い 아프다

せっけん   비누

目にせっけんが入って、痛いです。

눈에 비누가 들어가 아픕니다.

兄(あに) 형, 오빠
着(き)る 입다

背広　　　　　せびろ　　　　　양복

兄は背広をあまり着ません。　　　　　　　　　형은 양복을 그다지 입지 않습니다.

강의실 생중계!

외래어로는 スーツ라고 합니다.

アメリカ 아메리카
来(く)る 오다

先月　　　　　せんげつ　　　　지난 달

先月アメリカから来ました。　　　　　　　　　지난 달 미국에서 왔습니다.

忙(いそが)しい 바쁘다
大変(たいへん)だ 힘들다,
큰일이다

先週　　　　　せんしゅう　　　　지난 주

先週は忙しくて大変でした。　　　　　　　　　지난주는 바빠서 힘들었습니다.

彼(かれ) 그
中国語(ちゅうごくご)
중국어
先生(せんせい) 선생님

先生　　　　　せんせい　　　　선생님

彼は中国語の先生です。　　　　　　　　　　　그는 중국어 선생님입니다.

강의실 생중계!

先生(せんせい) 자체가 존경표현이므로 '～さん'이라는 접미어를 붙이지 않아도 됩니다.

妹(いもうと) 여동생
部屋(へや) 방
掃除(そうじ) 청소

掃除　　　　　そうじ　　　　　청소

妹と部屋の掃除をします。　　　　　여동생과 방 청소를 합니다.

荷物(にもつ) 짐
置(お)く 놓다

そこ　　　　　　　　　　　거기

荷物はそこに置いてください。　　　　　　　　짐은 거기에 놔 주세요.

ちょっと 좀
待(ま)つ 기다리다

そちら　　　　　　　　　그쪽

そちらでちょっと待ってください。　　　　　　그쪽에서 좀 기다려 주세요.

강의실 생중계!

そっち도 같은 표현이나 そちら가 더 공손한 표현입니다.

今(いま)지금
両親(りょうしん) 부모님
外(そと) 밖
出(で)る 나가다

外　　　　　　そと　　　　　밖

今両親は外に出ています。　　　　　지금 부모님은 밖에 나가 있습니다.

강의실 생중계!

'안'은 '内(うち)'라고 합니다.

犬(いぬ) 개
猫(ねこ)고양이
いる 있다

そば　　　　　　　　　　　　　　　　　　　　옆, 곁

犬のそばに猫がいます。　　　　　　　　　　　개 옆에 고양이가 있습니다.

강의실 생중계!

비슷한 표현인 そば, 隣(となり), 横(よこ)를 비교해서 알아볼까요?
そば: 기준이 되는 지점에서 가까운 곳을 의미합니다. 셋 중 가장 넓은 의미로 쓰입니다.
隣: 성질이 같은 것에 쓰입니다.
横: 성질이 같거나 다르며 옆에 나란히 있음을 나타냅니다.
예　私のそばにいてほしいです。 내 옆에 있어 주기를 바랍니다.
　　田中さんの隣に吉田さんがいます。 다나카 씨 옆에 요시다 씨가 있습니다.
　　田中さんの横に椅子があります。 다나카 씨 옆에 의자가 있습니다.

鳥(とり)새
青(あお)い 파랗다
空(そら) 하늘
飛(と)ぶ 날다

空　　　　　　　そら　　　　　　하늘

鳥が青い空を飛んでいます。　　　　　　　　새가 파란 하늘을 날고 있습니다.

それ　　　　　　　　　　　　　그것

それはあなたのじゃないです。　　　　　　　그것은 당신의 것이 아닙니다.

시나공 따라잡기　　**た행**

自転車(じてんしゃ)
자전거
買(か)う 사다

～台　　　　　　　だい　　　　　　～대

自転車を2台買いました。　　　　　　　　　자전거를 2대 샀습니다.

入(はい)る 들어가다

大学　　　　　　　だいがく　　　　　　대학

東京大学に入りたいです。　　　　　　　　도쿄대학에 들어가고 싶습니다.

강의실 생중계!

우리나라에서 말하는 4년제 대학교를 일본에서는 大学(だいがく)라고 하고, 2년제 대학을 短期大
学(たんきだいがく)라고 합니다.

父(ちち) 아버지
日本(にほん) 일본
勉(つと)める 근무하다

大使館　　　　　　たいしかん　　　　大사관

父は日本大使館に勤めています。　　　　아버지는 일본 대사관에 근무하고 있습니다.

スプーン 스푼
フォーク 포크
たくさん 많이

台所　　　　　　　だいどころ　　　　부엌

スプーンとフォークは台所にたくさんあります。　스푼과 포크는 부엌에 많이 있습니다.

どこ 어디
来(く)る 오다

～たち　　　　　　　　　　　　～들

あなたたちはどこから来ましたか。　　　　　당신들은 어디에서 왔습니까?

中(なか) 안
コンビニ 편의점
ある 있다

建物　　　　　　たてもの　　　　　건물

この建物の中にコンビニはありません。

이 건물 안에 편의점은 없습니다.

> **강의실 생중계!**
>
> '建(た)てる＋物(もの)'의 복합어로 훈독으로 읽습니다.

彼(かれ) 그
吸(す)う 피우다

たばこ　　　　　　　　　　　　담배

彼はあそこでたばこを吸っています。

그는 저기에서 담배를 피우고 있습니다.

友達(ともだち) 친구
家(いえ) 집
買(か)う 사다
行(い)く 가다
料理(りょうり)する
요리하다

食べ物　　　　　　たべもの　　　　　먹을 것, 음식물

友達の家に食べ物を買って行きました。

친구 집에 먹을 것을 사 갔습니다.

卵　　　　　　　　たまご　　　　　달걀, 계란

卵はどんなふうに料理しましょうか。

달걀은 어떻게 요리할까요?

> **강의실 생중계!**
>
> どんなふうには '어떤 식으로, 어떻게'라는 뜻입니다.

たばこ 담배

誰　　　　　　　　だれ　　　　　　누구

あそこでたばこを吸っている人は誰ですか。

저기서 담배를 피우고 있는 사람은 누구입니까?

週末(しゅうまつ) 주말
パーティー 파티

誕生日　　　　　たんじょうび　　　生일

週末に誕生日パーティーがあります。

주말에 생일 파티가 있습니다.

> **강의실 생중계!**
>
> 다른 사람의 생일을 말할 때는 お誕生日(たんじょうび)라는 존경표현을 씁니다.

銀行(ぎんこう) 은행
デパート 백화점

近く　　　　　　ちかく　　　　　근처

この近くに銀行とデパートはありません。

이 근처에 은행과 백화점은 없습니다.

> **강의실 생중계!**
>
> 近くは 부사로도 쓰입니다. '곧, 머지않아'라는 뜻이 됩니다.
> 예 近く引(ひ)っ越(こ)す予定(よてい)です。곧 이사할 예정입니다.

毎日(まいにち) 매일
乗(の)る 타다

地下鉄　　　　　ちかてつ　　　　지하철

毎日地下鉄に乗ります。

매일 지하철을 탑니다.

銀行(ぎんこう) 은행	父	ちち	아버지
働(はたら)く 일하다	父は銀行で働いています。		아버지는 은행에서 일하고 있습니다.

靴(くつ) 구두, 신발	茶色	ちゃいろ	갈색
~足(そく) ~컬레	茶色の靴が2足あります。		갈색 구두가 2컬레 있습니다.

電話(でんわ) 전화	~中	ちゅう	~중
	吉田さんは電話中です。		요시다 씨는 전화 중입니다.

🖋 **강의실 생중계!**

中(ちゅう)와 中(じゅう)를 알아볼까요?
中(ちゅう)로 읽을 때는 '속, 안, 가운데'라는 뜻과 '어떤 일이나 동작을 하는 중'이라는 뜻이 있습니다.
예) 授業中(じゅぎょうちゅう) 수업 중　　午前中(ごぜんちゅう) 오전 중
　　会議中(かいぎちゅう) 회의 중　　話中(はなしちゅう) 이야기 중
中(じゅう)로 읽을 때에는 '전체, 온통, 모두, 내내'를 의미합니다.
예) 家中(いえじゅう) 온 집안　　　世界中(せかいじゅう) 전 세계
　　一日中(いちにちじゅう) 하루 종일　年中(ねんじゅう) 연중 내내
하지만 예외도 있으니 주의하세요.
예) 今日中(きょうじゅう) 오늘 중　　明日中(あしたじゅう) 내일 중

列車(れっしゃ) 열차	次	つぎ	다음
何時(なんじ) 몇 시	次の列車は何時に着きますか。		다음 열차는 몇 시에 도착합니까?
着(つ)く 도착하다			

三(みっ)つ 3개	机	つくえ	책상
~ずつ ~씩	三つずつ机を並べてください。		3개씩 책상을 놓아 주세요.
並(なら)べる 늘어놓다, 진열하다			

洗(あら)う 씻다	手	て	손
	トイレで手を洗っています。		화장실에서 손을 씻고 있습니다.

🖋 **강의실 생중계!**

トイレは お手洗(てあら)い라고도 합니다.

~ヶ月(かげつ) ~개월	手紙	てがみ	편지
~回(かい) ~회, ~번	1ヶ月に1回手紙を書きます。		1개월에 한 번 편지를 씁니다.
書(か)く 쓰다			

~番(ばん) ~번	出口	でぐち	출구
どこ 어디	一番出口はどこですか。		1번 출구는 어디입니까?

今日(きょう) 오늘
いい 좋다

| 天気 | てんき | 날씨 |

今日はいい天気です。

오늘은 좋은 날씨입니다.

강의실 생중계!

'天気(てんき) 날씨'와 '電気(でんき) 전기'는 청음과 탁음 발음에 주의하세요.

暗(くら)い 어둡다
つける 켜다

| 電気 | でんき | 전기 |

暗いから電気をつけます。

어두우니까 전기를 켭니다.

강의실 생중계!

'전기를 끄다'는 電気を消(け)す입니다.

会社(かいしゃ) 회사
通(かよ)う 다니다

| 電車 | でんしゃ | 전차 |

会社は電車で通います。

회사는 전차로 다닙니다.

明日(あした) 내일
かける 걸다

| 電話 | でんわ | 전화 |

では、明日電話をかけましょうか。

그럼 내일 전화를 걸까요?

강의실 생중계!

'電話をする 전화를 하다', '電話を入れる 전화를 넣다'도 같은 표현입니다.

風邪(かぜ) 감기
熱(ねつ) 열

| ～度 | ど | ～도 |

風邪で熱が39度でした。

감기로 열이 39도였습니다.

猫(ねこ) 고양이

| 動物 | どうぶつ | 동물 |

猫は動物です。

고양이는 동물입니다.

一番(いちばん)
제일, 가장
高(たか)い 비싸다, 높다

| 時計 | とけい | 시계 |

これはこの店で一番高い時計です。

이것은 이 가게에서 제일 비싼 시계입니다.

강의실 생중계!

보통 時는 '四時(よじ) 4시', '時間(じかん) 시간'처럼 じ로 읽혀지나 시계는 時計(とけい)로 읽으므로 주의하세요.

会(あ)う 만나다

どこ　　　　　　　　　　　　어디

小田さんとはどこで会うことにしましたか。　오다 씨와는 어디에서 만나기로 했습니까?

交通(こうつう) 교통
便利(べんり)だ 편리하다
住(す)む 살다

所　　　　　　ところ　　　　　곳

交通が便利な所に住みたいです。　　교통이 편리한 곳에 살고 싶습니다.

今年(ことし) 올해
何年(なんねん) 몇 년

年　　　　　　とし　　　　　　해, 나이,

今年は何年ですか。　　　　　　올해는 몇 년입니까?

週間(しゅうかん)
주간, 주일
〜回(かい) 〜회
行(い)く 가다

図書館　　　　としょかん　　　도서관

1週間に1回は図書館に行きます。　1주일에 한 번은 도서관에 갑니다.

主人(しゅじん) 남편
お勤(つと)め 근무

どちら　　　　　　　　　　　어느 쪽

ご主人はどちらにお勤めですか。　남편 분은 어디에 근무하십니까?

강의실 생중계!

どっちも 같은 표현이나 どちら가 더 정중한 표현입니다.

どなた　　　　　　　　　　　어느 분

山下さんがどなたですか。　　야마시타 씨가 어느 분이십니까?

강의실 생중계!

誰(だれ)의 정중한 표현입니다.

私(わたし) 나
家(いえ) 집
花屋(はなや) 꽃가게

隣　　　　　　となり　　　　　옆, 이웃

私の家の隣は花屋です。　　　우리 집 옆 집은 꽃집입니다.

日本(にほん) 일본
留学(りゅうがく) 유학

友達　　　　　ともだち　　　　친구

友達は日本に留学しています。　친구는 일본에 유학하고 있습니다.

강의실 생중계!

'〜たち 들'은 복수를 의미하는데 友達의 경우는 단수, 복수에 다 쓰입니다.

木(き) 나무
上(うえ) 위
座(すわ)る 앉다

鳥　　　　　　とり　　　　　　새

鳥が木の上に座っています。　　새가 나무 위에 앉아 있습니다.

スーパー 슈퍼
買(か)う 사다

鶏肉　　　　とりにく　　　　닭고기
スーパーで鶏肉を買ってきました。　　　　슈퍼에서 닭고기를 샀습니다.

> **강의실 생중계!**
> 牛肉(ぎゅうにく)는 '소고기', 豚肉(ぶたにく)는 '돼지고기'입니다.

一番(いちばん)
제일, 가장
高(たか)い 비싸다
時計(とけい) 시계

どれ　　　　　　　　어느 것
どれが一番高い時計ですか。　　　　어느 것이 제일 비싼 시계입니까?

시나공 따라잡기　　な행

引(ひ)き出(だ)し 서랍
写真(しゃしん) 사진
ある 있다

中　　　　なか　　　　안, 속
引き出しの中に写真があります。　　　　서랍 속에 사진이 있습니다.

北海道(ほっかいどう)
홋카이도
行(い)く 가다

夏　　　　なつ　　　　여름
夏に北海道に行きます。　　　　여름에 홋카이도에 갑니다.

去年(きょねん) 작년
行(い)く 가다

夏休み　　　　なつやすみ　　　　여름방학
去年の夏休みにアメリカに行きました。　　　　작년 여름방학에 미국에 갔습니다.

冷蔵庫(れいぞうこ)
냉장고
ジュース 주스
牛乳(ぎゅうにゅう) 우유
ある 있다
引(ひ)き出(だ)し 서랍
何(なに) 무엇
入(はい)る 들어가다

～など　　　　　　　　～등
冷蔵庫にジュースや牛乳などがあります。　　　　냉장고에 주스랑 우유 등이 있습니다.

何　　　　なに・なん　　　　뭐
引き出しに何が入っていますか。　　　　서랍에 무엇이 들어 있습니까?

> **강의실 생중계!**
> 보통 だ행이 오면 なん으로 읽습니다. 그 외에는 なに로 읽습니다. 물론 예외도 있다는 걸 기억하세요.
> 예 何(なん)だか 어쩐지　何(なん)で 무엇으로　何(なに)を 무엇을
> 何(なに)か・何(なん)か 뭔가　何(なに)が 무엇이　何(なに)に 무엇에　何(なに)も 아무것도

人(ひと) 사람
知(し)る 알다

名前　　　　なまえ　　　　이름
その人なら名前だけは知っています。　　　　그 사람이라면 이름만은 알고 있습니다.

> **강의실 생중계!**
> 남의 이름을 높여 부르는 존경표현은 'お名前(なまえ) 성함'이라고 합니다.

ちょっと 좀	肉	にく	고기
固(かた)い 딱딱하다	この肉はちょっと固いですね。		이 고기는 좀 딱딱하네요

ちょっと 좀
固(かた)い 딱딱하다

肉 にく 고기

この肉はちょっと固いですね。 이 고기는 좀 딱딱하네요

風(かぜ) 바람
強(つよ)い 강하다
吹(ふ)く 불다

西 にし 서(쪽)

西の風が強く吹いています。 서풍이 강하게 불고 있습니다.

先週(せんしゅう) 지난 주
水曜日(すいようび) 수요일
何日(なんにち) 며칠
韓国(かんこく) 한국
近(ちか)い 가깝다
国(くに) 나라

〜日 にち 〜일

先週の水曜日は何日でしたか。 지난 주 수요일은 며칠이었습니까?

日本 にほん 일본

日本は韓国から近い国です。 일본은 한국에서 가까운 나라입니다.

飛行機(ひこうき) 비행기
送(おく)る 보내다

荷物 にもつ 짐

荷物を飛行機で送ります。 짐을 비행기로 보냅니다.

掃除(そうじ) 청소

庭 にわ 정원

庭の掃除をします。 정원 청소를 합니다.

話(はな)す 이야기하다
歩(ある)く 걷다

〜人 にん 〜인, 〜명

３人が話しながら歩いています。 세 사람이 이야기하면서 걷고 있습니다.

姉(あね) 누나, 언니
生(う)まれ 탄생, 출생

〜年 ねん 〜년

姉は何年生まれですか。 누나는 몇 년생입니까?

📎 강의실 생중계!

年(とし)로 읽을 때는 '세월, 나이'라는 뜻입니다.

何(なに) 무엇

飲み物 のみもの 마실 것

飲み物は何にしましょうか。 마실 것은 무엇으로 할까요?

📎 강의실 생중계!

'飲(の)み+物(もの)'의 복합어입니다.

시나공 따라잡기 | は행

夕(ゆう)べ 어젯밤
痛(いた)い 아프다
寝(ね)る 자다

| 歯 | は | 이 |

夕べ歯が痛くて寝られませんでした。　　　　　　　어젯밤 이가 아파서 못 잤습니다.

📖 **강의실 생중계!**

歯(は)와 관련된 단어입니다. '虫歯(むしば) 충치', '歯(は)ブラシ 칫솔', '歯磨(はみが)き 치약'

今日(きょう) 오늘
飲(の)む 마시다

| ～杯 | はい | ～잔 |

今日はコーヒーを5杯も飲みました。　　　　　　오늘은 커피를 5잔이나 마셨습니다.

上(うえ) 위

| 灰皿 | はいざら | 재떨이 |

テーブルの上に灰皿があります。　　　　　　　테이블 위에 재떨이가 있습니다.

友達(ともだち) 친구
絵(え) 그림
送(おく)る 보내다

| 葉書 | はがき | 엽서 |

友達に絵葉書を送りました。　　　　　　　친구에게 그림엽서를 보냈습니다.

📖 **강의실 생중계!**

'絵(え) 그림' + '葉書(はがき) 엽서'는 '絵葉書(えはがき) 그림엽서'라는 복합어가 됩니다.

中(なか) 안
パン 빵
ある 있다

| 箱 | はこ | 상자 |

箱の中にパンがあります。　　　　　　　　상자 안에 빵이 있습니다.

📖 **강의실 생중계!**

'本(ほん) 책' + '箱(はこ) 상자'는 '本箱(ほんばこ) 책상자'로 뒷 단어에 탁음이 생기므로 주의하세요.

新(あたら)しい 새롭다
できる 생기다

| 橋 | はし | 다리 |

新しい橋ができました。　　　　　　　　새로운 다리가 생겼습니다.

アメリカ人(じん) 미국인
使(つか)う 사용하다

| 箸 | はし | 젓가락 |

アメリカ人は箸を使いません。　　　　　　미국인은 젓가락을 사용하지 않습니다.

📖 **강의실 생중계!**

'橋(はし) 다리'도 발음은 같으므로 주의하세요.

来年(らいねん) 내년

二十歳　　　　　はたち　　　　　스무 살

来年になったら、二十歳です。　　　　　　　　　　　내년이 되면 스무 살입니다.

📎 강의실 생중계!

'스무 살'은 二十歳(にじゅっさい)라고 하지 않고 二十歳(はたち)라고 합니다. '20일'도 二十日(にじゅうにち)라고 하시 않고 20日(はつか)라고 합니다.

先週(せんしゅう) 지난 주
花見(はなみ) 꽃구경
行(い)く 가다

花　　　　　　はな　　　　　꽃

先週花見に行きました。　　　　　　　　　　　지난 주 꽃구경하러 갔습니다.

📎 강의실 생중계!

'花(はな)+見(み)'는 복합어로 '꽃구경'이라는 뜻입니다. 일본에서 花見(はなみ)라고 하면 일반적으로 '桜(さくら)の花見(はなみ) 벚꽃구경'을 의미합니다.

風邪(かぜ) 감기
鼻水(はなみず) 콧물
出(で)る 나오다

鼻　　　　　　はな　　　　　코

風邪で鼻水が出ます。　　　　　　　　　　　감기로 콧물이 나옵니다.

📎 강의실 생중계!

鼻(はな)+水(みず)는 복합어로 '콧물'이란 뜻입니다. 참고로 'せきが出(で)る 기침이 나다', 'くしゃみが出(で)る 재채기가 나다'라는 표현도 알아두세요.

今(いま) 지금
よく 잘
聞(き)く 듣다

話　　　　　　はなし　　　　　이야기

今の話をよく聞いてください。　　　　　　　　　　　지금 이야기를 잘 들어 주세요.

前(まえ) 전, 앞
銀行員(ぎんこういん)
은행원

母　　　　　　はは　　　　　엄마

母は前は銀行員でした。　　　　　　　　　　　엄마는 전에는 은행원이었습니다.

寒(さむ)い 춥다

春　　　　　　はる　　　　　봄

春なのにまだ寒いです。　　　　　　　　　　　봄인데 아직 춥습니다.

～時(じ) ～시
半(はん) 반

半　　　　　　はん　　　　　반

仕事は6時半までです。　　　　　　　　　　　일은 6시 반까지입니다.

📎 강의실 생중계!

절반을 뜻하는 '반'일 경우엔 半(はん)이라 하지 않고 半分(はんぶん)이라고 하므로 주의하세요.

出口(でぐち) 출구 待(ま)つ 기다리다	~番	ばん	~번
	3番の出口で待ちます。		3번 출구에서 기다리겠습니다.
紙(かみ) 종이 書(か)く 쓰다	番号	ばんごう	번호
	紙に番号を書いてください。		종이에 번호를 써 주세요.
外(そと) 밖 食(た)べる 먹다	晩ご飯	ばんごはん	저녁밥
	晩ご飯は外で食べました。		저녁밥은 밖에서 먹었습니다.

📎 강의실 생중계!

夕(ゆう)ご飯(はん), 夕飯(ゆうはん)이라고도 합니다.

パン 빵	半分	はんぶん	절반, 반
	パンを半分も食べました。		빵을 반이나 먹었습니다.
入(い)り口(ぐち) 입구	東	ひがし	동(쪽)
	トイレは東入り口のほうにあります。		화장실은 동쪽 입구 쪽에 있습니다.
前(まえ) 앞 猫(ねこ) 고양이	~匹	ひき	~마리
	ドアの前に2匹の猫がいます。		문 앞에 2마리의 고양이가 있습니다.

📎 강의실 생중계!

주로 작은 동물 세는 단위에 쓰이며, 큰 동물일 경우엔 '~頭(とう)'를 씁니다.

乗(の)る 타다	飛行機	ひこうき	비행기
	飛行機に乗ったことがありません。		비행기를 탄 적이 없습니다.
花屋(はなや) 꽃집 本屋(ほんや) 서점	左	ひだり	왼쪽
	花屋は本屋の左にあります。		꽃집은 책방 왼쪽에 있습니다.

📎 강의실 생중계!

'오른쪽'은 '右(みぎ)'라고 합니다.

訪(たず)ねる 방문하다, 찾아가다	人	ひと	사람, 타인
	田中さんという人が訪ねてきました。		다나카 씨라는 사람이 찾아 왔습니다.

~回(かい) ~회
田舎(いなか) 고향, 시골
帰(かえ)る
돌아가다, 돌아오다

一月　　　　　ひとつき　　　　한 달

一月に２回田舎に帰ります。

한 달에 2번 고향에 돌아갑니다.

一ヶ月(いっかげつ) 1개월이라고도 합니다.

来(く)る 오다

一人　　　　　ひとり　　　　한 사람, 혼자

まだ一人しか来ていません。

아직 한 사람 밖에 오지 않았습니다.

友達(ともだち) 친구
お見舞(みま)い 문병

病院　　　　　びょういん　　　　병원

病院に友達のお見舞いに行きます。

병원에 친구 문병하러 갑니다.

学校(がっこう) 학교
休(やす)む 쉬다

病気　　　　　びょうき　　　　병

病気で学校を休みました。

병으로(아파서) 학교를 쉬었습니다.

平仮名(ひらがな) 히라가나
覚(おぼ)える 외우다

ひらがな　　　　　　　히라가나

平仮名は覚えやすいです。

히라가나는 외우기 쉽습니다.

忙(いそが)しい 바쁘다
夜(よる) 저녁
暇(ひま)だ 한가하다

昼　　　　　ひる　　　　낮

昼は忙しいですが、夜は暇です。

낮에는 바쁘지만 밤에는 한가합니다.

주로 お昼(ひる)로 쓰이며 비슷한 단어로 '昼間(ひるま) 낮'이 있습니다.

昼ご飯　　　　　ひるごはん　　　　점심밥

昼ご飯はハンバーグにしました。

점심밥은 햄버그 스테이크로 했습니다.

'お昼(ひる) 점심'이라고도 합니다.
예 お昼を食べます。점심을 먹습니다.

白(しろ)い 하얗다
着(き)る 입다
人(ひと) 사람

服　　　　　ふく　　　　옷

白い服を着ている人です。

흰 옷을 입고 있는 사람입니다.

'服(ふく) 옷'는 서양에서 건너온 옷을 의미합니다. '洋服(ようふく) 양복'도 같은 뜻으로 우리나라
남성들이 입는 양복의 의미와는 다릅니다.

両親(りょうしん) 부모님

| 豚肉 | ぶたにく | 돼지고기 |

両親は豚肉は食べられないです。　　부모님은 돼지고기는 못 먹습니다.

来月(らいげつ) 다음 달
結婚(けっこん)する
결혼하다

| 二人 | ふたり | 두 사람 |

二人は来月結婚するそうです。　　두 사람은 다음 달 결혼한다고 합니다.

一番(いちばん) 가장
好(す)きだ 좋아하다

| 冬 | ふゆ | 겨울 |

冬が一番好きです。　　겨울을 가장 좋아합니다.

入(はい)る 들어가다
飲(の)む 마시다

| 風呂 | ふろ | 목욕(탕) |

お風呂に入ってからビールを飲みます。　　목욕하고 나서 맥주를 마십니다.

> 🎤 **강의실 생중계!**
>
> '목욕하다'라는 표현은 お風呂に入る입니다.

今(いま) 지금
〜時(じ) 〜시
前(まえ) 전, 앞

| 〜分 | ふん | 〜분 |

今は10時5分前です。　　지금은 10시 5분 전입니다.

休(やす)む 쉬다

| 部屋 | へや | 방 |

部屋でゆっくり休んでください。　　방에서 푹 쉬세요.

明日(あした) 내일
試験(しけん) 시험

| 勉強 | べんきょう | 공부 |

明日の試験のため、勉強します。　　내일 시험 때문에 공부합니다.

立(た)つ 서다
人(ひと) 사람
座(すわ)る 앉다

| ほう | | 쪽, 편 |

立っている人はこちらのほうに座ってください。　서 있는 사람은 이쪽으로 앉아 주세요.

寒(さむ)い 춥다
大勢(おおぜい) 많이
帽子(ぼうし) 모자
かぶる 쓰다

| 帽子 | ぼうし | 모자 |

寒くて大勢の人が帽子をかぶっています。　추워서 많은 사람이 모자를 쓰고 있습니다.

人(ひと) 사람
知(し)る 알다

| 外・他 | ほか | 그 밖, 다른 것 |

外の人はみんな知っています。　　그 밖의 사람은 모두 알고 있습니다.

彼(かれ) 그
英語(えいご) 영어
読(よ)む 읽다

| 本 | ほん | 책 |

彼は英語の本をよく読んでいます。　　그는 영어책을 자주 읽고 있습니다.

万年筆(まんねんひつ)
만년필
持(も)つ 갖다, 드라

~本　　　　　　　　ほん　　　　　　　　　~자루, ~병

万年筆は二本持っています。　　　　　　　　　　　　만년필은 두 자루 가지고 있습니다.

📎 강의실 생중계!

필기도구, 병, 꽃, 우산 등 가늘고 긴 물건을 세는 단위입니다.

시나공 따라잡기　　ま행

ワイシャツ 와이셔츠
必要(ひつよう)だ
필요하다

~枚　　　　　　　　まい　　　　　　　　~장, ~매

ワイシャツは3枚必要です。　　　　　　　　　　　와이셔츠는 3장 필요합니다.

📎 강의실 생중계!

접시, 종이, 옷, 손수건 등 얇은 물건을 셀 때 쓰는 단위입니다.

牛乳(ぎゅうにゅう) 우유
飲(の)む 마시다

毎朝　　　　　　　まいあさ　　　　　　매일 아침

毎朝牛乳を飲みます。　　　　　　　　　　　　매일 아침 우유를 마십니다.

春(はる) 봄
なる 되다
花見(はなみ) 꽃구경

毎年　　　　　　まいとし・まいねん　　　매년

毎年春になると花見をします。　　　　　　　　　매년 봄이 되면 꽃구경을 합니다.

📎 강의실 생중계!

'꽃구경하러 가다'는 花見に行く라고 합니다.

練習(れんしゅう) 연습

毎日　　　　　　まいにち　　　　　　매일

毎日テニスの練習をしています。　　　　　　　매일 테니스 연습을 하고 있습니다.

友達(ともだち) 친구
来(く)る 오다

毎月　　　　　　まいつき・まいげつ　　매월, 매달

毎月日本から友達が来ます。　　　　　　　　　매달 일본에서 친구들이 옵니다.

毎晩　　　　　　まいばん　　　　　　매일 밤

毎晩シャワーを浴びます。　　　　　　　　　　매일 밤 샤워를 합니다.

📎 강의실 생중계!

'샤워를 하다'는 シャワーを浴(あ)びる라고 합니다.

駅(えき) 역
大(おお)きい 크다
本屋(ほんや) 서점

前 　　　　　　 まえ 　　　　　　 앞

駅前に大きい本屋ができました。　　　　　　역 앞에 큰 책방이 생겼습니다.

📗 강의실 생중계!

반대어는 '後(うし)ろ 뒤'입니다.

~年(ねん) ~년
前(まえ) 전
静(しず)かだ 조용하다

町 　　　　　　 まち 　　　　　　 마을, 동네, 거리

5年前この町は静かでした。　　　　　　5년 전 이 마을은 조용했습니다.

📗 강의실 생중계!

街(まち)는 주로 번화한 거리를 나타냅니다.
예 今夜は大阪の街を散歩します。 오늘 밤은 오사카의 거리를 산책합니다.

開(あ)ける 열다
猫(ねこ) 고양이
入(はい)る 들어오다

窓 　　　　　　 まど 　　　　　　 창(문)

窓を開けると猫が入ってきました。　　　　　　창문을 열자 고양이가 들어 왔습니다.

📗 강의실 생중계!

조사 ~とは '~와,~과', '~하면', '~하자마자' 등의 뜻이 있습니다.

見(み)える 보이다
白(しろ)い 하얗다
建物(たてもの) 건물
病院(びょういん) 병원

右 　　　　　　 みぎ 　　　　　　 오른쪽

右に見える白い建物は病院です。　　　　　　오른쪽에 보이는 흰 건물은 병원입니다.

水 　　　　　　 みず 　　　　　　 물

水を一杯ください。　　　　　　물을 한 잔 주세요.

📗 강의실 생중계!

'한 잔'이라고 할 때는 한자를 써서 一杯(いっぱい)로, '가득'이라는 부사의 뜻으로 쓰일 때는 히라가나를 써서 いっぱい로 나타냅니다.

買(か)う 사다

店 　　　　　　 みせ 　　　　　　 가게

店でオーバーを買いました。　　　　　　가게에서 오버를 샀습니다.

📗 강의실 생중계!

오버는 '오버코트 오버코트'의 준말입니다.

会社(かいしゃ) 회사
彼女(かのじょ) 그녀
会(あ)う 만나다

道 　　　　　　 みち 　　　　　　 길

会社へ行く道で彼女に会いました。　　　　　　회사에 가는 길에서 그녀를 만났습니다.

本(ほん) 책
紹介(しょうかい)する
소개하다

皆さん	みなさん	여러분

この本を皆さんに紹介します。　　　　　　　　　　이 책을 여러분에게 소개하겠습니다.

雨(あめ) 비
降(ふ)る 내리다

南	みなみ	남(쪽)

南のほうは雨がよく降ります。　　　　　　　　　　남쪽은 비가 자주 내립니다.

耳	みみ	귀

おばあさんは耳が遠いです。　　　　　　　　　　할머니는 귀가 잘 들리지 않습니다.

🎧 강의실 생중계!

耳와 관련된 관용구 '耳が遠(とお)い 귀가 멀다, 귀가 어둡다', '耳が速(はや)い 귀가 밝다, 소식 듣는 것이 빠르다'는 표현도 알아두세요.

今度(こんど) 이번, 다음
旅行(りょこう) 여행
行(い)く 가다

皆	みんな・みな	모두

今度の旅行は皆が行きます。　　　　　　　　　　이번 여행은 모두가 갑니다.

人(ひと)たち 사람들
何(なに) 무엇

向こう	むこう	건너편, 맞은편

向こうで人たちは何をしているんですか。　건너편에서 사람들은 무엇을 하고 있는 겁니까?

目	め	눈

おじいさんは目がいいです。　　　　　　　　　　할아버지는 눈이 좋습니다.

両親(りょうしん) 부모님

眼鏡	めがね	안경

両親は眼鏡をかけています。　　　　　　　　　　부모님은 안경을 쓰고 있습니다.

🎧 강의실 생중계!

'안경을 쓰다'는 眼鏡をかける로 동사 かける를 써서 표현하지만 '모자를 쓰다'는 동사 かぶる를 써서 帽子(ぼうし)をかぶる로 표현합니다.

物	もの	것, 물건

自分の物を大切にしてください。　　　　　　　　자신의 물건을 소중히 하세요.

🎧 강의실 생중계!

物와 こと를 비교해서 알아볼까요?
物: 구체적인 사물을 가리킬 때 쓰입니다.
こと: 추상적인 사항을 가리킬 때 쓰입니다. '것, 일' 등으로 해석하면 됩니다.
예 甘い物が好きです。 단 것을 좋아합니다.
　　そんなことはしてはいけません。 그런 일은 해서는 안 됩니다.

| 閉(し)める 닫다 | 門 | もん | 문 |

門を閉めて、入れてくれなかったです。　　　　文을 닫고 들여 보내주지 않았습니다.

門(もん), 戸(と), ドア 모두 출입하는 '문'을 뜻합니다.

| 歴史(れきし) 역사
 難(むずか)しい 어렵다
 出(で)る 나오다 | 問題 | もんだい | 문제 |

歴史テストは難しい問題がたくさん出ました。

역사 시험은 어려운 문제가 많이 나왔습니다.

시나공 따라잡기　や행

| 花屋(はなや) 꽃집
 寄(よ)る 들르다
 帰(かえ)る
 돌아가다, 귀가하다 | ～屋 | や | ～가게, ～집 |

花屋に寄ってから帰ります。　　　　꽃집에 들르고 나서 돌아오겠습니다.

| 売(う)る 팔다
 果物(くだもの) 과일
 買(か)う 사다 | 八百屋 | やおや | 야채 가게 |

八百屋で売っている果物を買ってきました。　야채가게에서 팔고 있는 과일을 사왔습니다.

강의실 생중계!

野菜(やさい)や라고 하지 않으므로 주의하세요.

| 子供(こども) 아이
 嫌(きら)いだ 싫어하다 | 野菜 | やさい | 야채 |

子供は野菜が嫌いです。　　　　아이는 야채를 싫어합니다.

| 日(ひ) 일, 날
 行(い)く 가다 | 休み
 일, 쉼 | やすみ | 휴 |

休みの日にデパートへ行きませんか。　　　휴일에 백화점에 가지 않겠습니까?

| 友達(ともだち) 친구
 登(のぼ)る 오르다 | 山 | やま | 산 |

友達と山に登ります。　　　　친구와 산에 오릅니다.

강의실 생중계!

山登(やまのぼ)りは '등산'이라는 뜻입니다. 登山(とざん)이라고도 합니다.

| 明日(あした) 내일
 忙(いそが)しい 바쁘다 | 夕方 | ゆうがた | 저녁 |

明日の夕方は忙しいです。　　　　내일 저녁은 바쁩니다.

働(はたら)く 일하다
~年(ねん) ~년
なる 되다

郵便局　　　　　　　　ゆうびんきょく　　　　우체국

郵便局で働いて、5年になりました。

우체국에서 일한 지 5년이 되었습니다.

友達(ともだち) 친구
映画(えいが) 영화
見(み)る 보다

夕べ　　　　　　　　　ゆうべ　　　　　　　　어젯밤

夕べ友達と映画を見ました。

어제 저녁 친구들과 영화를 보았습니다.

🎧 강의실 생중계!

회화체에서는 昨日(きのう)の 夜(よる)라고도 합니다.

今日(きょう) 오늘
降(ふ)る 내리다

雪　　　　　　　　　　ゆき　　　　　　　　　눈

今日は雪が降りました。

오늘은 눈이 내렸습니다.

二人(ふたり) 두 사람
黒(くろ)い 검다
色(いろ) 색상

洋服　　　　　　　　　ようふく　　　　　　　옷

二人とも黒い色の洋服です。

두 사람 다 검은 색 옷입니다.

🎧 강의실 생중계!

한국어에서의 양복이 아니라 일반적인 옷을 의미하므로 주의하세요.

会(あ)う 만나다

曜日　　　　　　　　　ようび　　　　　　　　요일

何曜日に会いましょうか。

무슨 요일에 만날까요?

彼(かれ) 그
座(すわ)る 앉다
誰(だれ) 누구

横　　　　　　　　　　よこ　　　　　　　　　옆, 곁

彼の横に座っている人は誰ですか。

그의 옆에 앉아 있는 사람은 누구입니까?

~時(じ) ~시
~から ~부터

夜　　　　　　　　　　よる　　　　　　　　　밤

夜8時からアルバイトです。

밤 8시부터 아르바이트입니다.

🎧 강의실 생중계!

アルバイトを 줄여서 バイト라고도 합니다.

시나공 따라잡기 | ら행

始(はじ)まる 시작되다

来月　　　　　　　　　らいげつ　　　　　　　다음 달

来月からアルバイトが始まります。

다음 달부터 아르바이트가 시작됩니다.

英語(えいご) 영어	来週	らいしゅう	다음 주
試験(しけん) 시험	来週は英語の試験はありません。		다음 주는 영어 시험은 없습니다.
ある 있다			

| 引(ひ)っ越(こ)す 이사하다 | 来年 | らいねん | 내년 |
| | 来年引っ越すつもりです。 | | 내년에 이사할 생각입니다. |

| 学校(がっこう) 학교 | 留学生 | りゅうがくせい | 유학생 |
| 留学生(りゅうがくせい) 유학생 | 学校に7人の留学生がいます。 | | 학교에 7명의 유학생이 있습니다. |

| 今回(こんかい) 이번 | 両親 | りょうしん | 부모 |
| 旅行(りょこう) 여행 | 今回の旅行は両親と行きます。 | | 이번 여행은 부모님과 갑니다. |

강의실 생중계!

남의 부모님을 높여 부르는 존경표현은 'ご両親(りょうしん) 부모님'이라고 합니다.

料理(りょうり) 요리	料理	りょうり	요리
作(つく)る 만들다	料理を作るのが大好きです。		요리를 만드는 것을 아주 좋아합니다.
大好(だいす)きだ 매우 좋아하다			
月末(げつまつ) 월말	旅行	りょこう	여행
	月末に日本旅行に行きます。		월말에 일본 여행 갑니다.

| 六(むっ)つ 6개 | りんご | | 사과 |
| | りんごを六つください。 | | 사과를 6개 주세요. |

| | 私 | わたくし | 저 |
| | もちろん、私も行きます。 | | 물론 저도 갑니다. |

강의실 생중계!

私(わたし)보다 격식 차린 표현으로 공식적인 자리 등에서 사용합니다.

| 毎日(まいにち) 매일 | 私 | わたし | 나 |
| 練習(れんしゅう) 연습 | 私は毎日ピアノの練習をします。 | | 저는 매일 피아노 연습을 합니다. |

もんだい1 ＿＿＿＿＿の ことばは どう よみますか。
1・2・3・4から いちばん いい ものを ひとつ えらんで ください。

01 あしたは 病院に いきます。

　　1 ひょういん　　　2 びょういん　　　3 ひょうえん　　　4 びょうえん

02 ゆうごはんを たべてから 散歩します。

　　1 さんぼ　　　　2 さんぼう　　　　3 さんぽう　　　　4 さんぽ

03 夏やすみには ダンスを ならいたいです。

　　1 なつ　　　　　2 ふゆ　　　　　　3 あき　　　　　　4 はる

04 まいにち 仕事が いそがしいです。

　　1 じこと　　　　2 じごと　　　　　3 しごと　　　　　4 しこと

05 おおきな 机を かいました。

　　1 つくえ　　　　2 いす　　　　　　3 かばん　　　　　4　ほん

06 かみに 名前を かいて ください。

　　1 じゅぎょう　　2 かんじ　　　　　3 きょうしつ　　　4 なまえ

もんだい2 _____ の ことばは どう かきますか。
1·2·3·4から いちばん いい ものを ひとつ えらんで ください。

01 だんだん あきに なります。

1 秋   2 春   3 冬   4 夏

02 あには ひこうきが だいすきです。

1 地下鉄   2 飛行機   3 自動車   4 自転車

03 きょうは みなみ かぜが ふいています。

1 雪   2 雲   3 風   4 雨

04 わたしが いった いみは わかりますか。

1 問題   2 意味   3 英語   4 学生

05 えいがを みるのが しゅみです。

1 映画   2 以内   3 結婚   4 準備

06 むこうに ぎんこうが あります。

1 茶色   2 高校   3 本屋   4 銀行

もんだい3 （　　　）に なにを いれますか。
1・2・3・4から いちばん いい ものを ひとつ えらんで ください。

01 あしたは ともだちの （　　　）です。

1 いなか　　　　　2 きもの　　　　　3 うんどうじょう　4 たんじょうび

02 しごとは （　　　）に かえってから かんがえます。

1 くに　　　　　　2 がっこう　　　　3 いえ　　　　　　4 はなや

03 りょうしんは （　　　）を して います。

1 たまご　　　　　2 ぶたにく　　　　3 やおや　　　　　4 のみもの

04 （　　　）は ほっかいどうに すんで います。

1 えき　　　　　　2 りょうしん　　　3 きっさてん　　　4 かいしゃ

05 （　　　）に なにが はいって いますか。

1 かばん　　　　　2 かいだん　　　　3 きたがわ　　　　4 いしゃ

06 （　　　）の べんきょうは どうですか。

1 でんわ　　　　　2 とけい　　　　　3 こうえん　　　　4 かんじ

もんだい4　＿＿＿＿の ぶんと だいたい おなじ いみの ぶんが あります。
1・2・3・4から いちばん いい ものを ひとつ えらんで ください。

01 わたしは にくが すきです。

　1 わたしは ステーキが すきです。
　2 わたしは おんがくが すきです。
　3 わたしは バナナが すきです。
　4 わたしは カレーが すきです。

02 あそこが いりぐちです。

　1 あそこが あそぶ ところです。
　2 あそこが でる ところです。
　3 あそこが べんきょうする ところです。
　4 あそこが はいる ところです。

03 あさから おなかが いたいです。

　1 あさから いそがしいです。
　2 あさから いい てんきです。
　3 あさから からだの ぐあいが わるいです。
　4 あさから ひまです。

04 たなかさんは りゅうがくせいです。

　1 たなかさんは がっこうで うんどうして います。
　2 たなかさんは がいこくで べんきょうして います。
　3 たなかさんは かいしゃで はたらいて います。
　4 たなかさんは こうえんで さんぽして います。

もんだい1 _____ の ことばは どう よみますか。
1・2・3・4から いちばん いい ものを ひとつ えらんで ください。

01 スーパーで お菓子を かって きました。

1 よこ　　　　　2 みち　　　　　3 よる　　　　　4 かし

02 いえから 郵便局は とおく ありませんか。

1 こうこうせい　　2 ゆうびんきょく　　3 としょかん　　　4 じてんしゃ

03 あしたまでに 宿題を だして ください。

1 しゅくだい　　2 たてもの　　　3 としょかん　　4 たいしかん

04 にほんの 学校は 4がつに はじまります。

1 せいと　　　　2 がっこう　　　3 だいがく　　　4 かんじ

05 あねは しゅうまつに 結婚します。

1 にゅうがく　　　2 にゅういん　　　3 そつぎょう　　　4 けっこん

06 どようびは サッカーの 練習を します。

1 らいしゅう　　2 ふくしゅう　　　3 れんしゅう　　　4 こんしゅう

もんだい2 ＿＿＿＿＿の ことばは どう かきますか。
1・2・3・4から いちばん いい ものを ひとつ えらんで ください。

01 こんげつから えいごを ならいます。

1 韓国語　　　　2 中国語　　　　3 日本語　　　　4 英語

02 いえに いぬが 2ひき います。

1 犬　　　　　　2 牛　　　　　　3 豚　　　　　　4 猫

03 ひがしがわに やまが あります。

1 北側　　　　　2 南側　　　　　3 東側　　　　　4 西側

04 ごごから アルバイトに いきます。

1 毎年　　　　　2 午後　　　　　3 週間　　　　　4 午前

05 ここから こうばんは とおいですか。

1 交番　　　　　2 高校　　　　　3 大人　　　　　4 自分

06 なんの りょうりが すきですか。

1 眼鏡　　　　　2 上着　　　　　3 料理　　　　　4 着物

もんだい3 (　　　)に なにを いれますか。
1・2・3・4から いちばん いい ものを ひとつ えらんで ください。

01 (　　　)に がくせいは なんにん いますか。

　　1 びょういん　　　2 ゆうびんきょく　　3 こうばん　　　　4 きょうしつ

02 (　　　)には あめが ふる そうです。

　　1 かいもの　　　　2 ゆうがた　　　　3 でんき　　　　　4 しゃしん

03 いもうとは (　　　)が たかいです。

　　1 せ　　　　　　　2 くつ　　　　　　3 おちゃ　　　　　4 よこ

04 (　　　)は どちらですか。

　　1 いす　　　　　　2 さけ　　　　　　3 ようふく　　　　4 でぐち

05 (　　　)の まえの えいがかんに よく いきますか。

　　1 はこ　　　　　　2 えき　　　　　　3 はがき　　　　　4 しんぶん

06 (　　　)ちゅうには はなさないで ください。

　　1 にもつ　　　　　2 きょうしつ　　　3 じゅぎょう　　　4　おもちゃ

もんだい4 _____の ぶんと だいたい おなじ いみの ぶんが あります。
1・2・3・4から いちばん いい ものを ひとつ えらんで ください。

01 あねは としょかんに いきました。

1 あねは ほんを かいに いきました。

2 あねは ほんを かりに いきました。

3 あねは ほんを よびに いきました。

4 あねは ほんを あいに いきました。

02 ははは まいにち おべんとうを つくります。

1 ははは あさって たべる ものを つくります。

2 ははは しゅうまつに たべる ものを つくります。

3 ははは あした たべる ものを つくります。

4 ははは おひるに たべる ものを つくります。

03 かさを もって でかけました。

1 きょうは あめだ そうです。

2 きょうは はれだ そうです。

3 きょうは あつい そうです。

4 きょうは さむい そうです。

04 のみものを かって きましょうか。

1 スカートを かって きましょうか。

2 アイスクリームを かって きましょうか。

3 コーヒーを かって きましょうか。

4 スプーンを かって きましょうか。

기타

이번 시나공에서는 부사, 조사, 접속사, 감동사, 연체사 등에 대해서 학습해 보겠습니다. 부사는 용언을 수식하며, 조사는 명사나 부사 등에 붙어 그 말과 다른 밀과의 판세를 나타냅니다. 섭속사는 분장과 문장을 이어주며, 감동사는 놀람, 느낌, 응답 등을 간단히 나타내며, 연체사는 명사만을 수식합니다.

시험에 **이렇게 나온다!**

もんだい3　（　　　）に なにを いれますか。

1·2·3·4から いちばん いい ものを ひとつ えらんで ください。

（　　　　） いきたい ところは ほっかいどうです。

1 すこし　　　　　2 ぜんぜん　　　　　3 いちばん　　　　　4 ぜんぶ

해석 가장 가고 싶은 곳은 홋카이도입니다.

해설 '가고 싶다'는 희망의 표현이므로 '으뜸으로, 첫째로'의 의미를 갖는 一番(いちばん)이 정답입니다.　　　　**정답** 3

시나공 따라잡기　　あ행~や행

素敵だ 멋지다	**ああ**	아!(감탄사)
絵(え) 그림	ああ！いつ見てもすてきな絵ですね。	아! 언제 보아도 멋진 그림이네요.
靴(くつ) 구두	**あの**	저
	あの靴は私のです。	저 구두는 제 것입니다.

✐ **강의실 생중계!**

연체사 あの 뒤에는 반드시 명사가 옵니다.

あの　　　　　　　　　　　　　　저(감탄사)

あの、すみません。　　　　　　　　　저, 죄송합니다.

安(やす)い 싸다

あまり · 별로, 그다지(부정문), 너무(긍정문)

このかばんはあまり安くありません。 · 이 가방은 그다지 싸지 않습니다.

강의실 생중계!

보통 부정문이 수반되나 긍정문일 때에도 쓸 수 있습니다.
예 あまりおいしくて、たくさん食べました。너무 맛있어서 많이 먹었습니다.

いいえ · 아니오

いいえ、これは私のかばんじゃありません。 · 아니오, 이것은 제 가방이 아닙니다.

学生(がくせい) 학생
中(なか) 속, 안

一番　　　　　いちばん · 가장, 제일

学生の中で私が一番背が高いです。 · 학생 중에서 제가 가장 키가 큽니다.

강의실 생중계!

명사로는 '一番(いちばん) 1번'이란 의미로 쓰입니다.

会議(かいぎ) 회의

いつ · 언제

会議はいつがいいですか。 · 회의는 언제가 좋습니까?

一緒に　　　　いっしょに · 함께

友達と一緒に図書館に行きます。 · 친구와 함께 도서관에 갑니다.

강의실 생중계!

一緒(いっしょ)になる라는 표현이 있는데 '(사물이나 생각 등이) 하나가 되다, 부부가 되다'라는 표현입니다.

午前(ごぜん) 오전

いつも · 언제나

いつも午前8時に家を出ます。 · 언제나 오전 8시에 집을 나옵니다.

店(みせ) 가게

いろいろ · 여러 가지

店にいろいろなアクセサリーがあります。 · 가게에 여러 가지 액세서리가 있습니다.

강의실 생중계!

명사가 접속될 때는 'いろいろな+명사', 동사가 접속될 때는 'いろいろ+동사'의 형태가 됩니다.
예 アクセサリーがいろいろあります。액세서리가 여러 가지 있습니다.

ええ   네

ええ、それは知りませんでした。

네, 그것은 몰랐습니다.

大勢   おおぜい   많이

パーティーに大勢の人が来ました。

파티에 많은 사람이 왔습니다.

寝(ね)る 자다

～くらい・ぐらい   ～정도, 쯤

昨日は5時間ぐらい寝ました。

어제는 5시간 정도 잤습니다.

駅(えき) 역
会社(かいしゃ) 회사
時間(じかん) 시간

結構   けっこう   상당히, 매우, 꽤

駅から会社まで結構時間がかかりました。

역에서 회사까지 꽤 시간이 걸렸습니다.

帽子(ぼうし) 모자
妹(いもうと) 여동생

この   이

この帽子は妹のです。

이 모자는 여동생의 것입니다.

話(はなし) 이야기
聞(き)く 듣다

こんな　　　　　　　　　　　　　　　이런

こんな話は聞いたことがありません。

이런 이야기는 들은 적이 없습니다.

📎 강의실 생중계!

こんな는 연체사로 뒤에 반드시 명사가 옵니다.

帰(かえ)る 돌아가다
大変(たいへん)だ
큰일이다

さあ　　　　　　　　자(권유, 재촉, 중대 결의 시), 글쎄(판단의 망설임),
　　　　　　　　　　야아(다급, 곤란, 놀람, 기쁨 등)

さあ、帰りましょう。　　　　　　　　　　　　　자, 돌아갑시다.

さあ、どうしましょうか。　　　　　　　　　　글쎄, 어떻게 할까요?

さあ、大変だ。　　　　　　　　　　　　　　　야아, 큰일이다.

昨日(きのう) 어제
晴(は)れ 맑음
今日(きょう) 오늘
雨(あめ) 비

しかし　　　　　　　　　　　　　그러나

昨日は晴れでした。しかし、今日は雨です。

어제는 맑았습니다. 그러나 오늘은 비가 옵니다.

📎 강의실 생중계!

비슷한 말로 でも가 있는데 모두 앞의 서술을 일단 긍정하면서 다시 상반된 상황을 서술합니다.

예 絵(え)は上手(じょうず)です。でも、字(じ)は下手(へた)です。

그림은 잘 그립니다. 하지만 글씨는 서툽니다.

今度(こんど) 다음
会(あ)う 만나다

じゃ／じゃあ　　　　　　　　　　　그럼 (감동사)

じゃ、今度また会いましょう。　　　　　　　그럼 다음에 또 만납시다.

電話(でんわ)する
전화하다

すぐ(に)　　　　　　　　　　　　곧(장), 즉시, 바로

すぐ電話します。　　　　　　　　　　　곧 전화하겠습니다.

辛(から)い 맵다

少し　　　　　　　　すこし　　　　　　조금

少し辛いですね。　　　　　　　　　　　　조금 맵네요.

全部　　　　　　　　ぜんぶ　　　　　　전부

全部で1万円です。　　　　　　　　　전부해서 만 엔입니다.

📎 강의실 생중계!

비슷한 말로 'すべて 모두'가 있습니다.

思(おも)う 생각하다

そう　　　　　　　　　　　　　　　그렇게

私はそう思いません。　　　　　　　　저는 그렇게 생각하지 않습니다.

165

先(さき) 먼저
連絡(れんらく) 연락

そ(う)して　　　　　　　　　　　　　　그리고, 그리고 나서

先に行ってください。そして、連絡ください。　　　먼저 가주세요. 그리고 연락주세요.

어떤 상황의 시간적 순서나 병렬을 나타냅니다.
예 大阪(おおさか)に行(い)きました。そしてお寺(てら)を回(まわ)りました。
오사카에 갔습니다. 그리고 절을 돌아다녔습니다. (시간적 순서)
お酒(さけ)を飲(の)むのは止(や)めてください。そして、たばこも止めてください。
술을 마시는 것은 그만두세요. 그리고 담배도 끊으세요. (병렬)

顔(かお) 얼굴
思(おも)い出(だ)す
생각해내다, 생각나다

その　　　　　　　　　　　　　　　　그

その人の顔を思い出しました。　　　　　　　그 사람의 얼굴이 생각났습니다.

願(ねが)う 바라다

それから　　　　　　　　　　　　　그리고, 그리고 나서

コーヒーをください。それからサンドイッチもお願いします。

커피를 주세요. 그리고 샌드위치도 부탁합니다.

道(みち) 길
ごみ 쓰레기
捨(す)てる 버리다

そして와 마찬가지로 어떤 상황의 시간적 순서나 병렬을 나타내며, 위의 예문처럼 첨가의 의미도 있습니다.
예 お風呂(ふろ)に入(はい)りました。それから、夕御飯(ゆうごはん)を食(た)べました。
목욕을 했습니다. 그리고 나서 저녁밥을 먹었습니다. (시간적 순서)
お茶(ちゃ)にジュース、それからお酒(さけ)を買(か)いました。(병렬)
차에 주스, 그리고 술을 샀습니다. (첨가)

それでは　　　　　　　　　　　　　그럼

それでは、明日また来ます。　　　　　　　그럼 내일 또 오겠습니다.

それじゃ로 써도 무방합니다.

恥(は)ずかしい 부끄럽다

大変　　　　　たいへん　　　　매우, 굉장히

道にごみを捨てるのは大変恥ずかしいことです。

길에 쓰레기를 버리는 것은 매우 부끄러운 일입니다.

'매우', '굉장히'를 나타내는 아래 부사의 쓰임을 살펴볼까요?
大変(たいへん): 정중하고 격식차린 표현이며 약간 과장의 의미를 내포합니다.
非常(ひじょう): '매우'라는 뜻으로, 주로 공식적인 자리에서 쓰이며 객관적이며 딱딱한 느낌이 있습니다.
とても: '매우'라는 뜻으로, 주관적이며 주로 회화체에서 사용합니다.
すごく: '굉장히'라는 뜻으로, 격이 없는 일상생활에서의 회화 표현입니다. 大変처럼 감탄, 놀람 등의 과장된 표현을 나타냅니다.

예 雨が大変降(ふ)りました。 비가 굉장히 내렸습니다.
非常にすばらしい人(ひと)です。 매우 멋진 사람입니다.
とても大(おお)きいかばんですね。 매우 큰 가방이네요.
すごく早(はや)く走(はし)っています。 굉장히 빨리 달리고 있습니다.

船(ふね) 배
揺(ゆ)れる 흔들리다

たくさん　　　　　　　　　　　　많이

強い風で船がたくさん揺れました。　　強한 바람으로 배가 많이 흔들렸습니다.

たぶん　　　　　　　　　　　　아마

たぶん彼は来ないでしょう。　　아마 그는 오지 않겠지요.

習(なら)う 배우다
中国語(ちゅうごくご)
중국어
発音(はつおん) 발음
難(むずか)しい 어렵다

だんだん　　　　　　　　　　　　점점

習っている中国語の発音がだんだん難しくなります。
배우고 있는 중국어 발음이 점점 어려워집니다.

강의실 생중계!

だんだん은 순서에 따라 점차적으로 진행되는 모습을 나타냅니다.
どんどん은 사물이 지체없이 힘차게 진행되거나 활발히 행해지는 모습을 나타냅니다.
예 スキーはだんだんできるようになりました。 스키는 점점 탈 수 있게 되었습니다.
火(ひ)がどんどん燃(も)えて広(ひろ)がっています。 불이 점점 타서 번지고 있습니다.

お風呂(ふろ) 욕실
鳴(な)る 울리다

ちょうど　　　　　　　　마침, 바로, 정각

お風呂から出たらちょうど電話のベルが鳴りました。
욕실에서 나오자 마침 전화벨이 울렸습니다..

がんばる 분발하다
試合(しあい) 시합
負(ま)ける 지다

ちょっと　　　　　　　　좀, 조금

これをちょっと見てくださいませんか。　이것을 좀 봐 주시지 않겠습니까?

でも　　　　　　　　하지만, 그러나, 그래도

がんばりました。でも、試合は負けました。 분발했습니다. 하지만 시합은 졌습니다.

どう　　　　　　　　어떻게

どうするつもりですか。　어떻게 할 작정입니까?

どうして　　　　　　　어째서, 왜

どうして食べないんですか。　왜 먹지 않습니까?

강의실 생중계!

비슷한 표현으로 'なぜ 어째서, 왜'도 있습니다.

167

座(すわ)る 앉다

どうぞ　　　　　　　　　　　　　　　　　어서, 자

どうぞ、ここに座ってください。

자, 여기에 앉으세요.

仕事(しごと) 일
手伝(てつだ)う
돕다, 거들다

どうも　　　　　　　　　　　　　　　　정말, 매우, 대단히

仕事を手伝ってくださって、どうもありがとうございました。

일을 도와 주셔서 정말 감사합니다.

休(やす)みの日(ひ) 휴일
会(あ)う 만나다

時々　　　　　　ときどき　　　　때때로

休みの日は時々彼に会います。

휴일 때는 때때로 그를 만납니다.

卒業(そつぎょう) 졸업
旅行(りょこう) 여행
楽(たの)しい 즐겁다

とても　　　　　　　　　　　　　　　매우

卒業旅行はとても楽しかったです。

졸업여행은 매우 즐거웠습니다.

駅(えき) 역
降(お)りる 내리다

どの　　　　　　　　　　　　　　　어느

どの駅で降りたらいいですか。

어느 역에서 내리면 됩니까?

> **강의실 생중계!**
>
> 연체사로 반드시 뒤에 명사가 옵니다.

夕(ゆう)べ 어젯밤
起(お)きる 일어나다

どんな　　　　　　　　　　　　　　어떤

夕べ、どんなことが起きましたか。

어젯밤 어떤 일이 일어났습니까?

> **강의실 생중계!**
>
> 연체사로 반드시 뒤에 명사가 옵니다.

はい　　　　　　　　　　　　　　　예

言(い)う 말하다

はい、言う通りです。

예, 말한 대로입니다.

旅行(りょこう) 여행

初めて　　　　　　はじめて　　　처음(으로)

日本旅行はいつが初めてでしたか。

일본 여행은 언제가 처음이었습니까?

> **강의실 생중계!**
>
> 初(はじ)めて는 경험상의 '처음'을, 始(はじ)める는 순서의 '처음'을 의미합니다.

地震(じしん) 지진	**また** 夕べ、また地震がありました。	또 어젯밤 또 지진이 있었습니다.
授業(じゅぎょう) 수업 終(お)わる 끝나다	**まだ** 授業はまだ終わっていません。	아직 수업은 아직 끝나지 않았습니다.
道(みち) 길	**まっすぐ** この道をまっすぐ行ってください。	쭉, 곧장, 곧바로 이 길을 곧장 가세요.
春(はる) 봄 一度(いちど) 한 번 押(お)す 누르다	**もう** もう食べました。 もう帰ってもいいですか。 もう春ですね。 ボタンをもう一度押します。	이미, 이제, 벌써, 더 이미 먹었습니다. 이제 돌아가도 괜찮겠습니다. 벌써 봄이네요. 버튼을 한 번 더 누르겠습니다.
部長(ぶちょう) 부장(님) 願(ねが)う 바라다	**もしもし** もしもし、小田部長お願いします。	여보세요 여보세요, 오다 부장님 부탁합니다.
早(はや)い 빠르다, 이르다	**もっと** 明日はもっと早く行きます。	더 내일은 더 빨리 가겠습니다.
週末(しゅうまつ) 주말 休(やす)む 쉬다	**ゆっくり** 週末はゆっくり休みたいです。	푹, 천천히 주말에는 푹 쉬고 싶습니다.
	よく あのレストランにはよく行きますか。	잘, 자주 저 레스토랑에는 자주 갑니까?

もんだい1 _____ の ことばは どう よみますか。
1・2・3・4から いちばん いい ものを ひとつ えらんで ください。

01 ことしの ふゆに 初めて スキーを ならいました。

    1 とめて   2 しめて   3 はじめて   4 あつめて

02 わたしは 時々 いなかへ かえります。

    1 どきとき   2 ときどき   3 ときとき   4 ときとぎ

03 はなしを 全部 きいて かえって ください。

    1 せんぷ   2 せんぶ   3 ぜんぷ   4 ぜんぶ

04 にほんの まんがを 少し もって います。

    1 すこし   2 すごし   3 しこし   4 しごし

05 こうえんに こどもが 大勢 あつまって います。

    1 ゆっくり   2 いちばん   3 たくさん   4 おおぜい

06 こどもは しゅじんと 一緒に あそんでいます。

    1 いっそう   2 いっしょ   3 いっそ   4 いっしょう

もんだい2 ＿＿＿＿＿ の ことばは どう かきますか。
1・2・3・4から いちばん いい ものを ひとつ えらんで ください。

01 りょうしんと デパートへ いっしょに いきました。

1 一所に   2 一笑に   3 一緒に   4 一生に

02 こうえんに ひとが おおぜい あつまっています。

1 大勢   2 多勢   3 小勢   4 少勢

03 しごとは ぜんぶ おわりました。

1 金部   2 全部   3 前部   4 電部

04 その レストランには ときどき いきます。

1 人々   2 日々   3 時々   4 山々

05 こんかいの にほんりょこうで はじめて すしを たべました。

1 初めて   2 集めて   3 閉めて   4 止めて

06 すこし まって ください。

1 咲し   2 所し   3 小し   4 少し

もんだい3 (   )に なにを いれますか。
1・2・3・4から いちばん いい ものを ひとつ えらんで ください。

01 その ぼうしは (   ) たかく ありません。

　　1 また　　　　　　2 たぶん　　　　　　3 いつも　　　　　　4 あまり

02 れいぞうこの なかに のみものは (   ) あります。

　　1 いちばん　　　　2 いろいろ　　　　　3 もう　　　　　　　4 よく

03 しごとが おわったら (   ) いきます。

　　1 すぐ　　　　　　2 とても　　　　　　3 もっと　　　　　　4 まだ

04 ナイフ、フォーク、(   ) コップも もって きて ください。

　　1 しかし　　　　　2 それでは　　　　　3 それから　　　　　4 でも

05 とうきょうの (   ) へんに すんで いますか。

　　1 どちら　　　　　2 どの　　　　　　　3 どれ　　　　　　　4 どこ

06 すみません、(   ) はなして ください。

　　1 いつ　　　　　　2 たいへん　　　　　3 ゆっくり　　　　　4 だんだん

もんだい 4 _____ の ぶんと だいたい おなじ いみの ぶんが あります。
1·2·3·4から いちばん いい ものを ひとつ えらんで ください。

01 にほんの うたは たくさん しって います。

1 にほんの うたは そんなに しって います。

2 にほんの うたは ちょっと しって います。

3 にほんの うたは けっこう しって います。

4 にほんの うたは あまり しって います。

02 おおぜいの ひとが わたしを まって います。

1 すこしの ひとが わたしを まって います。

2 たくさんの ひとが わたしを まって います。

3 いろいろの ひとが わたしを まって います。

4 いちばんの ひとが わたしを まって います。

03 きょうは すごく ゆきが ふって います。

1 ひじょうに ゆきが ふって います。

2 まだ ゆきが ふって います。

3 よく ゆきが ふって います。

4 もっと ゆきが ふって います。

04 わたしは にほんごは じょうずです。しがし、えいごは へだです。

1 わたしは にほんごは じょうずです。そして、えいごは へだです。

2 わたしは にほんごは じょうずです。それじゃ、えいごは へだです。

3 わたしは にほんごは じょうずです。それから、えいごは へだです。

4 わたしは にほんごは じょうずです。でも、えいごは へだです。

もんだい1 _____ の ことばは どう よみますか。
1・2・3・4から いちばん いい ものを ひとつ えらんで ください。

01 あれが この まちで <u>一番</u> たかい たてものです。

　　1 ぜんぶ　　　　　2 けっこう　　　　　3 おおぜい　　　　　4 いちばん

02 おとといは <u>大変</u> おせわに なりました。

　　1 たぶん　　　　　2 たいへん　　　　　3 いろいろ　　　　　4 ちょっと

03 なつやすみに ともだちと <u>一緒に</u> りょこうに いきます。

　　1 くらい　　　　　2 いちばん　　　　3 すぐ　　　　　　4 いっしょ

04 きのう みた えいがは <u>結構</u> おもしろかった。

　　1 あまり　　　　　2 でも　　　　　　3 けっこう　　　　　4 しかし

05 パーティーに <u>全部</u>で なんにん きますか。

　　1 ぜんぶ　　　　　2 すこし　　　　　3 どうして　　　　　4 たくさん

06 せんしゅうの パーティーで <u>初めて</u> がいこくじんと はなしました。

　　1 はじめて　　　　2 しめて　　　　　3 つとめて　　　　　4 あつめて

もんだい2　_____の ことばは どう かきますか。
　　　　　1・2・3・4から いちばん いい ものを ひとつ えらんで ください。

01 ともだちが やくそくの じかんに こなくて けっこう まちました。

　　1 沢山　　　　　　2 全部　　　　　　3 一緒　　　　　　4 結構

02 にほんの おんがくを ときどき ききます。

　　1 色々　　　　　　2 時々　　　　　　3 少々　　　　　　4 人々

03 わたしが いちばん すきな うんどうは サッカーです。

　　1 四番　　　　　　2 二番　　　　　　3 一番　　　　　　4 三番

04 きのう はじめて ゴルフを しました。

　　1 始めて　　　　　2 閉めて　　　　　3 初めて　　　　　4 勤めて

05 しゅうまつに ともだちと いっしょに べんきょうする ことに しました。

　　1 一緒　　　　　　2 簡単　　　　　　3 同じ　　　　　　4 大変

06 うんどうかいに ひとたちが おおぜい あつまりました。

　　1 一番　　　　　　2 大勢　　　　　　3 全部　　　　　　4 結構

もんだい3 (   )に なにを いれますか。
1·2·3·4から いちばん いい ものを ひとつ えらんで ください。

01 (   ) ビルは なんの ビルですか。

1 あれ   2 あちら   3 あの   4 あそこ

02 (   ) なかに はいって ください。

1 どう   2 どうぞ   3 どこ   4 たぶん

03 いえに ふるい しんぶんが (   ) あります。

1 でも   2 ぜんぶ   3 とても   4 たくさん

04 (   ) りょうりが すきですか。

1 どんな   2 あんな   3 ちょっと   4 そう

05 きょうは (   ) たのしい いちにちでした。

1 もう   2 よく   3 とても   4 すこし

06 (   ) おいしい ものを たべに いきましょう。

1 そう   2 まだ   3 ゆっくり   4 また

もんだい4 ＿＿＿＿＿ の ぶんと だいたい おなじ いみの ぶんが あります。
1・2・3・4から いちばん いい ものを ひとつ えらんで ください。

01 せんしゅうの パーティーは すごく たのしかったです。

1 せんしゅうの パーティーは すこし たのしかったです。
2 せんしゅうの パーティーは ちょっと たのしかったです。
3 せんしゅうの パーティーは とても たのしかったです。
4 せんしゅうの パーティーは たぶん たのしかったです。

02 その ほんは ぜんぶ よみました。

1 その ほんは まだ よみました。
2 その ほんは また よみました。
3 その ほんは すぐ よみました。
4 その ほんは すべて よみました。

03 けさ、どうして おくれたんですか。

1 けさ、また おくれたんですか。
2 けさ、なぜ おくれたんですか。
3 けさ、どうぞ おくれたんですか。
4 けさ、いつ おくれたんですか。

04 テストは ちょっと むずかしかったです。

1 テストは すこし むずかしかったです。
2 テストは たくさん むずかしかったです。
3 テストは たいへん むずかしかったです。
4 テストは とても むずかしかったです。

실전 모의고사

2
회
분

もんだい1 _____ の ことばは どう よみますか。

1・2・3・4から いちばん いい ものを ひとつ えらんで ください。

01 あたらしく できた 店は なにを うっていますか。

1 みせ 2 あし 3 さら 4 よこ

02 この まんがは 厚いです。

1 おそい 2 ながい 3 おもい 4 あつい

03 彼は 有名な おいしゃさんです。

1 じょうず 2 りっぱ 3 ゆうめい 4 たいせつ

04 きれいな はなが 咲いて います。

1 あいて 2 ひいて 3 かいて 4 さいて

05 ひるごはんを 一緒に たべませんか。

1 いっしょ 2 いちばん 3 おおぜい 4 すこし

06 葉書を 5まい ください。

1 じしょ 2 しんぶん 3 めがね 4 はがき

07 黄色い スカートが かわいいです。

1 あかい 2 きいろい 3 くろい 4 しろい

08 こうえんに 三百人 ぐらい あつまりました。

1 さんびゃく　　　2 さんひゃく　　　3 さんはく　　　4 さんばく

09 十日は ははの たんじょうびです。

1 むいか　　　　2 ふつか　　　　3 なのか　　　　4 とおか

10 この ソファーは とても 楽だ。

1 いや　　　　　2 ひま　　　　　3 らく　　　　　4 へた

11 きのうの テストは 結構 むずかしかった。

1 けっこう　　　2 いちばん　　　3 たくさん　　　4 はじめて

12 ともだちから かりた かさを 返しました。

1 はなし　　　　2 かえし　　　　3 かし　　　　　4 さし

もんだい2 _____ の ことばは どう かきますか。

　　　　1・2・3・4から いちばん いい ものを ひとつ えらんで ください。

13 にほんの きものを きて みたいです。

　　1 読物　　　　　　2 乗物　　　　　　3 着物　　　　　　4 買物

14 かのじょは わたしと いちばん したしい ともだちです。

　　1 一生　　　　　　2 一緒　　　　　　3 一日　　　　　　4 一番

15 うんどうじょうで はしって いる ひとは だれですか。

　　1 走って　　　　　2 徒って　　　　　3 待って　　　　　4 持って

16 きのう じてんしゃを かいました。

　　1 日転車　　　　　2 自転車　　　　　3 白転車　　　　　4 目転車

17 かいだんは どちらに ありますか。

　　1 皆段　　　　　　2 階段　　　　　　3 皆断　　　　　　4 階断

18 みんなが おなじ いけんでした。

　　1 口じ　　　　　　2 回じ　　　　　　3 同じ　　　　　　4 目じ

19 わかい うちに たくさんの けいけんを した ほうが いい。

　　1 若い　　　　　　2 苦い　　　　　　3 固い　　　　　　4 早い

20 こたえを 見れば わかりますが、ぜんぶ こたえが ちがいます。

　　1 運い　　　　　　2 違い　　　　　　3 建い　　　　　　4 達い

もんだい3 （　　　）に なにを いれますか。
　　　1・2・3・4から いちばん いい ものを ひとつ えらんで ください。

21 おひるに カレーを （　　　）ましょうか。

　　1 のぼり　　　　　　2 つくり　　　　　　3 かぶり　　　　　4 おわり

22 家に 帰るには まだ （　　　）じかんですね。

　　1 つよい　　　　　　2 まるい　　　　　　3 ひろい　　　　　4 はやい

23 わたしたちは （　　　）ふたりで あって えいがを 見ます。

　　1 ときどき　　　　　2 だんだん　　　　　3 いろいろ　　　　4 もしもし

24 はなしが おわったら （　　　）に いきたいです。

　　1 チーム　　　　　　2 バナナ　　　　　　3 カメラ　　　　　4 トイレ

25 じゅぎょうが おわる まで なん（　　　）のこって いますか。

　　1 ぷん　　　　　　　2 まい　　　　　　　3 にち　　　　　　4 ようび

26 （　　　）な からだを つくる ために うんどうします。

　　1 べんり　　　　　　2 へた　　　　　　　3 じょうぶ　　　　4 じょうず

27 テストに えいごの （　　　）は 20個でした。

　　1 ぎんこう　　　　　2 もんだい　　　　　3 へや　　　　　　4 しゅくだい

28 どようびに （　　　）ひとは 何人ですか。

　　1 みせる　　　　　　2 わすれる　　　　　3 はたらく　　　　4 つける

183

29 おとといは （　　　） かぜが ふきました。

　　1 つよい　　　　　2 せまい　　　　　3 ちかい　　　　　4 ふとい

30 となりの ひとから （　　　） を もらいました。

　　1 でんき　　　　　2 こうえん　　　　　3 くだもの　　　　　4 だいどころ

もんだい4 ＿＿＿＿＿の ぶんと だいたい おなじ いみの ぶんが あります。
　　　　　1・2・3・4から いちばん いい ものを ひとつ えらんで ください。

31 おじいさんは くだものやを して います。

　　1 おじいさんは りんごを うって います。

　　2 おじいさんは かさを うって います。

　　3 おじいさんは じしょを うって います。

　　4 おじいさんは さかな うって います。

32 きょうしつが あかるいです。

　　1 きょうしつに でんきを けして います。

　　2 きょうしつに でんきを つけて いません。

　　3 きょうしつに でんきが けして あります。

　　4 きょうしつに でんきが つけて あります。

33 かれに れんらく しなくても だいじょうぶですか。

1 かれに れんらく しなくても ひまですか。
2 かれに れんらく しなくても じょうぶですか。
3 かれに れんらく しなくても いいですか。
4 かれに れんらく しなくても わるいですか。

34 ははは ソファーに すわって います。

1 ははは ソファーに でんわを かけて います。
2 ははは ソファーに こしを かけて います。
3 ははは ソファーに めがねを かけて います。
4 ははは ソファーに カーテンを かけて います。

35 けさ おべんとうを つくりました。

1 きのうの あさ おべんとうを つくりました。
2 きょうの あさ おべんとうを つくりました。
3 あしたの あさ おべんとうを つくりました。
4 おとといの あさ おべんとうを つくりました。

문법

もんだい1 （　　　）に なにを いれますか。
　　　　1・2・3・4から いちばん いい ものを ひとつ えらんで ください。

01 A「コンサートを み（　　　）いきませんか。」

　　B「こんしゅうは いそがしいが、らいしゅうなら だいじょうぶです。」

　　1 を　　　　　　　2 に　　　　　　　3 は　　　　　　　4 と

02 でんわを（　　　　）あとで でかけます。

　　1 かけに　　　　　2 かける　　　　　3 かけて　　　　　4 かけた

03 うんどうを して げんき（　　　　）なりました。

　　1 に　　　　　　　2 と　　　　　　　3 まで　　　　　　4 までに

04 アルバイトを（　　　　）ことが ありますか。

　　1 したり　　　　　2 したら　　　　　3 した　　　　　　4 して

05 こんかいは いなかに ふね（　　　　）かえります。

　　1 や　　　　　　　2 に　　　　　　　3 で　　　　　　　4 は

06 あしたは いそがしくて（　　　　　　）かもしれません。

　　1 いったら　　　　2 いかない　　　　3 いって　　　　　4 いったり

07 ひさしぶりに すしが（　　　　　　）たいです。

　　1 たべ　　　　　　2 たべて　　　　　3 たべたり　　　　4 たべたら

08 この くつは （　　　）、じょうぶです。

　　1 やすかった　　　2 やすければ　　　3 やすくて　　　4 やすい

09 あそぶ まえに しゅくだいを さきに （　　　）。

　　1 しませんか　　　2 しません　　　3 しないです　　　4 しなければなりません

10 そうじを （　　　）から シャワーを あびました。

　　1 して　　　2 した　　　3 したら　　　4 したり

11 A 「せんしゅうの パーティーは （　　　）でしたか。」

　　B 「とても たのしかったです。」

　　1 だれ　　　2 どこ　　　3 いくら　　　4 いかが

12 きょうの テストは （　　　）むずかしく ありませんでした。

　　1 まっすぐ　　　2 あまり　　　3 それから　　　4 ゆっくり

13 がくせいのとき、おんがくが じょうず （　　　）です。

　　1 ではない　　　2 ない　　　3 ではなかった　　　4 ありません

14 あそびたい （　　　）、あしたが しけんです。

　　1 しか　　　2 くらい　　　3 けれども　　　4 から

15 たんじょうびの おいわいに ともだちも （　　　）ください。

　　1 よんだり　　　2 よんだ　　　3 よんで　　　4 よんだら

16 としょかんは なんじ （　　　）ですか。

　　1 まで　　　2 で　　　3 に　　　4 と

187

もんだい2 ＿＿＿＿＿に 入る ものは どれですか。

　　　　　1・2・3・4から　いちばん いい ものを ひとつ えらんで ください。

17 あそこに ＿＿＿＿ ＿＿＿＿ ＿★＿ ＿＿＿＿ いけませんか。

　　1 いす　　　　　　2 ある　　　　　　3 に　　　　　　　4 すわっては

18 かれは　こんしゅう ＿＿＿＿ ＿＿＿＿ ＿★＿ ＿＿＿＿ です。

　　1 から　　　　　　2 こない　　　　　3 いそがしい　　4 は

19 みんな ＿＿＿＿ ＿＿＿＿ ＿★＿ ＿＿＿＿ いいました。

　　1 と　　　　　　　2 に　　　　　　　3 いかない　　　4 は

20 へやは ＿＿＿＿ ＿★＿ ＿＿＿＿ ＿＿＿＿ です。

　　1 いい　　　　　　2 し　　　　　　　3 ひろい　　　　4 あかるくて

21 はるが ＿＿＿＿ ＿★＿ ＿＿＿＿ ＿＿＿＿ さきます。

　　1 くる　　　　　　2 はな　　　　　　3 と　　　　　　　4 が

もんだい3 22 から 26 に 何を いれますか。
1・2・3・4から いちばん いい ものを ひとつ えらんで ください。

　私の 家族は 22 7人です。
　ちち、はは、あに、あね、おとうと、いもうとです。ちちは 会社員 23 、は
はは 先生です。あには 病院で はたらいています。あねは けっこんして おおさかに
 24 。
　おとうとは こうこうせいで 毎日 かえりが おそいです。いもうとは ちゅうがくせい
です。
 25 うんどうで バレーボールを しています。わたしは だいがくせいで アナウ
ンサーに 26 。

(22)
1 はじめて 　　　2 ちょうど 　　　3 ぜんぶで 　　　4 また

(23)
1 で 　　　　　　2 に 　　　　　　3 も 　　　　　　4 と

(24)
1 すんでいる からです 　　　　2 すみました
3 すんでいた からです 　　　　4 すんで います

(25)
1 けれども 　　　2 そして 　　　3 それで 　　　4 しかし

(26)
1 なりました 　　2 なります 　　3 なりたいです 　　4 なりましょう

もんだい1 _____ の ことばは どう よみますか。
　　　　1・2・3・4から いちばん いい ものを ひとつ えらんで ください。

01 お手洗いは どちらですか。

　　1 であらい　　　　2 てわらい　　　　3 でわらい　　　　4 てあらい

02 うちに 犬は 3びき います。

　　1 いぬ　　　　　　2 いね　　　　　　3 いる　　　　　　4 いり

03 わたしは きょう 暇です。

　　1 いま　　　　　　2 しま　　　　　　3 さま　　　　　　4 ひま

04 あの 建物は ほんとうに りっぱですね。

　　1 たてもの　　　　2 のみもの　　　　3 のりもの　　　　4 よみもの

05 だいどころの でんきを 消して ください。

　　1 はなして　　　　2 だして　　　　　3 けして　　　　　4 ながして

06 この エレベーターは 使えませんか。

　　1 づかえ　　　　　2 つかえ　　　　　3 づがえ　　　　　4 つがえ

07 りょこうは 楽しかったです。

　　1 うれし　　　　　2 たのし　　　　　3 かなし　　　　　4 さびし

08 あの ひとは ちゅうごくの 留学生です。

　　1 ゆうがくせい　　　2 りゅうかくせい　　3 ゆうかくせい　　　4 りゅうがくせい

09 きょうしつは とても 静かです。

　　1 たか　　　　　　　2 こまか　　　　　　3 しずか　　　　　　4 あたたか

10 へやの なかに 入っても いいですか。

　　1 はいっても　　　　2 あっても　　　　　3 もっても　　　　　4 かっても

11 こんしゅうの 月曜日は やすみです。

　　1 けつよび　　　　　2 けつようび　　　　3 げつようび　　　　4 げつよび

12 つめたい 風が ふいて います。

　　1 かせ　　　　　　　2 かぜ　　　　　　　3 かざ　　　　　　　4 かさ

もんだい2 _____の ことばは どう かきますか。
1・2・3・4から いちばん いい ものを ひとつ えらんで ください。

13 コーヒーに さとうを いれますか。

1 八れ 　　　　　 2 入れ 　　　　　 3 人れ 　　　　　 4 太れ

14 ねつで からだが あついです。

1 篤い 　　　　　 2 厚い 　　　　　 3 暑い 　　　　　 4 熱い

15 この すうがくの もんだいは むずかしいですね。

1 悶題 　　　　　 2 聞題 　　　　　 3 門題 　　　　　 4 問題

16 スーパーで ぎゅうにゅうと パンを かいました。

1 牛乳 　　　　　 2 午乳 　　　　　 3 牛札 　　　　　 4 午乱

17 うちに まだ かえらなくても だいじょうぶです。

1 大丈天 　　　　　 2 太丈天 　　　　　 3 大丈夫 　　　　　 4 太丈夫

18 いなかから けさ かえってきました。

1 昨日 　　　　　 2 今朝 　　　　　 3 今日 　　　　　 4 明日

19 あそこで たばこを すって いる ひとは だれですか。

1 買って 　　　　　 2 吸って 　　　　　 3 習って 　　　　　 4 会って

20 きょうは 2じかんも あるきました。

1 歩き 　　　　　 2 置き 　　　　　 3 起き 　　　　　 4 咲き

もんだい 3 （　　　）に なにを いれますか。
　　　　1・2・3・4から いちばん いい ものを ひとつ えらんで ください。

21 この カメラは （　　　）に はいります。

　　1 ポケット　　　　　2 ナイフ　　　　　3 クラス　　　　　4 トイレ

22 わたしの へやは とても （　　　）です。

　　1 かるい　　　　　2 せまい　　　　　3 みじかい　　　　　4 わかい

23 エレベーターの ボタンを （　　　）ください。

　　1 かけて　　　　　2 おりて　　　　　3 きって　　　　　4 おして

24 （　　　）そらを とりが とんで います。

　　1 しろい　　　　　2 あおい　　　　　3 くろい　　　　　4 あかい

25 ひとりで ケーキを （　　　）たべて しまいました。

　　1 ぜんぶ　　　　　2 ぜんぜん　　　　　3 あまり　　　　　4 すこししか

26 みなみから （　　　）かぜが ふいて きます。

　　1 まるい　　　　　2 ひろい　　　　　3 やすい　　　　　4 すずしい

27 えんぴつを （　　　）かいました。

　　1 さんぼん　　　　　2 さんまい　　　　　3 さんさつ　　　　　4 さんばい

28 この しゃしんを おにいさんに （　　　）ください。

　　1 おきて　　　　　2 すわって　　　　　3 わたして　　　　　4 のぼって

29 ぎんこうは（　　　）いって ください。

    1 なか   2 うえ   3 した   4 まっすぐ

30 （　　　）まで なんぷん かかりますか。

    1 ふく   2 さかな   3 えき   4 はな

もんだい４ ＿＿＿＿＿ の ぶんと だいたい おなじ いみの ぶんが あります。
1・2・3・4から いちばん いい ものを ひとつ えらんで ください。

31 へやの でんきが けして あります。

    1 へやの なかが あかるいです

    2 へやの なかが くらいです。

    3 へやの なかが おもいです。

    4 へやの なかが ひろいです。

32 かばんに おべんとうと じしょを いれます。

    1 かばんが ふるく なります。

    2 かばんが かるく なります。

    3 かばんが おもく なります。

    4 かばんが あつく なります。

33 わたしは ともだちに かさを かりました。

　1 ともだちは わたしに かさを かしてくれました。

　2 ともだちは わたしに かさを かえしてくれました。

　3 ともだちは わたしに かさを うってくれました。

　4 ともだちは わたしに かさを かってくれました。

34 あねは スポーツが すきです。

　1 あねは ほんが すきです。

　2 あねは うんどうが すきです。

　3 あねは りょうりが すきです。

　4 あねは えいがが すきです。

35 きのうは よく ない てんきでした。

　1 きのうは あめでした。

　2 きのうは はれでした。

　3 きのうは やすみでした。

　4 きのうは おくれました。

もんだい1 （　　　）に なにを いれますか。
　　　　　　1・2・3・4から いちばん いい ものを ひとつ えらんで ください。

01 おとうとは いちにちじゅう へやで おんがくを （　　　）います。

　　1 ききで　　　　　　2 きいで　　　　　　3 ききて　　　　　　4 きいて

02 きょうは うちへ はやく （　　　）いいですか。

　　1 かえっても　　　　2 かえったら　　　　3 かえると　　　　　4 かえったり

03 ともだちと ちゅうごくの ぶんかに （　　　）はなしました。

　　1 とって　　　　　　2 なって　　　　　　3 ついて　　　　　　4 おいて

04 えいがかんは なんじ （　　　）ですか。

　　1 でも　　　　　　　2 まで　　　　　　　3 では　　　　　　　4 にも

05 この かんじは むずかしくて おぼえ （　　　）です。

　　1 にくい　　　　　　2 むずかしい　　　　3 やさしい　　　　　4 やすい

06 みんな にほんに いく のは （　　　）です。

　　1 かならず　　　　　2 ぜひ　　　　　　　3 はじめて　　　　　4 ぜんぜん

07 あには とうきょうに、わたしは なごや （　　　）すんで います。

　　1 で　　　　　　　　2 を　　　　　　　　3 に　　　　　　　　4 が

08 かぜで（　　　　）を のみました。

1 ごはん　　　　　　2 くすり　　　　　　3 パン　　　　　　4 サラダ

09 そうじを したから、へやが（　　　　）なりました。

1 にぎやかに　　　　2 じょうずに　　　　3 きれいに　　　　4 ゆうめいに

10 こうえんに はなが（　　　　）います。

1 さいて　　　　　　2 あいて　　　　　　3 ないて　　　　　　4 かいて

11 ここからは くつを（　　　　）ください。

1 ぬいで　　　　　　2 よんで　　　　　　3 あそんで　　　　　4 およいで

12 その ドラマは もう なんかいも（　　　　）そうです。

1 みる　　　　　　　2 みない　　　　　　3 みた　　　　　　　4 みたら

13 これは おばあさんに（　　　　）たいせつな しゃしんです。

1 とって　　　　　　2 あって　　　　　　3 のって　　　　　　4 かえって

14 まいにち ピアノを れんしゅうして いる（　　　　）、なかなか じょうずに なりません。

1 ので　　　　　　　2 が　　　　　　　　3 から　　　　　　　4 し

15 しゅうまつに たいふうが くる（　　　　）。

1 ませんか　　　　　2 ましょう　　　　　3 ないでください　　4 かもしれません

16 わたしは ふゆやすみに なる（　　　　）、いつも バイトを します。

1 けれども　　　　　2 し　　　　　　　　3 と　　　　　　　　4 が

もんだい2 ＿＿＿＿に 入る ものは どれですか。

1・2・3・4から いちばん いい ものを ひとつ えらんで ください。

17 かれは きょう、10じ ＿＿＿＿ ＿＿＿＿ ＿★＿ ＿＿＿＿ ました。

1 いい 2 バイトだと 3 から 4 4じまで

18 いなかの ＿＿＿＿ ＿＿＿＿ ＿＿＿＿ ＿★＿ だろう。

1 げんき 2 かぞくは 3 の 4 あに

19 かのじょは ちゅうごくご ＿＿＿＿ ＿＿＿＿ ＿★＿ ＿＿＿＿ できますか。

1 が 2 を 3 こと 4 はなす

20 しけんべんきょう ＿＿＿＿ ＿＿＿＿ ＿＿＿＿ ＿★＿ しました。

1 よる 2 まで 3 を 4 12じ

21 ははは ＿＿＿＿ ＿＿＿＿ ＿＿＿＿ ＿★＿ めがねを かけます。

1 よむ 2 を 3 とき 4 しんぶん

もんだい3 22 から 26 に 何を いれますか。
1・2・3・4から いちばん いい ものを ひとつ えらんで ください。

　　かべに ある 絵の なかに まちが あります。とりも 22 、かわも ながれて い
ます。 まちの むこうには 小さい やまが たくさん あります。そして その 後ろに
は とても たかい やまが あります。たかい やまの 23 うえには ゆきが あり
ます。かわには みっつの はしが あります。一つは きしゃが、もう 一つは 人が、
 24 もう 一つは くるまが とおる 橋です。きしゃの 橋は 鉄の はしですが、ふ
たつは たぶん 木の 25 。かわは あさい ところも、 26 。かわには たく
さんの さかなが およいで います。

22

1 とんで いるし　　2 とんで いるから　3 とんで いるのに　4 とんで いるので

23

1 しか　　　　　　2 いま　　　　　　3 たくさん　　　　4 いちばん

24

1 ちょっと　　　　2 よく　　　　　　3 また　　　　　　4 まだ

25

1 橋じゃありません　　　　　　　　2 橋でしょう
3 橋でしょうか　　　　　　　　　　4 橋だからです

26

1 ふかくない ところも あるでしょう
2 ふかい ところも あるでしょう
3 ふかい ところも ありませんでしょう
4 ふかくない ところも ありませんでしょう

적중 예상 문제
정답과 해설

시나공 문법·문자·어휘

정답 한눈에 보기

첫째마당 | N5 문법

시나공 01 시험에 꼭 나오는 최우선순위 문법 **적중** 예상 문제 ①

문제 1	01 4	02 2	03 2	04 1	05 4	06 3
문제 2	01 1	02 1	03 1	04 4	05 2	06 3
문제 3	01 2	02 4	03 1	04 3	05 1	

시나공 01 시험에 꼭 나오는 최우선순위 문법 **적중** 예상 문제 ②

문제 1	01 3	02 2	03 1	04 4	05 1	06 2
문제 2	01 4	02 4	03 1	04 4	05 3	06 2
문제 3	01 4	02 2	03 1	04 3	05 3	

시나공 02 합격을 위한 필수 문법 **적중** 예상 문제 ①

문제 1	01 1	02 4	03 2	04 4	05 2	06 4
문제 2	01 4	02 2	03 2	04 3	05 1	06 3
문제 3	01 2	02 1	03 4	04 4	05 4	

시나공 02 합격을 위한 필수 문법 **적중** 예상 문제 ②

문제 1	01 3	02 2	03 4	04 2	05 3	06 1
문제 2	01 2	02 1	03 4	04 4	05 1	06 4
문제 3	01 4	02 1	03 3	04 2	05 4	

시나공 03 고득점을 위한 핵심 문법 **적중** 예상 문제 ①

문제 1	01 3	02 4	03 1	04 2	05 1	06 2
문제 2	01 3	02 2	03 3	04 2	05 3	06 1
문제 3	01 2	02 2	03 1	04 2	05 1	

시나공 03 고득점을 위한 핵심 문법 **적중** 예상 문제 ②

문제 1	01 4	02 1	03 3	04 2	05 3	06 4
문제 2	01 3	02 1	03 2	04 2	05 1	06 2
문제 3	01 4	02 3	03 3	04 1	05 2	

시나공 04 い형용사 적중 예상 문제 ①

문제1	01 4	02 2	03 1	04 3	05 1	06 1
문제2	01 1	02 3	03 2	04 3	05 4	06 2
문제3	01 1	02 4	03 3	04 2	05 4	06 1
문제4	01 2	02 4	03 4	04 3		

시나공 04 い형용사 적중 예상 문제 ②

문제1	01 4	02 1	03 2	04 1	05 3	06 2
문제2	01 2	02 3	03 4	04 2	05 1	06 4
문제3	01 4	02 1	03 3	04 4	05 2	06 4
문제4	01 3	02 1	03 1	04 2		

시나공 05 な형용사 적중 예상 문제 ①

문제1	01 1	02 4	03 3	04 2	05 3	06 2
문제2	01 3	02 2	03 4	04 1	05 3	06 1
문제3	01 3	02 1	03 2	04 4	05 1	06 3
문제4	01 1	02 3	03 2	04 1		

시나공 05 な형용사 적중 예상 문제 ②

문제1	01 3	02 2	03 1	04 4	05 2	06 3
문제2	01 1	02 4	03 2	04 3	05 4	06 2
문제3	01 3	02 3	03 1	04 4	05 2	06 1
문제4	01 3	02 1	03 3	04 2		

시나공 06 동사 적중 예상 문제 ①

문제1	01 4	02 2	03 3	04 4	05 1	06 2
문제2	01 1	02 2	03 3	04 1	05 2	06 1
문제3	01 2	02 1	03 3	04 3	05 4	06 2
문제4	01 1	02 3	03 2	04 1		

시나공 06 동사 적중 예상 문제 ②

문제1	01 4	02 1	03 1	04 4	05 2	06 2
문제2	01 3	02 2	03 4	04 1	05 3	06 2
문제3	01 1	02 3	03 2	04 3	05 4	06 2
문제4	01 2	02 4	03 2	04 1		

정답 한눈에 보기

시나공 07 명사 적중 예상 문제 ①

문제 1	01 2	02 4	03 1	04 3	05 1	06 4
문제 2	01 1	02 2	03 3	04 2	05 1	06 4
문제 3	01 4	02 1	03 3	04 2	05 1	06 4
문제 4	01 1	02 4	03 3	04 2		

시나공 07 명사 적중 예상 문제 ②

문제 1	01 4	02 2	03 1	04 2	05 4	06 3
문제 2	01 4	02 1	03 3	04 2	05 1	06 3
문제 3	01 4	02 2	03 1	04 4	05 2	06 3
문제 4	01 2	02 4	03 1	04 3		

시나공 08 기타 적중 예상 문제 ①

문제 1	01 3	02 2	03 4	04 1	05 4	06 2
문제 2	01 3	02 1	03 2	04 3	05 1	06 4
문제 3	01 4	02 2	03 1	04 3	05 2	06 3
문제 4	01 3	02 2	03 1	04 4		

시나공 08 기타 적중 예상 문제 ②

문제 1	01 4	02 2	03 4	04 3	05 1	06 1
문제 2	01 4	02 2	03 3	04 3	05 1	06 2
문제 3	01 3	02 2	03 4	04 1	05 3	06 4
문제 4	01 3	02 4	03 2	04 1		

정답 및 해설

첫째마당 | N5 문법

시나공 01 시험에 꼭 나오는 최우선순위 문법 | 적 중 예상 문제 ①

문제1 ( ) 안에 무엇을 넣습니까? 1·2·3·4 에서 가장 알맞은 것을 하나 고르세요.

---

01 この コンピューターは ( ) ください。

1 つかないで   2 つかうないで

3 つかいないで   4 つかわないで

해석 이 컴퓨터는 **(사용하지 말아)** 주세요.

정답 찾기 선택지를 보면 모두 부정을 나타내는 ない가 있으며 공란 뒤에는 ください이므로 이 문제는 금지 표현인 '～ないでください ～하지 말아 주세요'를 묻는 표현임을 알 수 있습니다. 使う는 5단 활용을 하는 동사로 使う의 ない형은 使わない입니다. 여기에 금지 표현인 '～ないでください ～하지 말아 주세요'가 접속된 4번 '使わないでください 사용하지 말아 주세요'가 정답입니다.

오답 분석 1, 2, 3번은 접속형태가 틀리므로 오답입니다.

> **복습 꼭!** ～ないでください(～하지 말아 주세요, ～하지 마세요)

어휘 コンピューター 컴퓨터 | 使(つか)う 사용하다, 쓰다

정답 4

---

02 ひるごはんを いっしょに ( )。

1 たべてませんか   2 たべませんか

3 たべりませんか   4 たべれませんか

해석 점심밥을 함께 **(먹지 않겠습니까)**?

정답 찾기 선택지를 보면 食(た)べる와 관계된 문제임을 알 수 있습니다. 문맥상 함께 점심을 먹자고 제안하는 문장임을 파악할 수 있으므로 그에 맞는 표현을 찾으면 됩니다. 食べる의 ます형은 食べます이고 ～ます 대신에 권유, 제안을 나타내는 표현 ～ませんか를 접속시킨 2번이 정답입니다.

오답 분석 1번은 현재진행형 食べてませんか(먹고 있지 않습니까?)으로 적절하지 않고, 3번은 잘못된 활용형태이며, 4번은 가능형 食べれませんか(먹지 못합니까?)로 문맥과 어울리지 않으므로 오답입니다.

> **복습 꼭!** ～ませんか(～하지 않겠습니까?)

어휘 昼(ひる)ご飯(はん) 점심밥 | 一緒(いっしょ)に 함께

정답 2

---

03 あしたまで ほんを ( )。

1 かえすなければなりません

2 かえさなければなりません

3 かえしてなければなりません

4 かえしたなければなりません

해석 내일까지 책을 **(반납해야 합니다)**.

정답 찾기 선택지를 보면 필요, 의무를 나타내는 표현인 ～なければならない 관련 문제임을 알 수 있습니다. 우선 '返(かえ)す 돌려주다'의 ない형은 返さない입니다. 返さない에 필요, 의무를 나타내는 표현인 ～なければならない가 접속된 2번 '返さなければなりません 돌려주지 않으면 안 됩니다'가 정답입니다.

오답 분석 返す의 ない형은 返さない입니다. 1,3,4번은 접속형태가 틀리므로 오답입니다.

> **복습 꼭!** ～なければならない(～하지 않으면 안 된다, ～해야 한다)

어휘 返(かえ)す 돌려주다

정답 2

---

04 あつい コーヒーが（　　　　）たいです。

1 のみ　　　　　2 のま

3 のむ　　　　　4 のめ

해석 뜨거운 커피를 **(마시고)** 싶습니다.

정답 찾기 공란 뒤에 たい가 있으므로 희망 표현 문제임을 알 수 있습니다. 희망을 나타내는 표현은 '동사 ます형+〜たい'이므로 여기에 맞는 형태를 찾으면 됩니다. 飲む의 ます형은 飲みます이고 〜ます 대신에 〜たい를 접속시킨 1번이 정답입니다.

오답 분석 2, 3, 4번은 잘못된 활용형태이므로 오답입니다.

복습 꼭! 〜たい(〜하고 싶다)

어휘 熱(あつ)い 뜨겁다 | コーヒー 커피 | 飲(の)む 마시다

정답 1

---

05 ほっかいどうに すんでいる ともだちは
わたしを いちねんに いっかいは（　　　　）
きます。

1 あおに　　　　　2 あわに

3 あうに　　　　　4 あいに

해석 홋카이도에 사는 친구는 나를 1년에 한 번 **(만나러)** 옵니다.

정답 찾기 공란 뒤에 きます가 있고 선택지에 모두 〜に가 보이므로 이 문제는 목적 표현 '〜に 来(く)る 〜하러 오다'에 접속하는 알맞은 형태를 묻는 문제임을 알 수 있습니다. 목적 표현인 〜に 来る는 '동사 ます형+〜に 来る'이므로 여기에 맞는 형태를 찾으면 됩니다. '会(あ)う 만나다'는 5단 활용을 하는 동사로 会う의 ます형은 会います입니다. 〜ます 대신에 목적 표현인 〜に 来る가 접속된 4번 '会いに 来ます 만나러 옵니다'가 정답입니다.

오답 분석 会う의 ます형은 会います입니다. 1, 2, 3번은 접속형태가 틀리므로 오답입니다.

복습 꼭! 〜に 来る(〜하러 오다)

어휘 一年(いちねん) 일 년 | 一回(いっかい) 한 번 | 会(あ)う 만나다

정답 4

---

06 わたしは ごごからの かいぎには（　　　　）
いいですか。

1 はいれなくても　　2 はいりなくても

3 はいらなくても　　4 はいるなくても

해석 저는 오후부터의 회의에는 (들어가지 않아도) 됩니까?

정답 찾기 허용을 나타내는 표현인 '〜なくてもいい 〜하지 않아도 좋다, 〜하지 않아도 된다'와 入(はい)る의 ない형을 알아야 풀 수 있는 문제입니다. 우선 入る는 5단 활용을 하는 동사로 入る의 ない형은 入らない입니다. 入らない에 〜なくてもいい가 접속된 4번 '入らなくてもいいですか 들어가지 않아도 됩니까?'가 정답입니다.

오답 분석 入る의 ない형은 入らない입니다. 1번은 '들어가지 못해도'라는 뜻이고, 2, 4번은 잘못된 활용이므로 오답입니다.

복습 꼭! 〜なくてもいい(〜하지 않아도 좋다, 〜하지 않아도 된다)

어휘 午後(ごご) 오후 | 会議(かいぎ) 회의 | 入(はい)る 들어가다

정답 3

문제 2 ___★___ 에 들어가는 것은 무엇입니까? 1·2·3·4 에서 가장 알맞은 것을 하나 고르세요.

---

01 りゅうがくの せいかつが ___ ___
___ ★ ___ です。

1 かえり   2 たい

3 くにに   4 おわったら

문장 배열 留学(りゅうがく)の 生活(せいかつ)が 終(お)わっ
たら、国(くに)に 帰(かえ)り たい です。
                4   3   1   2

해석 유학 생활이 끝나면 고향에 돌아가고 싶습니다.

정답 찾기 선택지를 통해 희망 표현인 '동사 ます형+~たい(~하
고 싶다)'가 문제를 풀어 나가는 핵심임을 알 수 있습니다. 먼저 生
活(せいかつ)が에 연결되는 것을 찾으면 終(お)わったら입니다.
나머지 선택지를 보면 3번과 1번을 묶을 수 있으므로 国(くに)に帰
(かえ)り가 됩니다. 또한 帰りは ます형이므로 2번 たい에 접속
하여 '国に帰りたい 고향에 돌아가고 싶다'는 표현을 만들 수 있습
니다. 전체적으로 나열하면 4-3-1-2가 되므로 정답은 1번입니다.

> **복습 꼭!** ~たら(~하면) / ~たい(~하고 싶다)

어휘 留学(りゅうがく) 유학 | 生活(せいかつ) 생활 | 国(くに) 나
라, 고향

정답 1

---

02 かれと ★ ___ ___ ___ ですか。

1 あわない   2 が

3 ほう   4 いい

문장 배열 彼(かれ)と 会(あ)わない ほう が いい ですか。
                   1   3   2   4

해석 그와 만나지 않는 게 좋습니까?

정답 찾기 선택지를 보고 조언, 충고를 나타내는 표현인 '동사 ない
형+~ないほうがいい' 문제임을 알 수 있습니다. 会(あ)うは '만
나다'는 뜻으로 조사 '~と와 함께 쓰여서 '~와 만나다'는 표현을
만듭니다. 따라서 かれと 다음에 1번 あわない가 오고 뒤로 ほう
がいい를 연결하면 됩니다. 전체적으로 나열하면 1-3-2-4가 되므
로 정답은 1번입니다.

> **복습 꼭!** ~ないほうがいい(~하지 않는 게 좋다)

어휘 彼(かれ) 그 | 会(あ)う 만나다

정답 1

---

03 ともだち ___ ___ ___ ★ いきます。

1 みに   2 と

3 を   4 えいが

문장 배열 友達(ともだち) と 映画(えいが) を 見(み)に
                     2   4   3   1
行(い)きます。

해석 친구와 영화를 보러 갑니다.

정답 찾기 목적 표현인 '~하러 가다'라는 표현인 '동사 ます형+に
行(い)く'를 완성하는 형태입니다. 먼저 友達(ともだち)에 연결되
는 것을 찾으면 2번 조사 '~と ~와'입니다. 나머지 선택지를 보면
4번과 3번을 묶을 수 있으므로 '映画(えいが)を 영화를'이 됩니다.
4-3번 뒤에는 의미상 '見(み)る 보다'라는 표현이 오는 것이 자연스
러우므로 1번 見に로 연결하면 됩니다. 行きます는 조사 に를 수
반하여 ~に行きます 형태로 사용하므로 見에 に에 연결되는 것을
알 수 있습니다. 전체적으로 나열하면 2-4-3-1이 되므로 정답은 1
번입니다.

> **복습 꼭!** ~に行く(~하러 가다)

어휘 友達(ともだち) 친구 | 映画(えいが) 영화

정답 1

04 さむく ___ ___ ___ ★ いいです。

1 まど   2 なければ
3 を   4 あけても

문장 배열 寒(さむ)く なければ 窓(まど) を 開(あ)けても
いいです。
　　　　　2　　　 1　　 3　　 4

해석 춥지 않으면 창문을 열어도 됩니다.

정답 찾기 허용을 나타내는 표현인 '동사 ない형+~なくてもい
い'가 문제를 풀어 나가는 핵심이 됨을 알 수 있습니다. 먼저 寒(さ
む)く에 연결되는 것을 찾으면 なければ입니다. 나머지 선택지를
보면 1번과 3번, 4번을 순차적으로 묶으면 '窓(まど)を開(あ)けて
도 창문을 열어도'가 됩니다. 그리고 4번 開けても는 いい에 접속
되는 것을 알 수 있습니다. 전체적으로 나열하면 2-1-3-4이므로 정
답은 4번입니다.

> 복습 꼭! ~なくてもいい(~하지 않아도 좋다, ~하지 않아
> 도 된다)

어휘 寒(さむ)い 춥다 | 窓(まど) 창 | 開(あ)ける 열다
정답 4

---

05 そろそろ いえ ___ ___ ★ ___ 。

1 なりません   2 なければ
3 帰ら   4 へ

문장 배열 そろそろ 家(いえ) へ 帰(かえ)ら なければ
　　　　　　　　　　　　 4　　 3　　　　2
なりません。
1

해석 슬슬 집에 돌아가야 합니다.

정답 찾기 선택지를 보면 '동사 ない형+~なければならない'를
연결 짓는 형태임을 쉽게 알 수 있습니다. 먼저 家(いえ)에 연결되
는 것을 찾으면 へ입니다. 나머지 선택지를 보면 3번과 2번을 묶을
수 있으므로 帰(かえ)らなければが 되며 なければ는 なりませ
ん에 접속하여 '~なければならない ~해야 한다' 형태가 됨을
알 수 있습니다.

> 복습 꼭! ~なければならない(~하지 않으면 안 된다, ~해
> 야 한다)

어휘 そろそろ 슬슬 | 家(いえ) 집 | 帰(かえ)る 돌아가(오)다
정답 2

---

06 にじ ___ ___ ___ ★ ましょう。

1 かいぎ   2 から
3 はじめ   4 を

문장 배열 2時(にじ) から 会議(かいぎ) を 始(はじ)め ま
　　　　　　　　　 2　　　 1　　　 4　　 3
しょう。

해석 2시부터 회의를 시작합시다.

정답 찾기 먼저 2時(にじ)에 연결되는 것은 ~から(~부터)입니
다. 나머지 선택지를 보면 1번과 4번을 묶을 수 있으므로 会議(かい
ぎ)を가 됩니다. ~ましょう는 ます형에 연결되므로 始(はじ)め
가 ましょう 앞에 오는 것을 알 수 있습니다. 전체적으로 나열하면
2-1-4-3이므로 정답은 3번입니다.

> 복습 꼭 ~ましょう(~합시다)

어휘 会議(かいぎ) 회의 | 始(はじ)める 시작하다
정답 3

문제 3 ☐☐☐☐ 에 어떤 것이 들어갑니까? 문장의 의미를 생각해서 1·2·3·4에서 가장 알맞은 것을 하나 고르세요.

〈としょかんの りよう あんない〉

としょかんの りよう あんないを おしらせします。

1. りよう じかんは ごぜん 9じから ごご 7
じまでです。

2. やすみは まいしゅう げつようびです。

3. ほんを ☐ 01 ☐ かたは 2かいで うけつけ
して ください。

4. かみには おなまえと でんわばんごうを か
いて ください。じゅうしょは ☐ 02 ☐。

5. かりた ほんは いっしゅうかん いないに
☐ 03 ☐。

6. としょかんの なかでは たばこは ☐ 04 ☐。
たばこが ☐ 05 ☐ かたは そとで すって く
ださい。

해석 〈도서관 이용 안내〉

도서관 이용 안내를 알립니다.

1. 이용 시간은 오전 9시부터 오후 7시까지입니다.
2. 휴일은 매주 월요일입니다.
3. 책을 1 빌리러 온 분은 2층에서 접수해 주세요.
4. 종이에 성함과 전화번호를 써 주세요.
   주소는 2 쓰지 않아도 됩니다.
5. 빌린 책은 일주일 이내에 3 반납해야 합니다.
6. 도서관 안에서는 담배는 4 피우지 마세요.
   담배를 5 피우고 싶은 분은 밖에서 피워 주세요.

어휘 図書館(としょかん) 도서관 | 利用(りよう) 이용 | 案内(あ
んない) 안내 | お知(し)らせ 알림 | 午前(ごぜん) 오전 | 午後(ご
ご) 오후 | 休(やす)み 휴일, 쉼 | 毎週(まいしゅう) 매주 | 月曜日
(げつようび) 월요일 | 借(か)りる 빌리다 | 受付(うけつけ) 접수 |
紙(かみ) 종이 | 名前(なまえ) 이름 | 電話番号(でんわばんごう)
전화번호 | 書(か)く 쓰다 | 住所(じゅうしょ) 주소 | 以内(いない)
이내 | 返(かえ)す 돌려주다, 반납하다 | たばこ 담배 | 吸(す)う 피우
다 | 方(かた) 분 | 外(そと) 밖

01

1 かりに くる　　　2 かりに きた

3 かりに いく　　　4 かりに いった

정답 찾기 공란 뒤에 かた(분)이 있으므로 문맥상 '책을 빌리러 온
사람'이 되어야 하므로 목적 표현 〜に来(く)る의 과거 완료형으로
활용한 형태인 'かりに来(き)た 빌리러 온'이 정답입니다.

오답 분석 1번 '빌리러 오는', 3번 '빌리러 가는', 4번 '빌리러 간'이므
로 오답입니다.

정답 2

02

1 かいた ほうが いいです

2 かいたり します

3 かかなければ いけません

4 かかなくても いいです

정답 찾기 앞의 문장을 보면 성함과 전화번호는 써야 한다고 공지하
고 있으나 뒤의 문장에는 '주소도'가 아닌 '주소는'이라고 되어 있으
므로 문맥상 주소는 '쓰지 않아도 된다'가 되어야 하므로 4번이 정답
입니다.

오답 분석 1번 '쓰는 게 좋습니다', 2번 '쓰거나 합니다', 3번 '써야 합
니다'이므로 오답입니다.

정답 4

03

1 かえさなければ なりません

2 かえさなくても いいです。

3 かえさないで ください

4 かえさない ほうが いいです。

정답 찾기 도서관에서 빌린 책이므로 '返(かえ)さなければなりませ
ん 반납해야 합니다'가 와야 하므로 필요나 의무를 나타내는
표현인 〜なければなりません(〜하지 않으면 안 된다, 〜해야 한
다)가 쓰인 1번이 정답입니다.

오답 분석 2번 '반납하지 않아도 좋습니다', 3번 '반납하지 마세요',
4번 '반납하지 않는 게 좋습니다'이므로 오답입니다.

정답 1

04

1 すって ください

2 すっても いいです

3 すわないで ください

4 すわなくても いいです

정답 찾기 도서관 안에서의 금지 사항을 나타내므로 吸(す)わない でください'피우지 마세요'가 되어야 하므로 3번이 정답입니다.

오답 분석 1번 '피우세요', 2번 '피워도 좋습니다', 4번 '피우지 않아 도 좋습니다'이므로 오답입니다.

정답 3

05

1 すいたい   2 すった

3 すわない   4 すいに くる

정답 찾기 문장 마지막 부분에서 '그는で すって くさだい 밖 에서 피우세요'라고 되어 있으므로 문맥상 희망 표현 ～たい를 吸 (す)う에 접속한 형태인 '吸いたい 피우고 싶은'이 정답입니다.

오답 분석 2번 '피운', 3번 '피우지 않는', 4번 '피우러 오는'이므로 오 답입니다.

정답 1

시나공 01 시험에 꼭 나오는 최우선순위 문법 | 적 중 예상 문제 ②

문제 1 ( ) 안에 무엇을 넣습니까? 1 · 2 · 3 · 4 에서 가장 알맞은 것을 하나 고르세요.

01 まいにち くすりを ( ) なりません。

1 のもなければ   2 のむなければ

3 のまなければ   4 のみなければ

해석 매일 약을 (먹어야) 합니다.

정답 찾기 의무, 당연, 필요, 필연을 나타내는 표현인 ～なければ なりません과 飲(の)む의 ない형을 알아야 풀 수 있는 문제입니 다. 우선 飲む는 5단 활용을 하는 동사로 飲む의 ない형은 飲ま ない입니다. 飲まない의 ない 대신에 의무, 당연, 필요, 필연을 나 타내는 표현인 ～なければなりません이 접속된 3번 '飲まなけ ればなりません 먹어야 합니다'가 정답입니다.

오답 분석 1, 2, 4번은 활용형태가 틀리므로 오답입니다.

> 복습 꼭 ～なければなりません(～하지 않으면 안 됩니다, ～해야 합니다)

어휘 薬(くすり) 약 | 飲(の)む 마시다

정답 3

---

02 ほんを ( ) としょかんに いきます。

1 かりれば   2 かりに

3 かりて   4 かりよう

해석 책을 (빌리러) 도서관에 갑니다.

정답 찾기 목적 표현 '～に行(い)く ～하러 가다'와 借(か)りる 의 ます형을 알아야 풀 수 있는 문제입니다. 우선 借りる는 1단 활 용을 하는 동사로 借りる의 ます형은 借ります입니다. 借りる 의 ます형에 목적 표현인 ～に行く가 접속된 2번 '借りに図書館 (としょかん)に行きます 빌리러 도서관에 갑니다'가 정답입니다.

오답 분석 1, 3, 4번은 활용형태가 틀리므로 오답입니다.

> 복습 꼭! ～に行く(～하러 가다)

어휘 借(か)りる 빌리다 | 図書館(としょかん) 도서관

정답 2

03 じんじゃの なかでは （　　　）。

1 はしらないで ください

2 はしりたいです

3 はしらなくても いいです

4 はしった ほうが いいです

해석 신사 안에서는 **(뛰지 마세요)**.

정답 찾기 명령, 지시, 의뢰, 부탁, 권유를 나타내는 표현인 '~ない でください ~하지 마세요'와 走(はし)る의 ない형을 알아야 풀 수 있는 문제입니다. 우선 走る는 5단 활용을 하는 동사로 走る의 ない형은 走らない입니다. 走らない의 ない 대신에 ~ないで ください가 접속된 1번 '走らないでください 뛰지 마세요'가 정답입니다.

오답 분석 走る의 ない형은 走らない입니다. 2번 희망 '뛰고 싶습니다' 3번 허용 '뛰지 않아도 좋습니다' 4번 조언 '뛰는 게 좋습니다'가 되므로 문맥상 적절하지 않습니다.

> 복습 꼭 ~ないでください(~하지 마세요)

어휘 神社(じんじゃ) 신사ㅣ走(はし)る 달리다. 뛰다

정답 1

04 A「かぜが つよいですね。」

　 B「まどを （　　　）。」

1 しめたく ありません

2 しめません

3 しめないで ください

4 しめましょうか

해석 A: 바람이 강하네요.

　　　B: 창문을 **(닫을까요)**?

정답 찾기 권유, 제안을 나타내는 표현은 '동사 ます형+~ましょ うか'이므로 여기에 맞는 형태를 찾으면 됩니다. 閉(し)める의 ます 형은 閉めます이고 ~ます 대신에 ~ましょうか를 접속시킨 4번이 정답입니다.

오답 분석 1번은 희망의 부정형 '닫고 싶지 않습니다' 2번 부정형 '닫지 않습니다' 3번 금지 표현 '닫지 마세요'이므로 오답입니다.

> 복습 꼭! ~ましょうか(~할까요?)

어휘 風(かぜ) 바람ㅣ窓(まど) 창문ㅣ閉(し)める 닫다

정답 4

05 みんなで うたを （　　　）。

1 うたいましょう　　2 うたうましょう

3 うたわましょう　　4 うたおましょう

해석 모두 함께 노래를 **(부릅시다)**.

정답 찾기 권유, 제안을 나타내는 표현은 '동사 ます형+~ましょ う'이므로 여기에 맞는 접속형태를 찾으면 됩니다. 歌(うた)う의 ます형은 歌います이고 ~ます 대신에 ~ましょう를 접속시킨 1번이 정답입니다.

오답 분석 2, 3, 4번은 잘못된 활용이므로 오답이다.

> 복습 꼭! ~ましょう(~합시다)

어휘 皆(みんな) 모두ㅣ歌(うた) 노래ㅣ歌(うた)う 노래 부르다

정답 1

06 たばこは （　　　）ほうが いいですよ。

1 すわなくて　　　2 すわない

3 すわなかった　　4 すわなく

해석 담배는 (피우지 않는) 게 좋아요.

정답 찾기 충고, 조언을 나타내는 표현 '~ないほうがいい ~하 지 않는 편이 좋다'와 吸(す)う의 ない형을 알아야 풀 수 있는 문제 입니다. 우선 吸う는 5단 활용을 하는 동사로 吸う의 ない형은 吸 わない입니다. 吸わない+충고, 조언 표현인 ~ないほうがいい 가 접속된 2번 '吸わないほうがいいです 피우지 않는 게 좋아요' 가 정답입니다.

오답 분석 1번 '피우지 않아서' 3번 '피우지 않았다' 4번 '피우지 않고'이므로 의미가 맞지 않아서 오답입니다.

복습 꼭! ～ないほうがいい(～하지 않는 편이 좋다)

어휘 たばこ 담배｜吸(す)う 피우다

정답 2

문제 2   ＿＿ ★ 에 들어가는 것은 무엇입니까? 1·2·3·4 에서 가장 알맞은 것을 하나 고르세요.

01 いえで はく スリッパだから ＿＿ ★
＿＿ ＿＿ 。

1 かならず   2 なくても

3 いい   4 たかく

문장 배열 家(いえ)で はく スリッパだから、かならず
　　　　　　　　　　　　　　　　　　　　　　　　　　1
高(たか)く なくても いい。
　4　　　2　　　3
해석 집에서 신을 슬리퍼니까 꼭 비싸지 않아도 된다.

정답 찾기 선택지의 단서를 통해 어떤 문법을 요구하는지 파악할 수
있어야 하는데 2번과 3번을 통해 정답을 찾는 핵심 문법이 ～なく
てもいい(～하지 않아도 된다)임을 알 수 있으므로 2번 なくても
는 3번 いい에 접속됩니다. 그리고 ～なくてもいい는 い형용사
의 부정형인 4번 高(たか)く와 연결되어 '高くなくてもいい 비
싸지 않아도 된다'가 되어야 합니다. 마지막으로 부사인 1번 'かな
らず 반드시, 꼭'이 논리상 첫 번째 칸에 들어가면 됩니다. 전체적으
로 나열하면 1-4-2-3이 되어 정답은 4번입니다.

복습 꼭 ～なくてもいい(～하지 않아도 된다)

어휘 はく 신다｜スリッパ 슬리퍼｜かならず 반드시, 꼭

정답 4

---

02 ひとと はなす ＿＿ ＿＿ ★ ＿＿
なりません。

1 ことばに   2 ときは

3 なければ   4 きを つけ

문장 배열 人(ひと)と 話(はな)す ときは 言葉(ことば)に
　　　　　　　　　　　　　　　2　　　　　　1
気(き)をつけ なければ なりません。
　4　　　　3
해석 남과 이야기할 때는 말을 조심해야 합니다.

정답 찾기 먼저 人(ひと)と 話(はな)す에 연결되는 것을 찾으면
ときは입니다. 나머지 선택지를 보면 1번과 4번을 묶을 수 있으므
로 言葉(ことば)に 気(き)をつけ가 됩니다. 또한 3번 なければ
는 なりません에 접속되는 것을 알 수 있습니다. 전체적으로 나열
하면 2-1-4-3이 되어 정답은 4번입니다.

복습 꼭! ～なければならない(～해야 한다)

어휘 話(はな)す 이야기하다｜言葉(ことば) 말, 언어｜気(き)をつ
ける 조심하다, 주의하다

정답 4

03 ことし ____ ____ ____ ★ です。

1 いきたい   2 アメリカ

3 りょこうに   4 は

문장 배열 今年(ことし) は アメリカ 旅行(りょこう)に
　　　　　　　　　　4　 2　　　3
行(い)きたい です。
　 1

해석 올해는 미국 여행을 가고 싶습니다.

정답 찾기 먼저 今年(ことし)에 연결되는 것을 찾으면 は입니다. 나머지 선택지를 보면 2번과 3번을 묶을 수 있으므로 アメリカ旅行(りょこう)に가 됩니다. 그 뒤로는 희망 표현 ～たい(～하고 싶다)를 써서 가고 싶다는 뜻을 나타내는 行(い)きたい가 옵니다. 전체적으로 나열하면 4-2-3-1이 되어서 정답은 1번입니다.

> **복습 꼭** ～たい(～하고 싶다)

어휘 今年(ことし) 올해 | アメリカ 미국 | 旅行(りょこう) 여행

정답 1

---

04 外が うるさい ____ ____ ____ ★
ほうが いいです。

1 まど   2 から

3 を   4 あけない

문장 배열 外(そと)が うるさい から 窓(まど) を 開(あ)け
　　　　　　　　　　　　　 2　　 1　 3　　 4
ない ほうがいいです。

해석 바깥이 시끄러우니까 창문을 열지 않는 게 좋습니다.

정답 찾기 선택지 4번과 문장 끝 부분에 쓰인 ほうが いい를 통해 충고나 조언의 표현 '～ないほうがいい(～하지 않는 게 좋다)'가 문제를 풀어 나가는 핵심이 되는 문법 표현임을 알 수 있습니다. 우선 ほうがいいです 바로 앞 공란에는 '동사 ない형+ないほうが いい'의 형태가 되어야 하므로 4번을 넣고 나머지를 찾아보면, 外(そと)が うるさい에 연결되는 것은 2번 이유를 나타내는 ～から입니다. 나머지 선택지를 보면 1번과 3번을 묶어서 窓(まど)を(창문을)이 될 수 있고 그 뒤로 4번을 연결하면 窓(まど)を開(あ)けない가 됩니다. 전체적으로 나열해 보면 2-1-3-4가 되어 정답은 4번입니다.

> **복습 꼭** ～ないほうがいい(～하지 않는 게 좋다)

어휘 外(そと) 밖 | うるさい 시끄럽다 | 開(あ)ける 열다

정답 4

---

05 その ____ ____ ★ ____ ください。

1 には   2 ないで

3 のら   4 じてんしゃ

문장 배열 その 自転車(じてんしゃ) には 乗(の)ら ないで
　　　　　　　　 4　　　　　 1　 3　　 2
ください。

해석 그 자전거는 타지 마세요.

정답 찾기 먼저 その는 명사를 수식하는 지시어로 その에 연결되는 것은 自転車(じてんしゃ)밖에 없으므로 4번 自転車를 가장 앞에 두고 이어서 조사 ～には를 연결합니다. 그리고 1번과 3번을 묶을 수 있으므로 ～には乗(の)ら가 되며 乗(の)ら는 ない형이므로 ないで와 접속하는 것을 알 수 있습니다. 또한 ないで는 문장 끝에 자리한 ください에 접속되어 ～ないでください 문형을 만드는 것을 알 수 있습니다. 전체적으로 나열하면 4-1-3-2가 되어 정답은 3번입니다.

> **복습 꼭** ～ないでください(～하지 마세요)

어휘 自転車(じてんしゃ) 자전거 | 乗(の)る 타다

정답 3

06 しゅうまつに ___ ___ ___ ★ ませ
んか。

1 いっしょに　　　　2 し

3 を　　　　　　　　4 テニス

문장 배열 週末(しゅうまつ)に 一緒(いっしょ)に テニス
　　　　　　　　　　　　　　　　　　1　　　　4
を し ませんか。
3 2

해석 주말에 함께 테니스를 치지 않겠습니까?

정답 찾기 먼저 선택지를 보면 4번과 3번, 2번을 묶어서 '테니스를
하는 테니스를 치다'를 만들 수 있으며 2번의 し는 ます형이므로
ませんか 앞쪽으로 위치하는 것을 알 수 있습니다. 또한 나머지 선
택지 1번 一緒(いっしょ)に는 가장 앞쪽에 두어 '一緒にテニス
をする 함께 테니스를 치다'라는 문장을 만드는 것이 자연스럽습니
다. 전체적으로 나열하면 1-4-3-2가 되어 정답은 2번입니다.

> **복습 꼭!** ~ませんか (~하지 않겠습니까?)

어휘 週末(しゅうまつ) 주말 | 一緒(いっしょ)に 함께 | テニス
테니스

정답 2

문제 3 | 01 |부터| 05 |안에 어떤 것이 들어갑니까? 문장의 의미를 생각해서 1 · 2 · 3 · 4 에서 가장 알맞은 것을 하나 고르세요.

　　わたしは 日本に りゅうがくする ことに し
ました。こどもの ときから 日本の れきしに
ついて べんきょうしたいと おもいました。
| 01 | 日本語の べんきょうを いっしょうけ
んめい | 02 |。りゅうがくに いく | 03 |
中学校の ともだちが わたしに | 04 |。とも
だちは いなかから くるのですが、ソウルに な
んかい 来た ことが あるので えきに むかえに
| 05 |。ひさしぶりに ともだちと うみを みに
いく よていです。

해석 저는 일본에 유학하기로 했습니다. 어렸을 때부터 일본 역사에
대해 공부하고 싶다고 생각했습니다. [1 그렇기 때문에] 일본어 공부
를 열심히 [2 해야 합니다]. 유학 가기 [3 전에] 중학교 친구가 저
를 [4 만나러 올 예정입니다]. 친구는 시골에서 오는데 서울에 몇 번
온 적이 있어서 역에 마중하러 [5 가지 않아도 됩니다]. 오래간만에
친구와 바다를 보러 갈 예정입니다.

어휘 日本(にほん) 일본 | 留学(りゅうがく) 유학 | 歴史(れきし)
역사 | ~について ~에 대해서 | ですから 그렇기 때문에 | 一生懸
命(いっしょうけんめい) 열심히 | 中学校(ちゅうがっこう) 중학
교 | 田舎(いなか) 시골, 고향 | 何回(なんかい) 몇 번 | 駅(えき) 역
| 向(む)かえ 마중 | 久(ひさ)しぶりに 오랜만에 | 海(うみ) 바다 |
予定(よてい) 예정

01

1 けれども　　　　　2 しかし

3 でも　　　　　　　4 ですから

정답 찾기 일본 역사에 대해 공부하고 싶다는 전제이므로 순접의 접
속사인 'ですから 그렇기 때문에'인 4번이 정답입니다.

오답 분석 1번 '그렇지만', 2번 ' 그러나', 3번 '하지만'이므로 문맥상
정답이 될 수 없습니다.

정답 4

02

1 しなくても いいです

2 しなければ ならないです

3 しないで ください

4 しない ほうが いいです

정답 찾기 일본에 유학가기로 했으므로 일본어 공부를 해야 하므로
'しなけれなならないです 하지 않으면 안 됩니다'인 2번이 정답
입니다.

오답 분석 1번 '~하지 않아도 좋습니다', 3번 '하지 마세요', 4번 '~
하지 않는 게 좋습니다'이므로 문맥상 정답이 아닙니다.

정답 2

03

| 1 まえに | 2 あとで |
| 3 とちゅうで | 4 あいだに |

정답 찾기 유학이 예정 되어 있고 친구가 만나러 온다는 내용을 추측할 수 있으므로 '~まえに ~하기 전에'라는 표현인 1번이 정답입니다.

오답 분석 2번 '~한 후에', 3번 '~하는 도중에', 4번 '~하는 사이에'이므로 오답입니다.

정답 1

04

1 あいに いく よていです
2 あって くる よていです
3 あいに くる よていです
4 あって いく よていです

정답 찾기 문장 후반부에 친구가 시골에서 온다는 내용이 있는데 친구가 시골에서 온다는 것은 만나러 온다는 것이므로 会(あ)いに来(く)る予定(よてい)です '만나러 올 예정입니다'인 3번이 정답입니다.

오답 분석 1번 '만나러 갈 예정입니다', 2번, 4번과 같은 기능어는 없으므로 오답입니다.

정답 3

05

1 いった ことが あります
2 いった ほうが いいです
3 いかなくても いいです
4 いかないで ください

정답 찾기 친구는 서울에 몇 번 온 적이 있으므로 마중하러 뒤의 공란에는 '行(い)かなくてもいいです 가지 않아도 됩니다'라는 말이 들어갈 수 있다는 것을 추측할 수 있으므로 3번이 정답입니다.

오답 분석 1번 '간 적이 있습니다', 2번 '가는 게 좋습니다', 4번 '가지 마세요'은 문맥상 어울리지 않으므로 정답이 아닙니다.

정답 3

시나공 02 합격을 위한 필수 문법 | 적중 예상 문제 ①

문제 1 (   ) 안에 무엇을 넣습니까? 1·2·3·4 에서 가장 알맞은 것을 하나 고르세요.

01 おかねが (   ) から、りょこうに
いけません。

1 ない   2 なかった
3 なくて   4 なくても

해석 돈이 (**없기**) 때문에 여행을 갈 수 없습니다.

정답 찾기 공란 뒤에 있는 원인, 이유 표현인 ～から(～ 때문에)와 ～から에 접속되는 ない의 접속형태를 알아야 풀 수 있는 문제입니다. 우선 ない는 い형용사로 기본형은 ない입니다. ～からと い형용사에 접속될 경우 보통형에 접속되므로 'ない+から'가 됩니다. 따라서 1번 'お金(かね)がないから 돈이 없기 때문에'가 정답입니다.

오답 분석 2번은 なかったから(없었기 때문에)로 시제가 문말의 시제와 맞지 않기 때문에 오답이며, 3번과 4번은 접속형태가 틀리므로 오답입니다.

복습 꼭! ～から(～ 때문에)

어휘 お金(かね) 돈 | 旅行(りょこう) 여행 | 行(い)ける 갈 수 있다

정답 1

02 おさけを（　　　）と かおが あかく
なります。

1 のま　　　　　　2 のみ
3 のめ　　　　　　4 のむ

해석 술을 (마시)면 얼굴이 빨게 집니다.

정답 찾기 일반적인 가정 조건을 나타내는 표현 ~と(~면, ~하면)은 '동사 기본형+と'이므로 여기에 맞는 형태를 찾으면 됩니다. 飲(の)む가 기본형이므로 4번이 정답입니다.

오답 분석 1, 2, 3번은 동사 기본형이 아니므로 오답입니다.

> **복습 꼭!** ~と(~면, ~하면)

어휘 お酒(さけ) 술 | 顔(かお) 얼굴 | 赤(あか)い 빨갛다

정답 4

---

03 この みせは（　　　）し、おいしいです。

1 やすく　　　　　2 やすい
3 やすくて　　　　4 やすければ

해석 이 가게는 (싸)고 맛있습니다.

정답 찾기 병렬을 나타내는 표현 ~し(~하고)는 い형용사에 접속될 경우 'い형용사 보통형+し'이므로 여기에 맞는 형태를 찾으면 됩니다. 安(やす)い가 보통형이므로 2번이 정답입니다.

오답 분석 1, 3, 4번은 い형용사의 기본형이 아니므로 오답입니다.

> **복습 꼭!** ~し(~하고)

어휘 店(みせ) 가게 | 安(やす)い 싸다

정답 2

---

04 あしたは あめが（　　　）と 思います。

1 ふり　　　　　　2 ふら
3 ふれ　　　　　　4 ふる

해석 내일은 비가 (내린다)고 생각합니다.

정답 찾기 주관적인 판단, 의견 표현인 '~と思(おも)う ~라고 생각하다'와 降(ふ)る의 보통형을 알아야 풀 수 있는 문제입니다. 우선 降る는 5단 활용을 하는 동사로 보통형인 降る에 ~と思います가 접속된 4번 '降ると思います 내린다고 생각합니다'가 정답입니다.

오답 분석 1, 2, 3번은 잘못된 접속형태이므로 오답입니다.

> **복습 꼭!** ~と思う(~라고 생각하다)

어휘 雨(あめ) 비 | 降(ふ)る 내리다

정답 4

---

05 きのうは あつかったです（　　　）、きょうは すずしいです。

1 ので　　　　　　2 が
3 し　　　　　　　4 から

해석 어제는 더웠(지만) 오늘은 선선합니다.

정답 찾기 앞뒤 문장의 서로 상반되는 내용을 나타내는 표현은 '~が(~는데, ~지만)'이므로 여기에 맞는 형태를 찾으면 됩니다. 그러므로 2번이 정답입니다.

오답 분석 1번 暑(あつ)かったので(더워서)는 원인, 이유, 3번 暑かったし(덥고)는 나열, 4번 暑かったから(더웠기 때문에)는 원인, 이유를 나타내는 표현으로 오답입니다.

> **복습 꼭!** ~が(~는데, ~지만)

어휘 暑(あつ)い 덥다 | ~し ~하고 | 涼(すず)しい 시원하다, 선선하다

정답 2

06 かれは しごとが おわって いまから ごはんを （　　　　）と いいました。

1 食べよ 　　　　2 食べれ

3 食べ 　　　　　4 食べる

해석 그는 일이 끝나서 지금부터 밥을 (**먹는다**)고 했습니다.

정답 찾기 인용, 전문 표현인 '~と言う(~라고 하다)'가 문제를 푸는 핵심입니다. ~と言う는 동사 보통형에 접속하는 표현이므로 공란에는 보통형인 食べる가 들어가야 하므로 4번이 정답입니다.

오답 분석 1, 2, 3번은 접속형태가 틀리므로 오답입니다.

> 복습 꼭 ~と言う(~라고 하다)

어휘 仕事(しごと) 일, 업무 | 終(お)わる 끝나다 | 今(いま)から 지금부터

정답 4

문제 2 　　★　　 에 들어가는 것은 무엇입니까? 1 · 2 · 3 · 4 에서 가장 알맞은 것을 하나 고르세요.

---

01 ここより ＿＿＿ ＿＿＿ ＿★＿ かもしれません。

1 の 　　　　　2 あそこ

3 ほうが 　　　4 しずか

문장 배열 ここより あそこ の ほうが 静(しず)か かもしれません。
　　　　　　　　　　2　　1　　3　　　　4

해석 여기보다 저기가 더 조용할지도 모릅니다.

정답 찾기 먼저 ここより에 연결되는 것을 찾아보면 ~よりは '~보다'라는 의미로 비교를 나타내는 조사입니다. 그러므로 바로 뒤에 오는 것은 あそこ임을 알 수 있습니다. 또한 ~より 문장은 명사를 비교하는 경우 AよりBのほうが~ 형태로 사용이 되므로 선택지 1번과 3번을 묶을 수 있습니다. 또한 静(しず)か는 な형용사 어간이므로 かもしれません과 접속하는 것을 알 수 있습니다. 따라서 2-1-3-4 순이 되므로 정답은 4번입니다.

> 복습 꼭 ~かもしれません(~일지도 모릅니다)

어휘 ~より ~보다 | ~ほう ~쪽 | 静(しず)かだ 조용하다

정답 4

---

02 きょうは ＿＿＿ ＿＿＿ ＿★＿ ＿＿＿ おもいます。

1 は 　　　　　2 こない

3 かれ 　　　　4 と

문장 배열 今日(きょう)は 彼(かれ) は 来(こ)ない と 思(おも)います。
　　　　　　　　　　　　3　　　1　　　2　　　4

해석 오늘은 그는 오지 않는다고 생각합니다.

정답 찾기 먼저 今日(きょう)は 뒤에 올 수 있는 것을 찾으면 彼(かれ)입니다. 나머지 선택지를 보면 1번은 彼 뒤로 붙어서 彼は가 되고 그 뒤로 2번 来(こ)ない가 붙어서 彼は来ない가 됨을 알 수 있습니다. 또한 4번 とは 思(おも)います에 접속하여 말하는 사람의 판단, 의견을 나타내는 ~と思います(~라고 생각합니다) 표현이 되므로 3-1-2-4 순이 되어 정답은 2번입니다.

> 복습 꼭 ~と思います(~라고 생각합니다)

어휘 彼(かれ) 그 | 来(く)る 오다 | 思(おも)う 생각하다

정답 2

03 どようび ____ ★ ____ ____ やすみ
です。

1 がっこう 　　　　2 から
3 だ 　　　　　　　4 は

문장 배열 土曜日(どようび) だ から、学校(がっこう) は
　　　　　　　　　　　　　3　2　　　　　　1
休(やす)みです。
　　　　　　　　　4

해석 토요일이니까 학교는 휴일입니다.

정답 찾기 먼저 土曜日(どようび)에 연결되는 것을 찾으면 だ입
니다. 그리고 접속조사 ~から는 명사+だ 형태로 접속되므로 だ
에 연결되는 것을 알 수 있습니다. 나머지 선택지를 보면 1번 学校
(がっこう)와 4번 は을 연결하여 学校は을 만들 수 있으며 문장
끝 부분의 休(やす)みです까지 연결해 보면 '学校は休みです 학
교는 휴일입니다'가 됩니다. 전체를 연결하면 3-2-1-4 순이 됩니다.

> **복습 꼭!** ~から(~이니까)

어휘 土曜日(どようび) 토요일 | 学校(がっこう) 학교 | 休(やす)
み 휴일, 휴가
정답 2

─────────────────────────────────

04 みんな ____ ____ ★ ____ いいました。

1 と 　　　　　　　2 に
3 いかない 　　　　4 は

문장 배열 みんな に は 行(い)かない と 言(い)いました。
　　　　　　　　　2　4　　　3　　　　1

해석 모두에게는 가지 않는다고 했습니다.

정답 찾기 문장 끝 부분에 言(い)いました가 보이므로 이 문제는
인용, 전문 표현인 '~と言う(~라고 하다)' 형태를 찾아서 연결해
나가면 쉽게 풀 수 있습니다. 먼저 言(い)いました 앞에는 4번 と를
배치하고 ~と言う는 동사 보통형에 접속하는 표현이므로 3번과 1
번을 묶을 수 있으므로 行(い)かないと가 言いました 앞으로 옵
니다. 그리고 みんな에 연결되는 것을 찾으면 に이며 나머지 は는
に에 연결되는 것을 알 수 있습니다. 나열하면 2-4-3-1 순이 되므
로 정답은 3번입니다.

> **복습 꼭!** ~と言う(~라고 하다)

어휘 皆(みんな) 모두
정답 3

─────────────────────────────────

05 かれは ひるは　かいしゃいん ____ ★
____ ____ がくせいです。

1 が 　　　　　　　2 よる
3 は 　　　　　　　4 です

문장 배열 彼(かれ)は昼(ひる)は会社員(かいしゃいん) です
　　　　　　　　　　　　　　　　　　　　　　　　　4
が、夜(よる) は 学生(がくせい)です。
　1　　2　　3

해석 그는 낮에는 회사원이지만 밤에는 학생입니다.

정답 찾기 먼저 彼(かれ)は昼(ひる)は会社員(かいしゃいん)에
연결되는 것을 찾으면 です입니다. 나머지 선택지를 보면 2번과 3
번을 묶을 수 있으므로 夜(よる)は가 됩니다. 또한 접속조사 ~が
는 보통형에 접속되므로 です에 연결되는 것을 알 수 있습니다.

> **복습 꼭!** ~が(~는데, ~지만)

어휘 昼(ひる) 낮 | 会社員(かいしゃいん) 회사원 | 夜(よる) 밤
정답 1

06 はるが ＿＿＿ ★ ＿＿＿ ＿＿＿ さきます。

　　1 くる　　　　　　2 はな
　　3 と　　　　　　　4 が

문장 배열 春(はる)が 来(く)る と 花(はな) が 咲(さ)きます。
　　　　　　　　　　　1　3　2　4

해석 봄이 오면 꽃이 핍니다.

정답 찾기 먼저 春(はる)가에 연결되는 것을 찾으면 来(く)る입니다. 나머지 선택지를 보면 2번과 4번을 묶을 수 있으므로 花(はな)가가 됩니다. 또한 가정 조건 표현인 と는 기본형에 접속되므로 来(く)る에 연결되는 것을 알 수 있습니다.

> 복습 꼭! ～と(～면, ～하면)

어휘 春(はる) 봄 | 咲(さ)く 피다
정답 3

문제 3 01 부터 05 안에 어떤 것이 들어갑니까? 1·2·3·4 에서 가장 알맞은 것을 하나 고르세요.

　　私は アパート 01 すんで います。いま すんで いる アパートは えきから あるいて 3分ぐらい 02 こうつうが べんりだと 思います。いえの ちかくには こうえん、ぎんこう、スーパーなどが 03 、ほんやも あって せいかつが とても べんりです。 04 この アパートは かがくが とても たかいです。最初、アパートを みた とき、「 05 。」と 思いました。アパートの ねだんは たかいけれども こうつうや せいかつが べんりで ここの くらしに たいへん まんぞくして います。

저는 아파트 1 에 살고 있습니다. 지금 살고 있는 아파트는 역에서 걸어서 3분정도 2 걸리니까 교통이 편리하다고 생각합니다. 집 근처에는 공원, 은행, 슈퍼마켓 등이 3 있고, 서점도 있어서 생활이 매우 편리합니다. 4 하지만 이 아파트는 가격이 매우 비쌉니다. 처음 아파트를 보았을 때 5 비싸겠지라고 생각했습니다. 아파트 가격은 비싸지만 교통이랑 생활이 편리해서 이 곳(여기) 생활에 매우 만족하고 있습니다.

어휘 住(す)む 살다 | 歩(ある)く 걷다 | かかる 걸리다 | 交通(こうつう) 교통 | 便利(べんり)だ 편리하다 | ところ 곳 | 近(ちか)く 근처, 부근 | 公園(こうえん) 공원 | 銀行(ぎんこう) 은행 | スーパー 슈퍼마켓 | 生活(せいかつ) 생활 | とても 매우 | でも 하지만 | 値段(ねだん) 값, 가격 | 最初(さいしょ) 처음 | 高(たか)い 비싸다 | 暮(く)らし 생활 | 満足(まんぞく) 만족

01
　　1 で　　　　　　　2 に
　　3 より　　　　　　4 まで

정답 찾기 문제 뒤의 동사 住(す)む는 반드시 조사 に를 써야 하므로 정답은 2번입니다.
오답 분석 1번 '아파트에서', 3번 '아파트보다', 4번 '아파트까지'로 오답입니다.
정답 2

02
　　1 かかりますから　　2 かからないから
　　3 かからないので　　4 かかりませんから

정답 찾기 앞의 내용이 '아파트에서 역까지 3분 정도'이고 뒤의 내용이 '교통이 편리하다'이므로 앞의 내용과 순접인 표현이 되어야 하므로 문맥상 1번 '걸리니까'가 정답입니다.
오답 분석 2, 4번 '걸리지 않기 때문에', 3번 '걸리지 않아서'이므로 오답입니다.
정답 1

03

1 あるから   2 あるので

3 あるのに   4 あるし

정답 찾기 문제의 앞뒤의 내용을 보면 공원, 은행, 슈퍼마켓, 책방이 나열되어 있으므로 문맥상 '있고'가 되어야 하므로 ある 뒤에 병렬의 의미를 나타내는 〜し를 접속한 4번 あるし가 정답입니다.

오답 분석 1번 '있기 때문에', 2번은 '있어서', 3번 '있는데도'이므로 오답입니다.

정답 4

04

1 それで   2 それでは

3 そして   4 でも

정답 찾기 주변 환경이 편리한 대신 가격은 그만큼 비싸다는 추측을 할 수 있으므로 '하지만'이 와야 하므로 4번 역접의 접속사 でも가 정답입니다.

오답 분석 1번 '그래서', 2번 '그럼', 3번 '그리고'이므로 오답입니다.

정답 4

05

1 たかければ   2 たかい

3 たかくない   4 たかいだろう

정답 찾기 문제 4번에서도 알 수 있었듯이 충분히 비싸다고 추측할 수 있으므로 '비싸겠지'인 4번이 정답입니다.

오답 분석 1번 '비싸면', 2번 '비싸다', 3번 '비싸지 않다'이므로 오답입니다.

정답 4

시나공 02 합격을 위한 필수 문법 | 적 중 예상 문제 ②

문제 1 ( ) 안에 무엇을 넣습니까? 1·2·3·4 에서 가장 알맞은 것을 하나 고르세요.

01 なつやすみが（   ）までに この ほん を よみたいです。

1 おわれ   2 おわら

3 おわる   4 おわり

해석 여름 방학이 **(끝날)** 때까지 이 책을 읽고 싶습니다.

정답 찾기 행동이나 작용이 성립하는 시점의 범위, 한계, 기한을 나타내는 표현은 '기본형+までに'이므로 여기에 맞는 형태를 찾으면 됩니다. 기본형은 終(お)わる이므로 3번이 정답입니다.

오답 분석 1, 2, 4번은 잘못된 활용이므로 오답입니다.

> 복습 꼭! 〜までに(〜까지)

어휘 夏休(なつやす)み 여름 방학 | 読(よ)む 읽다

정답 3

02 たまに ともだちと（   ）ことが あります。

1 けんかしたり   2 けんかする

3 けんかして   4 けしかたら

해석 가끔 친구와 **(싸울)** 때가 있습니다.

정답 찾기 때때로 혹은 가끔 일이 발생한다는 뜻인 불규칙한 경우나 습관을 나타내는 표현인 〜ことがある(〜할 때가 있다)는 동사 기본형에 접속하므로 기본형인 けんかする가 접속된 2번이 정답입니다.

오답 분석 1, 3, 4번은 접속형태가 틀리므로 오답입니다.

> 복습 꼭! 〜ことがある(〜할 때가 있다)

어휘 たまに 가끔 | けんかする 싸우다, 다투다

정답 2

---

03 50キロメートルも およぐ（　　　）でき ますか。

1 ことでは   2 ことを

3 ことでも   4 ことが

해석 50킬로미터나 헤엄칠 **(수)** 있습니까?

정답 찾기 공란 앞이 '泳(およ)ぐ 헤엄치다'이고 공란 뒤가 できま すか 할 수 있습니까? 이므로 가능성이나 능력의 유무를 나타내는 표현인 ～ことができる(~할 수 있다)를 묻는 문제임을 알 수 있 습니다. 따라서 4번이 정답입니다.

오답 분석 1, 2, 3번은 접속형태가 틀리므로 오답입니다.

> 복습 꼭 ～ことができる(~할 수 있다)

어휘 キロメートル 킬로미터 | ～も ~이나, ~도 | 泳(およ)ぐ 헤 엄치다

정답 4

---

04 ねる（　　　）かるく いっぱい おさけを のみます。

1 あとで   2 まえに

3 まで   4 ので

해석 자**(기 전에)** 가볍게 한 잔 술을 마십니다.

정답 찾기 문맥상 '자기 전에'라는 문장이 되는 표현을 찾으면 됩니 다. 어떤 행위를 먼저 하는지에 대해 나타내는 표현인 ～まえに(~ 하기 전에)가 정답입니다.

오답 분석 1번은 접속형태가 맞지 않으며, 3번은 동작이나 상태가 계속되는 마지막 시점, 4번은 원인, 이유를 나타내므로 오답입니다.

> 복습 꼭 ～まえに(~하기 전에)

어휘 寝(ね)る 자다 | 軽(かる)い 가볍다 | 酒(さけ) 술

정답 2

---

05 この まちは だんだん（　　　）なりますね。

1 すみやすくて   2 すみやすい

3 すみやすく   4 すみやす

해석 이 동네는 점점 **(살기 편해)**지네요.

정답 찾기 문맥상 변화를 나타내는 표현인 ～くなります에 대해 묻는 문제임을 알 수 있습니다. 住みやすい는 住む의 ます형에 ～やすい가 접속된 형태로 ～くなります에 접속할 경우 住みや すくなります가 됩니다. 따라서 3번이 정답입니다.

오답 분석 1, 2, 4번은 접속형태가 틀리므로 오답입니다.

> 복습 꼭! ～くなる(~해 지다)

어휘 町(まち) 마을, 동네 | だんだん 점점 | 住(す)む 살다

정답 3

---

06 にほんに（　　　）とき、いろんな けいけ んを しました。

1 いた   2 いる

3 いて   4 いたら

해석 일본에 **(있었을)** 때 여러 가지 경험을 했습니다.

정답 찾기 그 상황과 동시에 병렬로 다른 일이나 상태가 성립함을 나타내는 표현은 '보통형+とき'이므로 여기에 맞는 형태를 찾으면 됩니다. 따라서 1번이 정답입니다.

오답 분석 2번은 현재 시점이라서, 3, 4번은 잘못된 활용으로 오답 입니다.

복습 꼭 ～とき(～할 때)

어휘 色(いろ)んな 여러 | 経験(けいけん) 경험
정답 1

문제 2 ___★___ 안에 어떤 것이 들어갑니까? 1·2·3·4 에서 가장 알맞은 것을 하나 고르세요.

01 かれに ___★___ ___ ___ ___ かんたん
です。

1 にわ　　　　　2 とって
3 しごと　　　　4 は

문장 배열 彼(かれ)に とって 庭(にわ) 仕事(しごと) は
　　　　　　　　　　2　　1　　3　　4
簡単(かんたん)です。

해석 그에게 있어서 정원일은 간단합니다.

정답 찾기 먼저 彼(かれ)に에 연결되는 것을 찾으면 ～とって(～에게 있어서)입니다. 나머지 선택지를 보면 1번과 3번을 묶을 수 있으므로 庭(にわ)仕事(しごと)가 됩니다. 또한 庭仕事는 명사이므로 4번 조사 は에 접속 가능한 것을 알 수 있습니다. 전체를 나열하면 2-1-3-4가 되어 정답은 2번입니다.

복습 꼭 ～にとって(～에게 있어서)

어휘 庭仕事(にわしごと) 정원일 | 簡単(かんたん)だ 간단하다
정답 2

---

02 しちじ ___★___ ___ ___ ___ ください。

1 までに　　　　2 に
3 きて　　　　　4 えきのまえ

문장 배열 七時(しちじ) までに 駅(えき)の前(まえ) に
　　　　　　　　　　1　　　4　　　2
来(き)て ください。
　3

해석 7시까지 역 앞으로 와 주세요.

정답 찾기 먼저 七時(しちじ)에 연결되는 것을 찾으면 행동이나 작용이 성립하는 시점의 범위, 한계, 기한을 나타내는 표현인 ～までに(～까지)입니다. 나머지 선택지를 보면 4번과 2번을 묶을 수 있으므로 駅(えき)の前(まえ)に가 됩니다. 문장 끝부분의 ください는 ～てください 형태로 부탁, 의뢰 표현이 되므로 来(き)て에 연결되는 것을 알 수 있습니다. 순차적으로 나열하면 1-4-2-3이 됩니다.

복습 꼭 ～までに(～까지)

어휘 までに 까지 | 駅(えき) 역
정답 1

---

03 わたしは さいきん ___ ___ ___
___★___ なりました。

1 が　　　　　　2 の
3 からい　　　　4 すきに

문장 배열 私(わたし)は最近(さいきん) 辛(から)い の が
　　　　　　　　　　　　　　　3　　2　1
好(す)きに なりました。
　4

해석 저는 요즘 매운 것이 좋아졌습니다.

정답 찾기 먼저 문장과 선택지를 살펴보면 변화를 나타내는 표현인 ～になる(～해 지다)가 핵심인 문장임을 알 수 있습니다. ～になる 앞에는 な형용사인 好(す)きだ의 어간인 好き가 접속됩니다.

그리고 私(わたし)는 最近(さいきん)에 연결되는 것을 찾으면 辛(から)い입니다. 나머지 선택지를 보면 2번과 1번을 묶을 수 있으므로 のが가 됩니다. 전체를 나열하면 3-2-1-4가 되어 정답은 4번입니다.

> **복습 꼭! ～になる(～해 지다)**

어휘 最近(さいきん) 최근, 요즘 | 辛(から)い 맵다

정답 4

---

04 けっこんする ★ ____ ____ ____ いました。

1 に 2 つとめて
3 かいしゃ 4 まえに

문장 배열 結婚(けっこん)する 前(まえ)に、会社(かいしゃ) に 勤(つと)めて いました。
　　　　　　　　　　　　　　　 4　　　　 3　　 1　　2

해석 결혼하기 전에 회사에 근무했습니다.

정답 찾기 먼저 結婚(けっこん)する에 연결되는 것을 찾으면 前(まえ)に입니다. 나머지 선택지를 보면 3번과 1번을 묶을 수 있으므로 会社(かいしゃ)に가 됩니다. 또한 勤(つと)める는 조사 に에 연결되는 것을 알 수 있습니다. 문말의 いました는 ～て형에 접속하므로 勤(つと)めて에 연결되는 것을 알 수 있습니다. 순차적으로 연결하면 4-3-1-2이 됩니다.

> **복습 꼭! ～まえに(～하기 전에)**

어휘 結婚(けっこん) 결혼 | 勤(つと)める 근무하다

정답 4

---

05 ははは ときどき ____ ★ ____ ____ が あります。

1 を 2 こと
3 つくる 4 にほんりょうり

문장 배열 母(はは)は 時々(ときどき) 日本料理(にほんりょうり) を 作(つく)る こと が あります。
　　　　　　　　　　　　　　　　　 4　　　　 1　 3　　 2

해석 엄마는 때때로 일본요리를 만들 때가 있습니다.

정답 찾기 선택지를 살펴보면 명사인 日本料理(にほんりょうり)는 조사 ～を와 묶고 뒤로는 作(つく)る를 연결하면 日本料理を作る가 됩니다. 문말의 ～があります는 こと에 접속하여 불규칙한 경우나 습관을 나타내는 표현인 ～ことがある(～할 때가 있다) 문형이 되는 것을 알 수 있습니다. 전체적으로 나열하면 4-1-3-2 순이 되므로 정답은 1번입니다.

> **복습 꼭 ～ことがある(～할 때가 있다)**

어휘 時々(ときどき) 때때로

정답 1

---

06 みなさん、これから じぶん ____ ____ ____ ★ 話してみましょう。

1 しょうらい 2 の
3 に 4 ついて

문장 배열 みなさん、これから自分(じぶん) の 将来(しょうらい) に ついて 話(はな)しましょう。
　　　　　　　　　　　　　　　　　　 2　 1　　　　 3　 4

해석 여러분, 지금부터 자신의 장래에 대해서 이야기해 봅시다.

정답 찾기 먼저 선택지를 살펴보면 みなさん、これから自分(じぶん)에 연결되는 것을 찾으면 명사와 명사를 연결하는 역할을 하는 조사 ～の입니다. 나머지 선택지를 보면 1번과 3번을 묶을 수

있으므로 将来(しょうらい)에 가 됩니다. 또한 ~에는 기능어인 ついて가 접속하는 것을 알 수 있습니다. 문장 끝 부분의 話(はな) してみましょう는 ~について와 연결할 수 있으므로 2-1-3-4 순이 되어 정답은 4번입니다.

> **복습 꼭!** ~について(~에 대해서)

어휘 自分(じぶん) 자신, 나 | 将来(しょうらい) 장래

정답 4

문제 3 **01** 부터 **05** 안에 어떤 것이 들어갑니까? 1·2·3·4 에서 가장 알맞은 것을 하나 고르세요.

私は **01** 。こどもの とき、がっこうで ならいました。 最初は 水も こわかったし、 **02** およげませんでした。私は がっこうで 週に 3かい じゅぎょうが おわってから 5じ **03** 練習しました。それで だんだん みずも こわく なくなり、およぎも **04** 。それから 体も じょうぶに なりました。私に **05** すいえいは どんな 運動よりも いい 運動です。

저는 **1** 헤엄칠 수 있습니다 . 어렸을 때 학교에서 배웠습니다. 처음에는 물도 무서웠고 **2** 전혀 헤엄치지 못 했습니다. 저는 학교에서 일주일에 3번 수업이 끝나고 나서 5시 **3** 까지 연습했습니다. 그래서 점점 물도 무섭지 않아지고, 수영도 **4** 능숙해졌습니다 . 그리고 몸도 튼튼해졌습니다. 저 **5** 에게 있어서 수영은 어떤 운동보다도 좋은 운동입니다.

어휘 泳(およ)ぐ 헤엄치다 | 子供(こども)の時(とき) 어렸을 때 | 習(なら)う 배우다 | 最初(さいしょ) 처음, 최초 | 怖(こわ)い 무섭다 | 全然(ぜんぜん) 전혀 | 週(しゅう)に 일주일에 | 授業(じゅぎょう) 수업 | 終(お)わる 끝나다 | 練習(れんしゅう) 연습 | 段々(だんだん) 점점 | 泳(およ)ぎ 수영 | それから 그리고나서, 그리고 | 体(からだ) 몸 | 丈夫(じょうぶ)だ 튼튼하다 | 水泳(すいえい) 수영 | どんな 어떤 | 運動(うんどう) 운동 | よりも 보다도

01

1 およぐ ことが できません
2 およいだ ことが ありません
3 およいだ ことが あります
4 およぐ ことが できます

정답 찾기 뒤의 문장을 보면 어렸을 때 학교에서 배웠다는 내용이 있으므로 앞 문장에서 수영을 할 수 있다는 기능 표현이 나올 수 있음을 추측할 수 있습니다. 따라서 '泳(およ)ぐことができます 헤엄칠 수 있습니다'라는 문장이 되는 것이 문맥상 가장 자연스러우므로 4번이 정답입니다.

오답 분석 1번 '헤엄칠 수 없습니다', 2번 '헤엄친 적이 없습니다', 3번 '헤엄친 적이 있습니다'이므로 오답입니다.

정답 4

02

1 ぜんぜん　　　2 すこし
3 ちょっと　　　4 よく

정답 찾기 뒤의 문장을 보면 헤엄치지 못했다는 불가능을 나타내는 문장이므로 '全然(ぜんぜん) 전혀'가 어울립니다. 따라서 1번이 정답입니다.

오답 분석 2번은 '조금', 3번은 '좀', 4번은 '잘'이므로 오답입니다.

정답 1

03

1 なら　　　2 に
3 まで　　　4 が

정답 찾기 공란 전후를 보면 공란 앞은 '5시', 공란 뒤는 '연습했다'는 내용이 있으므로 동작이나 상태가 계속되는 마지막 시점을 나타내는 ~まで(~까지)가 쓰여야 하므로 3번이 정답입니다.

오답 분석 1번 '5시라면', 3번 '5시에', 4번 '5시가'이므로 오답입니다.

정답 3

04

　1 じょうずに なります
　2 じょうずに なりました
　3 つよく なります
　4 つよく なりますした

정답 찾기 앞의 내용에서 일주일에 3번 수업이 끝나고 나서 5시까지 연습했다는 내용이므로 상황 변화의 표현인 ～になる/～くなる 형태가 됨을 알 수 있습니다. 연습 등을 통해서 능력이 좋아졌다는 뜻이 되려면 な형용사인 上手(じょうず)だ(능숙하다)에 ～になる가 접속하여 '上手になりました 능숙해졌습니다'가 되므로 2번이 정답입니다.

오답 분석 1번 '능숙해집니다', 3번은 '강해집니다', 4번은 '강해졌습니다'이므로 오답입니다.

정답 2

05

　1 について　　　2 にして
　3 になって　　　4 にとって

정답 찾기 뒤의 내용에 수영은 어떤 운동보다도 좋은 운동이라는 내용이므로 그 입장에서 보면 이라는 의미의 문구가 되어야 하므로 4번이 정답입니다.

오답 분석 1번 '～について ～에 대해서', 2번 '～にして ～로 해서', 3번 '～になって ～가 되고'이므로 오답입니다.

정답 4

시나공 03 고득점을 위한 핵심 문법 | 적 중 예상 문제 ①

문제 1 (　　) 안에 무엇을 넣습니까? 1·2·3·4 에서 가장 알맞은 것을 하나 고르세요.

01 にほんの えいがを (　　) ありますか。

　1 みてことが　　2 みてことを
　3 みたことが　　4 みたことを

해석 일본 영화를 (**본 적이**) 있습니까?

정답 찾기 경험을 나타내는 표현인 ～たことがある(～한 적이 있다)와 見(み)る의 た형을 알아야 풀 수 있는 문제입니다. 우선 見る는 1단 활용을 하는 동사로 見る의 た형은 見た입니다. 見た의 ～た 대신에 경험 표현인 ～たことがある가 접속된 3번 '見たことがありますか 본 적이 있습니까'가 정답입니다.

오답 분석 1, 2, 4번은 접속형태가 틀리므로 오답입니다.

복습 꼭! ～たことがある(～한 적이 있다)

어휘 映画(えいが) 영화

정답 3

---

02 えきから (　　) ても いいですか。

　1 とおかった　　2 とおい
　3 とおければ　　4 とおく

해석 역에서 (**멀어**)도 괜찮습니까?

정답 찾기 遠(とお)い의 허락 표현과 遠い의 て형을 알아야 풀 수 있는 문제입니다. 우선 遠い는 い형용사로 遠い의 て형은 어간+く＋て입니다. 遠く+허락 표현인 ～てもいい가 접속된 4번 遠くてもいいですか '멀어도 괜찮습니까?'가 정답입니다.

오답 분석 1, 2, 3번은 접속형태가 틀리므로 오답입니다.

복습 꼭 ～てもいい(～해도 괜찮다)

어휘 駅(えき) 역 | 遠(とお)い 멀다

정답 4

03 じゅぎょうちゅうに（　　　）いけません。

　1 ねては　　　　　　2 ねても
　3 ねないと　　　　　4 ねなくて

해석 수업 중에 **(자면)** 안 됩니다.

정답 찾기 금지 표현인 ～てはいけない(～해서는 안 된다)는 동사의 て형에 접속하는 표현이므로 寝(ね)る의 て형을 찾는 것이 답을 찾는 포인트입니다. 寝る는 1단 활용을 하는 동사로 寝る의 て형은 寝て입니다. 寝て의 ～て 대신에 금지 표현인 ～てはいけない가 접속된 1번 '寝てはいけません 자면 안 됩니다'가 정답입니다.

오답 분석 2, 3, 4번은 접속형태가 틀리므로 오답입니다.

> **복습 꼭!** ～てはいけない(～해서는 안 된다)

어휘 授業中(じゅぎょうちゅう) 수업 중 | 寝(ね)る 자다

정답 1

---

04 A「すみません、にもつを はこんで
　　　（　　　）。」
　B「いいですよ。」

　1 あげますか。　　　2 もらえませんか
　3 さしあげますか。　4 くれ

해석 A: 죄송합니다. 짐을 옮겨 **(줄 수 없겠습니까)**?
　　　B: 좋아요.

정답 찾기 수수동사 표현은 '동사 て형+もらう'이며 부탁의 의미를 첨가한 표현은 '동사 て형+もらえる'이므로 여기에 맞는 형태를 찾으면 됩니다. 運(はこ)ぶ의 て형은 運んで이고 여기에 もらえませんか를 접속시킨 2번이 정답입니다.

오답 분석 1번 あげる, 3번 さしあげる를 쓸 경우에는 내가 남에게 의향을 물어보는 표현으로 '運んであげましょうか 옮겨 줄까요?', '運んでさしあげましょうか 옮겨 드릴까요?'라는 뜻이 되므로 오답이며 4번은 '運んでくれ 옮겨 줘'라는 표현으로 앞의 죄송합니다와 맞지 않는 반말체이므로 오답입니다.

> **복습 꼭!** ～て형+もらう(남으로부터 ～해 받다)

어휘 荷物(にもつ) 짐 | 運(はこ)ぶ 옮기다

정답 2

---

05 ちちは いま しんぶんを（　　　）います。

　1 よんで　　　　　　2 よんだら
　3 よんだ　　　　　　4 よんだり

해석 아빠는 지금 신문을 **(읽고)** 있습니다.

정답 찾기 동작의 진행, 상태 표현인 ～ている(～하고 있다)는 동사 て형에 접속하므로 読(よ)む의 て형을 찾으면 됩니다. 読む는 5단 활용을 하는 동사로 読む의 て형은 読んで입니다. 読んで의 ～で 대신에 진행, 상태 표현인 ～でいます(～하고 있습니다)가 접속된 1번 '読んでいます 읽고 있습니다'가 정답입니다.

오답 분석 2, 3, 4번은 접속형태가 틀리므로 오답입니다.

> **복습 꼭!** ～ている(～하고 있다)

어휘 新聞(しんぶん) 신문 | 読(よ)む 읽다

정답 1

---

06 ごはんを（　　　）、でかけます。

　1 たべあとで　　　　2 たべたあとで
　3 たべるあとで　　　4 たべてあとで

해석 밥을 **(먹은 후에)** 외출합니다.

정답 찾기 동작 완료 후의 행위 표현인 ～たあとで(～한 후에)와 食(た)べる의 た형을 알아야 풀 수 있는 문제입니다. 우선 食べる는 1단 활용을 하는 동사로 食べる의 た형은 食べた입니다. 食べた의 ～た 대신에 ～たあとで가 접속된 2번 '食べたあとで 먹은 후에'가 정답입니다.

오답 분석 1, 3, 4번은 접속형태가 틀리므로 오답입니다.

> **복습 꼭!** 〜たあとで(〜한 후에)

어휘 出(で)かける 외출하다

정답 2

문제 2 ___ ★ 안에 어떤 것이 들어갑니까? 1·2·3·4 에서 가장 알맞은 것을 하나 고르세요.

01 しゅくだいを ___ ___ ___ ★ いけ ません。

1 あそびに   2 し
3 いっては   4 ないで

문장 배열 宿題(しゅくだい)を し ないで 遊(あそ)びに 行(い)っては いけません。
　　　　　　　　　　2　4　　　　1
　　　　3
해석 숙제를 하지 않고 놀러 가면 안 됩니다.

정답 찾기 먼저 宿題(しゅくだい)を에 연결되는 것을 찾으면 し 입니다. 나머지 선택지를 보면 1번과 3번을 묶을 수 있으므로 遊(あそ)びに行(い)っては가 됩니다. 또한 し는 ない형이므로 ない で가 접속하는 것을 알 수 있으며 いけません은 〜て형에 접속하므로 行っては에 연결되는 것을 알 수 있습니다. 따라서 2-4-1-3 순이 되므로 정답은 3번입니다.

> **복습 꼭!** 〜てはいけません(〜하지 않으면 안 됩니다)

어휘 宿題(しゅくだい) 숙제 | 〜ないで 〜않고, 〜말고

정답 3

---

02 すみません、 ___ ___ ★ ___ ませ んか。

1 タクシー   2 よんで
3 を   4 いただけ

문장 배열 すみません、タクシー を 呼(よ)んで いただけ
　　　　　　　　　　　　1　　3　　2　　　　4
ませんか。
해석 죄송합니다. 택시를 불러 주실 수 없겠습니까?

정답 찾기 선택지를 보면 1번 タクシー는 명사로 3번 조사 〜を에 연결할 수 있습니다. 나머지 선택지를 보면 2번은 タクシー를 뒤로 배치하여 タクシーを呼(よ)ぶ 택시를 부르다를 만듭니다. 마지막으로 〜ていただけませんか(〜해 받을 수 없겠습니까?= 〜해 주실 수 없겠습니까)는 〜て 형에 접속하므로 呼んでいただけませんか가 됩니다. 순서에 맞게 나열하면 1-3-2-4가 되어 정답은 2번입니다.

> **복습 꼭!** 〜ていただけませんか(〜해 받을 수 없겠습니까?
> =〜해 주실 수 없겠습니까?)

어휘 タクシー 택시 | 呼(よ)ぶ 부르다

정답 2

---

03 シャワーを ___ ★ ___ ___ 飲み ます。

1 を   2 ビール
3 から   4 あびて

문장 배열 シャワーを 浴(あ)びて から、ビール を 飲(の)
　　　　　　　　　　　　4　　　3　　　2　　1
みます。
해석 샤워를 하고 나서 맥주를 마십니다.

정답 찾기 먼저 シャワーを에 연결되는 것을 찾으면 浴(あ)びて 입니다. 나머지 선택지를 보면 2번과 1번을 묶을 수 있으므로 ビールを가 되어 뒤의 飲(の)みます에 연결됩니다. 남은 3번의 위치를 찾아보면 ~てから(~하고 나서)는 て형에 접속하므로 浴びてから가 됩니다. 4-3-2-1 순으로 연결하므로 정답은 3번입니다.

복습 꼭! ~てから(~하고 나서)

어휘 シャワーを浴(あ)びる 샤워하다 | ビール 맥주

정답 3

---

04 こうつうひが ___ ___ ___ ★ で しょう。

1 も　　　　　　2 いかない
3 だれ　　　　　4 たかかったら

문장 배열 交通費(こうつうひ)が 高(たか)かったら
誰(だれ) も 行(い)かない でしょう。
해석 교통비가 비싸면 아무도 가지 않겠지요?
정답 찾기 먼저 交通費(こうつうひ)が에 연결되는 것을 찾으면 高(たか)かったら입니다. 나머지 선택지를 보면 3번과 1번을 묶을 수 있으므로 誰(だれ)も가 되며 조사 ~も에는 동사 활용인 行(い)かない가 연결되는 것을 알 수 있습니다. 4-3-1-2 순이 되므로 정답은 2번입니다.

복습 꼭! ~たら(~하면)

어휘 交通費(こうつうひ) 교통비 | 誰(だれ)も 아무도

정답 2

---

05 わたしは しごと ___ ___ ___ ★ いきます。

1 おわって　　　2 が
3 あそびに　　　4 から

문장 배열 わたしは 仕事(しごと) が 終(お)わって から
遊(あそ)びに 行(い)きます。
해석 나는 일이 끝나고 나서 놀러 갑니다.
정답 찾기 먼저 仕事(しごと)에 연결되는 것을 찾으면 조사 ~が입니다. 나머지 선택지를 보면 1번과 4번을 묶을 수 있으므로 終(お)わってから가 됩니다. 또한 ~てから뒤에는 앞의 동작 완료 후의 행위가 이어지므로 遊(あそ)びに가 연결되는 것을 알 수 있으며 行(い)きます는 조사 ~に에 접속하므로 遊びに에 연결되는 것을 알 수 있습니다.

복습 꼭 ~に(~하러)

어휘 仕事(しごと) 일, 업무 | 終(お)わる 끝나다 | 遊(あそ)ぶ 놀다

정답 3

---

06 れきしで ___ ___ ★ ___ です。

1 すんで　　　　2 きょうとで
3 ゆうめいな　　4 みたい

문장 배열 歴史(れきし)で 有名(ゆうめい)な
京都(きょうと)で 住(す)んで みたい です。
해석 역사로 유명한 교토에서 살아보고 싶습니다.
정답 찾기 먼저 歴史(れきし)で에 연결되는 것을 찾으면 有名(ゆうめい)な이며 有名なな 뒤에 오는 고유명사 2번 京都(きょうと)

228

를 수식하는 형태가 됩니다. 京都는 1번과 연결되어 京都で住(す)んで가 되며 住んでで て형으로 住んでの で 대신에 〜でみたい(〜해 보고 싶다)가 접속하는 것을 알 수 있습니다. 3-2-1-4 순이 되므로 정답은 1번입니다.

> 복습 꼭! 〜てみたい(〜해 보고 싶다)

어휘 歴史(れきし) 역사 | 有名(ゆうめい) 유명 | 京都(きょうと) 교토

정답 1

문제 3 01 부터 05 안에 어떤 것이 들어갑니까? 1·2·3·4 에서 가장 알맞은 것을 하나 고르세요.

友達と こうえんに あそびに 行きました。こうえんの 中に びじゅつかんが ありました。入場料は ３００円でした。すばらしい えが 01 ありました。びじゅつかんの 人に「ここで しゃしんを 02 」と ききました。そのひとは「いいえ、こちらで しゃしんは 03 」と こたえました。わたしたちは 04 。しゃしんは びじゅつかんを でて、こうえんで とりました。それから びじゅつかんに ある レストランで ゆうごはんを 食べた あとで、帰ってきました。とても たのしい 時間でした。きかいが あったら 05 いきたいです。

해석 친구와 공원에 놀러 갔습니다. 공원 안에 미술관이 있었습니다. 입장료는 300엔이었습니다. 훌륭한 그림이 1 많이 있었습니다. 미술관 사람에게 "여기에서 사진을 2 찍어도 됩니까?"라고 물었습니다. 그 사람은 "아니오, 사진은 3 찍지 마세요."라고 대답했습니다. 우리들은 4 그림을 보거나 그림 설명을 듣거나 했습니다. 사진은 미술관을 나와서 공원에서 찍었습니다. 그리고(나서) 미술관에 있는 레스토랑에서 저녁밥을 먹은 후에 돌아 왔습니다. 매우 즐거운 시간이었습니다. 기회가 있으면 3 또 가고 싶습니다.

어휘 公園(こうえん) 공원 | 遊(あそ)ぶ 놀다 | 美術館(びじゅつかん) 미술관 | 入場料(にゅうじょうりょう) 입장료 | すばらしい 멋지다, 훌륭하다 | 絵(え) 그림 | 写真(しゃしん) 사진 | 撮(と)る 찍다 | 答(こた)える 답하다 | 出(で)る 나가다 | 楽(たの)しい 즐겁다 | 時間(じかん) 시간 | 機会(きかい) 기회

01

1 あまり   2 たくさん

3 すこししか   4 ぜんぜん

정답 찾기 공란 앞에는 '훌륭한 그림', 공란 뒤에는 '있었습니다'라는 문맥이므로 공란에는 긍정의 부사가 쓰이는 것을 알 수 있으므로 2번 '沢山(たくさん) 많이'가 정답입니다.

오답 분석 1번 '별로', 3번 '조금밖에', 4번 '전혀'로 뒤에 부정을 나타내는 어휘를 수반하는 부사이므로 오답입니다.

정답 2

02

1 とって くださいませんか。

2 とっても いいですか

3 とりたいですか

4 とらなくても いいですか

정답 찾기 미술관 직원에게 관내에서의 사진 촬영에 대해 허락을 받아야 하는 질문이므로 허락을 구하는 표현인 〜てもいいですか(〜해도 됩니까) 표현을 사용한 2번 'とってもいいですか 찍어도 됩니까?'가 정답입니다.

오답 분석 1번은 '찍어 주시지 않겠습니까?', 3번은 '찍고 싶습니까?', 4번은 '찍지 않아도 됩니까?'이므로 오답입니다.

정답 2

03

1 とらないでください

2 とらない ほうが いいです

3 とらなければ なりません

4 とっても いいです

정답 찾기 찍어도 되는지를 묻는 질문에 '아니요'라고 허락하지 않았으므로 금지표현이 공란에 들어가야 하므로 '撮(と)らないでください 찍지 마세요'인 1번이 정답입니다.

오답 분석 2번은 '찍지 않는 게 좋습니다', 3번은 '찍지 않으면 안 됩니다', 4번 '찍어도 됩니다'이므로 오답입니다.

정답 1

04

1 えを かったり、えを うったり しました

2 えを みたり、えの せつめいを きいたり しました

3 えを かりたり、えを かしたり しました

4 えを あげたり、えを もらったり しました

정답 찾기 사진 촬영은 금지되어 있기 때문에 다른 것들을 한다는 것을 추측할 수 있으므로 '絵(え)を見(み)たり、絵(え)の説明(せつめい)を聞(き)いたりしました 그림을 보거나 그림 설명을 듣거나 했습니다'인 2번이 정답입니다.

오답 분석 1번은 '사거나 팔거나 했습니다', 3번은 '빌리거나 빌려 주거나 했습니다', 4번은 '주거나 받거나 했습니다'이므로 오답입니다.

정답 2

05

1 また   2 すぐ

3 まえに   4 ばかり

정답 찾기 즐거운 시간을 보냈다고 했고 기회가 있으면 가고 싶다고 했으므로 공란에는 거듭, 반복의 의미를 나타내는 부사인 'また 또'가 정답입니다.

오답 분석 2번은 '곧', 3번은 '전에', 4번은 '만, 뿐'이므로 오답입니다.

정답 1

시나공 03 고득점을 위한 핵심 문법 | 적 중 예상 문제 ②

문제 1   (   ) 안에 무엇을 넣습니까? 1 · 2 · 3 · 4 에서 가장 알맞은 것을 하나 고르세요.

01 せんせい、かさを (   ) くださいませんか。

1 かしても   2 かりて

3 かりても   4 かして

해석 선생님, 우산을 **(빌려)**주시지 않겠습니까?

정답 찾기 부탁표현인 ～てくださいませんか(~해 주시지 않겠습니까)와 貸(か)す의 て형을 알아야 풀 수 있는 문제입니다. ～てくださいませんか는 동사의 て형에 접속하는 표현으로 貸す의 て형을 찾아야 합니다. 貸す 5단 활용을 하는 동사로 貸す의 て형은 貸して입니다. 貸して의 ～て 대신에 부탁표현인 ～てください가 접속된 4번 '貸してくださいませんか 빌려주시지 않겠습니까'가 정답입니다.

오답 분석 1, 2, 3번은 접속형태가 틀리므로 오답입니다.

복습 꼭! ～てくださいませんか(~해 주시지 않겠습니까?)

어휘 傘(かさ) 우산 | 貸(か)す 빌리다

정답 4

02 あおい コートを（　　　）ひとが たなか
　 さんです。

1 きている　　　　　2 きていて

3 きていたら　　　　4 きていよう

해석 파란 코트를 (**입고 있는**) 사람이 다나카 씨입니다.

정답 찾기 상태 표현은 〜ている(〜하고 있다)인데 '동사의 て형
+ている' 형태로 접속하므로 여기에 맞는 접속형태를 찾으면 됩니
다. 着(き)る의 て형은 着て이고 〜て 대신에 〜ている를 접속
시킨 1번이 정답입니다.

오답 분석 2, 3, 4번은 접속형태가 틀리므로 오답입니다.

> 복습 꼭! 〜ている(〜하고 있다)

어휘 青(あお)い 파랗다 | コート 코트 | 着(き)る 입다

정답 1

---

03 おふろに（　　　）ゆうごはんを つくりま
　 した。

1 はいったら　　　　2 はいるから

3 はいってから　　　4 はいっても

해석 목욕을 (**하고 나서**) 저녁밥을 만들었습니다.

정답 찾기 먼저 한 일은 'おふろにはいる 목욕을 하다'이고 나중
에 한 일은 'ゆうごはんをつくる 저녁밥을 만들다'이므로 동작의
선행을 나타내는 표현 〜てから(〜하고 나서)가 공란에 들어가는
것이 가장 알맞습니다. 〜てから는 て형에 접속하는 표현으로 入
(はい)る의 て형은 入って입니다. 그래서 3번 入ってから가 정
답입니다.

오답 분석 1번 '하면', 2번 '할 때까지', 4번 '해도'이므로 오답입니다.

> 복습 꼭 〜てから(〜하고 나서)

어휘 お風呂(ふろ)に入(はい)る 목욕하다

정답 3

---

04 A「こんど ゴルフを して（　　　）どう
　　 ですか。」

　 B「わたしも ゴルフを して みたいと お
　　 もって います。」

1 みて　　　　　2 みたら

3 みるから　　　4 みに

해석 A: 다음번에 골프를 쳐 (**보면**) 어떻습니까?
　　　 B: 저도 골프를 쳐 보고 싶습니다.

정답 찾기 권유, 제안 표현은 '동사 た형+たら'이므로 여기에 맞는
형태를 찾으면 됩니다. 見(み)る의 た형은 見たら이므로 2번이 정
답입니다.

오답 분석 1번 '보고', 3번 '보기 때문에', 4번 '보러'이므로 오답입니다.

> 복습 꼭! 〜たら(〜하면)

어휘 今度(こんど) 다음번, 이번 | ゴルフ 골프

정답 2

---

05 今日は 家に もどって（　　　）ほうが
　 いいですね。

1 やすんだら　　　2 やすむ

3 やすんだ　　　　4 やすんで

해석 오늘은 집에 돌아가서 (**쉬는**) 게 좋겠네요.

정답 찾기 충고, 조언을 나타내는 표현은 '동사 た형+たほうがい
い'이므로 여기에 맞는 형태를 찾으면 됩니다. 休(やす)む의 た형은
休んだ이고 〜ほうがいいです를 접속시킨 3번이 정답입니다.

오답 분석 1, 2, 4번은 접속형태가 틀리므로 오답입니다.

> 복습 꼭! 〜ほうがいいです(〜하는 게 좋다)

어휘 休(やす)む 쉬다

정답 3

06 からだの ぐあいが よくないのか、
（　　　）します。

1 あつかった、さむかった
2 あつかったら、さむかったら
3 あつかって、さむかって
4 あつかったり、さむかったり

해석 몸 상태가 안 좋은지 **(덥기도 하고 춥기도)** 합니다.

정답 찾기 暑(あつ)い, 寒(さむ)い는 い형용사로 暑(あつ)い, 寒(さむ)い가 열거 표현 〜たり, 〜たりする와 접속할 경우 暑(あつ)かったり, 寒(さむ)かったり가 됩니다. 4번 '暑(あつ)かったり, 寒(さむ)かったりします 덥기도 하고 춥기도 합니다'가 정답입니다.

오답 분석 1, 2, 3번은 접속형태가 틀리므로 오답입니다.

> 복습 꼭! 〜たり, 〜たりする(〜하기도 하고 〜하기도 하다)

어휘 体(からだ) 몸 | 具合(ぐあい) 상태

정답 4

문제 2 ＿＿★ 안에 어떤 것이 들어갑니까? 1·2·3·4 에서 가장 알맞은 것을 하나 고르세요.

01 この くだもの ＿＿＿ ＿＿＿ ＿＿＿ ★
いいですか。

1 を　　　　　　2 で
3 つくっても　　4 ジャム

문장 배열 この 果物(くだもの) で ジャム を 作(つく)って
　　　　　　　　　　　　2　　4　　1　　3
も いいですか。

해석 이 과일로 잼을 만들어도 됩니까?

정답 찾기 먼저 この果物(くだもの)에 연결되는 것을 찾으면 で입니다. 나머지 선택지를 보면 4번과 1번을 묶어서 ジャムを가 되며 조사 〜を뒤에는 동사가 올 수 있으므로 3번 作(つく)っても로 연결할 수 있음을 알 수 있습니다. 〜てもいいですか 형태로 허락을 구하는 표현을 만들 수 있으므로 いいですか는 作っても에 연결하여 '作ってもいいですか 만들어도 됩니까?'가 됩니다. 2-4-1-3 순이므로 정답은 3번입니다.

> 복습 꼭! 〜てもいい(〜해도 된다)

어휘 果物(くだもの) 과일 | ジャム 잼

정답 3

---

02 しゅくだい ＿＿＿ ＿＿＿ ★ ＿＿＿ ましょう。

1 あとで　　　　2 でかけ
3 おえた　　　　4 を

문장 배열 宿題(しゅくだい) を 終(お)えた 後(あと)で
　　　　　　　　　　　　　4　　3　　　1
出(で)かけ ましょう。
　2

해석 숙제를 끝낸 후에 외출합시다.

정답 찾기 먼저 宿題(しゅくだい)에 연결되는 것을 찾으면 조사 〜を입니다. 나머지 선택지를 보면 3번과 1번을 묶어서 〜たあとで(한 후에, 〜한 다음에)라는 표현을 만들 수 있으므로 終(お)えた 後(あと)で가 됩니다. 또한 後(あと)で 뒤에는 다른 행동이 이어지므로 出(で)かけ가 접속할 수 있는 것을 알 수 있습니다. 문말의 〜ましょう는 ます형에 접속하므로 出(で)かける의 ます형인 出(で)かけ에 연결됩니다. 4-3-1-2 순이 되므로 정답은 1번입니다.

> 복습 꼭 〜たあとで(〜한 후에, 〜한 다음에)

어휘 宿題(しゅくだい) 숙제 | 出(で)かける 외출하다

정답 1

03 こどもの とき ＿＿＿ ＿＿＿ ★ ＿＿＿
あります。

1 を　　　　　　　2 ならった
3 ピアノ　　　　　4 ことが

문장 배열 子供(こども)の 時(とき) <u>ピアノ</u> を <u>習(なら)った</u>
　　　　　　　　　　　　　　　　 3　　　1　　 2
<u>ことが</u> あります。
　 4

해석 어렸을 때 피아노를 배운 적이 있습니다.

정답 찾기 먼저 선택지를 보면 명사 뒤에 조사가 올 수 있으므로 3
번 ピアノ와 1번 を를 연결하여 ピアノを를 만들고 뒤로는 동사
習(なら)った를 연결해서 ピアノを習った라는 문장을 만들 수
있습니다. 또한 習った는 ことが에 접속하여 경험을 나타내는 '〜
たことがあります 〜한 적이 있습니다' 문형을 완성합니다. 3-1-
2-4 순이 되므로 정답은 2번입니다.

> **복습 꼭!** 〜たことがある(〜한 적이 있다)

어휘 子供(こども)の 時 어렸을 때 | ピアノ 피아노 | 習(なら)う
배우다

정답 2

---

04 あの テレビ ＿＿＿ ＿＿＿ ＿＿＿ ★ します。

1 こわれたのか
2 おおきくなったり、ちいさくなったり
3 は
4 おとが

문장 배열 あのテレビ は 壊(こわ)れたのか 音(おと)が
　　　　　　　　　　　　 3　　　 1　　　　 4
<u>大(おお)きくなったり、小(ちい)さくなったり</u> します。
　　　　　　　　　　 2

해석 저 텔레비전은 고장 났는지 소리가 커지거나 작아지거나 합니다.

정답 찾기 먼저 あのテレビ에 연결되는 것을 찾으면 조사 〜は입
니다. 나머지 선택지를 보면 音(おと)가는 조사 〜が가 있으므로
뒤에 い형용사 大(おお)きくなったり、小(ちい)さくなった
り에 접속하여 〜たり、〜たりする(〜하기도 하고 〜하기도 하
다)는 문형을 만들 수 있습니다. 마지막으로 소리가 커지거나 작아지
거나 하는 원인을 나타내는 1번 壊(こわ)れたのか을 4번 앞에 놓
을 수 있으므로 3-1-4-2 순이 됩니다.

> **복습 꼭!** 〜たり、〜たりする(〜하기도 하고 〜하기도 하다)

어휘 テレビ 텔레비전 | 壊(こわ)れる 고장나다 | 音(おと) 소리

정답 2

---

05 ふゆに なって うんどうを ぜんぜん しま
せんね。たまに ＿＿＿ ＿＿＿ ＿＿＿ ★
どうですか。

1 たら　　　　　　2 は
3 し　　　　　　　4 うんどう

문장 배열 冬(ふゆ)に なって 運動(うんどう)を 全然(ぜん
ぜん) しませんね。たまに は 運動(うんどう) し たら
　　　　　　　　　　　　　　 2　　 4　　　　 3　 1
どうですか。

해석 겨울이 되고 나서 운동을 전혀 하지 않네요. 가끔은 운동하면
어떻습니까?

정답 찾기 선택지를 보면 1번 〜たら(〜하면)이 보이고 문장 끝 부
분에 どうですか가 있으므로 '〜たらどうですか 〜하면 어떻
습니까' 형태로 가정해서 생각을 묻는 표현이 문제를 푸는 포인트가
됩니다. 〜たら를 중심으로 앞쪽에는 3번을 두면 したら가 되므로
3번 앞쪽에는 運動(うんどう)가 와서 運動したら가 됩니다. 나
머지 2번 は는 가장 앞쪽의 たまに의 뒤로 붙어서 'たまには 가끔
은'이 됩니다. 전체적으로 나열하면 2-4-3-1 순이 되므로 정답은 1
번입니다.

> **복습 꼭!** 〜たら(〜하면)

어휘 冬(ふゆ) 겨울 | 全然(ぜんぜん) 전혀 | たまに 가끔
정답 1

---

06 たばこは __★__ ___ ___ ___ です。

1 が　　　　　　2 やめた

3 いい　　　　　4 ほう

문장 배열 たばこは 止(や)めた ほう が いい です。
　　　　　　　　　　　2　　4　1　3

해석 담배는 그만 두는 게 좋습니다.

정답 찾기 선택지에서 ~たほうがいい(~하는 게 좋다)라는 충고, 제안 표현이 보이면 문제를 쉽게 풀 수 있습니다. ~たほうがいい는 동사 た형에 접속하는 표현으로 2번 止(や)めた는 '止(や)める 그만두다'의 た형이므로 ~たほうがいい에 접속할 수 있는 알맞은 활용형태입니다. 2-4-1-3 순으로 연결할 수 있으므로 정답은 2번입니다.

> 복습 꼭　~たほうがいい(~하는 게 좋다)

어휘 たばこ 담배 | 止(や)める 그만두다
정답 2

문제 3　01 부터　05 안에 어떤 것이 들어갑니까? 1·2·3·4 에서 가장 알맞은 것을 하나 고르세요.

レストランの前で 友達を まっていました。とおりには バスと でんしゃが 01 。とおりの むこうには でんしゃを まって いる ひとが 5、6人 いました。バス のりばでも 02 ひとが バスを まって いました。しばらくして 友達が きました。私たちは デパートに いく ために、レストランを でて、バス のりばに いきました。 03 の 外国人が「しんじゅくまで いく バスの ばんごうは なんばんですか。」と ききました。わたしは「ここで 35番の バス 04 のって 5番目で おりてください。35-1番に 05 。」と おしえて あげました。

해석 레스토랑 앞에서 친구를 기다리고 있었습니다. 길에는 버스와 전철이 1 달리고 있었습니다. 길 건너편에는 전철을 기다리고 있는 사람이 5, 6명 있었습니다. 버스정류장에서도 2 많은 사람이 버스를 기다리고 있었습니다. 잠시 후에 친구가 왔습니다. 우리는 백화점에 가기 위해 레스토랑을 나와 버스 정류장으로 갔습니다. 3 옆의 외국인이 "신주쿠까지 가는 버스는 몇 번입니까?"라고 물었습니다. 저는 "여기서 35번 버스 4 를 타고, 5번째에서 내리세요. 35-1번을 5 타면 안 됩니다."라고 가르쳐 주었습니다.

어휘 前(まえ) 앞 | 待(ま)つ 기다리다 | 通(とお)り 길 | 電車(でんしゃ) 전철, 전차 | 向(む)こう 맞은편 | バス乗(の)り場(ば) 버스 정류장 | 外国人(がいこくじん) 외국인 | 番号(ばんごう) 번호 | 何番(なんばん) 몇 번 | 乗(の)る 타다 | 降(お)りる 내리다 | 教(おし)える 알려주다, 가르치다

01

1 はしるからです　　2 はしりません

3 はしりたいです　　4 はして いました

정답 찾기 글에서 정류장과 역이 있다는 것을 알 수 있으므로 버스와 전철의 움직임의 진행이나 상태를 추측할 수 있으므로 はしっていました 달리고 있었습니다'인 4번이 정답입니다.

오답 분석 1번은 '달리기 때문입니다', 2번은 '달리지 않습니다', 4번은 '달리고 싶습니다'이므로 오답입니다.

정답 4

02

1 よく　　　　　　2 ひじょうに
3 おおぜいの　　　4 ときどき

정답 찾기 앞뒤 문장에서 전차와 버스를 기다리고 있다고 했으므로 문맥상 '大勢(おおぜい)の 많은'이 되어야 하므로 정답은 3번입니다.

오답 분석 1번은 '잘, 자주', 2번은 '매우', 4번은 '때때로'이므로 오답입니다.

정답 3

03

1 あいだ　　　　　2 つぎ
3 となり　　　　　4 ほか

정답 찾기 버스정류소에서 버스편 등을 물어볼 때는 주위의 가장 가까운 사람에게 묻게 되므로 문맥상 3번 'となり 옆'이 정답입니다.

오답 분석 1번은 '동안', 2번은 '다음', 4번은 '그 밖, 그 외'이므로 오답입니다.

정답 3

04

1 に　　　　　　　2 が
3 の　　　　　　　4 も

정답 찾기 뒤에 乗(の)る라는 단어가 있고 乗(の)る는 '~을 타다'라는 의미로 쓰일 경우 조사는 ~に를 써야 하므로 1번이 정답입니다.

오답 분석 2번은 '버스가', 3번은 '버스의', 4번은 '버스도'이므로 오답입니다.

정답 1

05

1 のっても いいです　2 のっては いけません
3 のって きます　　　4 のって かえります

정답 찾기 반드시 35번 버스를 타야 하는데 35-1번 버스도 있어서 잘못 타면 안 되므로 금지표현 '乗ってはいけません 타면 안 됩니다'인 2번이 정답입니다.

오답 분석 1번은 '타도 됩니다', 3번은 '타고 옵니다', 4번은 '타고 돌아갑니다'이므로 오답입니다.

정답 2

둘째마당 | N5 문자·어휘

시나공 04 い형용사 | 적중 예상 문제 ①

_____의 단어는 어떻게 읽습니까? 1·2·3·4 에서 가상 알맞은 깃을 하나 고르세요.

01 いえの ちかくに 新しい ビルが できました。

　1 むずかしい　　　2 やさしい
　3 うつくしい　　　4 あたらしい

해석 집 근처에 새 빌딩이 생겼습니다.
정답 4

---

02 あねの へやは わたしの へやより 広いです。

　1 はやい　　　　　2 ひろい
　3 あまい　　　　　4 せまい

해석 언니(누나)의 방은 저의 방보다 넓습니다.
정답 2

---

03 この みせは くだものが あまり 安く
　ありません。

　1 やすく　　　　　2 おもく
　3 つよく　　　　　4 ながく

해석 이 가게는 과일이 그다지 싸지 않습니다.
정답 1

---

04 丸い テーブルが ほしいです。

　1 からい　　　　　2 わるい
　3 まるい　　　　　4 ふとい

해석 둥근 테이블을 원합니다.
정답 3

---

05 この いすは 軽くて らくです。

　1 かるくて　　　　2 うすくて
　3 くらくて　　　　4 せまくて

해석 이 의자는 가볍고 편합니다.
정답 1

---

06 よしださんは こんや かえりが 遅く
　なると おもいます。

　1 おそく　　　　　2 あつく
　3 ちかく　　　　　4 うすく

해석 요시다 씨는 오늘밤 귀가가 늦어질 것으로 생각합니다.
정답 1

문제 2 _____의 단어는 어떻게 씁니까? 1 · 2 · 3 · 4에서 가장 알맞은 것을 하나 고르세요.

01 この ほんは あつく ないです。

　　1 厚く　　　　　2 熱く
　　3 暑く　　　　　4 重く

해석 이 책은 두껍지 않습니다.
정답 1

---

02 この おてあらいは せまくて きたないです。

　　1 若い　　　　　2 危ない
　　3 汚い　　　　　4 短い

해석 이 화장실은 좁고 더럽습니다.
정답 3

---

03 ながい スカートを みじかく しました。

　　1 低く　　　　　2 短く
　　3 白く　　　　　2 赤く

해석 긴 스커트를 짧게 했습니다.
정답 2

---

04 わたしにとって ひらがな、カタカナは や
　　さしいですが、かんじは むずかしいです。

　　1 欲しい　　　　2 楽しい
　　3 難しい　　　　4 涼しい

해석 저에게는 히라가나, 가타카나는 쉽지만 한자는 어렵습니다.
정답 3

---

05 やまださんは わたしより ひとつ わかい
　　です。

　　1 苦い　　　　　2 眠い
　　3 悪い　　　　　4 若い

해석 야마다 씨는 저보다 한 살 어립니다.
정답 4

---

06 あるきすぎて あしが いたく なりました。

　　1 青く　　　　　2 痛く
　　3 寒く　　　　　4 太く

해석 너무 걸어서 다리가 아픕니다.
정답 2

문제3 (   )에 무엇을 넣습니까? 1·2·3·4에서 가장 알맞은 것을 하나 고르세요.

01 (   ) コーヒーが のみたいです。

1 つめたい   2 ひくい
3 つよい   4 まずい

해석 **(차가운)** 커피를 마시고 싶습니다.
정답 1

---

02 ゆうべの おんがくかいは (   ) ですか。

1 ほそかった   2 かわいかった
3 おいしかった   4 たのしかった

해석 어젯밤 음악회는 **(즐거웠)**습니까?
정답 4

---

03 かばんが (   ) わたしが もちます。

1 つまらなければ   2 よければ
3 おもければ   4 たかければ

해석 가방이 **(무거우면)** 제가 들겠습니다.
정답 3

---

04 わたしは (   ) たべものは たべられません。

1 せまい   2 からい
3 ひくい   4 ちかい

해석 저는 **(매운)** 음식은 못 먹습니다.
정답 2

---

05 きょうは (   ) ので、いけません。

1 みじかい   2 ほそい
3 ちいさい   4 いそがしい

해석 오늘은 **(바빠)**서 갈 수 없습니다.
정답 4

---

06 こどもも よめる もっと (   ) ほんは ありませんか。

1 やさしい   2 つまらない
3 あたたかい   4 あぶない

해석 어린이도 읽을 수 있는 더 **(쉬운)** 책은 없습니까?
정답 1

문제 4 _____ 문장과 대체로 비슷한 의미의 문장이 있습니다. 1·2·3·4에서 가장 알맞은 것을 하나 고르세요.

01 こんしゅうは いそがしかったです。

1 こんしゅうは じかんが ありました。
2 こんしゅうは ひまじゃありませんでした。
3 こんしゅうは あそびに いきました。
4 こんしゅうは たのしく すごしました。

해석 이번 주는 바빴습니다.
해설 '忙(いそが)しい 바쁘다'를 다르게 표현한 것을 찾으면 되겠죠? '暇(ひま)じゃない 한가하지 않다'가 대체로 비슷한 뜻이므로 2번이 정답입니다.
정답 2

02 それは あたらしい カメラです。

1 それは おおきく ない カメラです。
2 それは たかく かった カメラです。
3 それは ふるく なった カメラです。
4 それは かった ばかりの カメラです。

해석 그것은 새 카메라입니다.
해설 '新(あたら)しい 새롭다'를 다르게 표현한 것을 찾으면 되겠죠? '買(か)ったばかりだ 산지 얼마 되지 않다'가 같은 뜻이므로 4번이 정답입니다.
정답 4

03 きょうは すずしいです。

1 きょうは あつくて いい てんきです。
2 きょうは さむくて いい てんきです。
3 きょうは あめが ふるし、かぜも つよいです。
4 きょうは あつくも さむくも なくて いい てんきです。

해석 오늘은 선선합니다.
해설 '涼(すず)しい 선선하다'를 다르게 표현한 것을 찾으면 됩니다. '暑(あつ)くも 寒(さむ)くもない 덥지도 춥지도 않다'가 가장 비슷한 뜻이므로 4번이 정답입니다.
정답 4

04 かれは ほそい じょせいが すきです。

1 かれは ふとい じょせいが すきです。
2 かれは あかるい じょせいが すきです。
3 かれは やせて いる じょせいが すきです。
4 かれは くらい じょせいが すきです。

해석 그는 마른 여성을 좋아합니다.
해설 ほそい는 '가늘다', '마르다'는 뜻입니다. 체형이 마른 여성을 좋아한다는 뜻이므로 '마르다'를 다르게 표현한 것을 찾으면 되겠죠? 동사 'やせる 마르다'가 같은 뜻이므로 3번이 정답입니다.
정답 3

시나공 04 **い형용사** | 적 중 **예상 문제 ②**

문제 1 _____의 단어는 어떻게 읽습니까? 1·2·3·4 에서 가장 알맞은 것을 하나 고르세요.

---

01 <u>青い</u> そら、しろい くも。

1 あかい   2 しろい
3 きいろい   4 あおい

해석 파란 하늘, 흰 구름.
해설 어간 青(あお)는 명사로 '파랑'입니다.
정답 4

---

02 はが <u>痛くて</u> はいしゃさんに いきました。

1 いたくて   2 うすくて
3 よくて   4 かるくて

해석 이가 아파서 치과에 갔습니다.
정답 1

---

03 この ケーキは あまり <u>甘く</u> ありません。

1 やすく   2 あまく
3 あつく   4 みじかく

해석 이 케이크는 별로 달지 않습니다.
정답 2

---

04 しごとが <u>忙し</u>ければ いかなくても いい
です。

1 いそがし   2 むずかし
3 おいし   4 すずし

해석 일이 바쁘면 안 가도 됩니다.
정답 1

---

05 わたしの へやは <u>暗くて</u> せまいです。

1 よくて   2 うすくて
3 くらくて   4 かるくて

해석 내 방은 어둡고 좁습니다.
정답 3

---

06 やまださんは あしが <u>小さい</u>です。

1 みじかい   2 ちいさい
3 ながい   4 おおきい

해석 야마다 씨는 발이 작습니다.
정답 2

문제 2 _____의 단어는 어떻게 씁니까? 1·2·3·4에서 가장 알맞은 것을 하나 고르세요.

01 ことしの ふゆは きょねんより <u>さむい</u>です。

   1 悪い   2 寒い

   3 暑い   4 長い

해석 올겨울은 작년보다 춥습니다.
정답 2

---

02 その かばんは <u>おもくて</u> もてません。

   1 赤くて   2 悪くて

   3 重くて   4 早くて

해석 그 가방은 무거워서 들 수 없습니다.
정답 3

---

03 いもうとは せが <u>ひくい</u>です。

   1 広い   2 丸い

   3 細い   4 低い

해석 여동생은 키가 작습니다.
해설 반대 표현인 '키가 크다'는 背(せ)가 高(たか)い입니다.
정답 4

---

04 この にもつは <u>かるくて</u> ひとりで もつ
   ことが できます。

   1 狭くて   2 軽くて

   3 太くて   4 高くて

해석 이 짐은 가벼워서 혼자서 들 수 있습니다.
정답 2

---

05 かのじょは かおが <u>まるくて</u> かわいいです。

   1 丸くて   2 長くて

   3 太くて   4 青くて

해석 그녀는 얼굴이 둥글고 귀엽습니다.
정답 1

---

06 こんかいの テストは ぜんかいより <u>やさ</u>
<u>しかった</u>ですか。

   1 涼しかった   2 難しかった

   3 忙しかった   4 易しかった

해석 이번 테스트는 지난번보다 쉬웠습니까?
정답 4

문제 3 (   )에 무엇을 넣습니까? 1·2·3·4에서 가장 알맞은 것을 하나 고르세요.

---

01 おとうとは あにより ちからが (   )
    です。

  1 まずい   2 ほしい
  3 かわいい   4 つよい

해석 남동생은 형보다 힘이 (**셉**)니다.
정답 4

---

02 いえから かいしゃまでは (   ) です。

  1 ちかかった   2 きたなかった
  3 おそかった   4 くらかった

해석 집에서 회사까지는 (**가까웠**)습니다.
정답 1

---

03 そとの くうきが (   ) まどを しめま
    した。

  1 くろくて   2 いたくて
  3 つめたくて   4 まずくて

해석 바깥 공기가 (**차가워서**) 창문을 닫았습니다.
정답 3

---

04 へやが (   ) エアコンを つけましょう
    か。

  1 あたたかければ   2 すずしければ
  3 つめたければ   4 あつければ

해석 방이 (**더우면**) 에어컨을 켤까요?
정답 4

---

05 この カメラの デザインは (   ) あり
    ません。

  1 とおく   2 わるく
  3 しろく   4 とおく

해석 이 카메라 디자인은 (**나쁘지**) 않습니다.
정답 2

---

06 かかとの (   ) くつは はけません。

  1 やさしい   2 からい
  3 ながい   4 たかい

해석 굽이 (**높은**) 구두는 못 신습니다.
정답 4

문제 4 _____ 문장과 대체로 비슷한 의미의 문장이 있습니다. 1 · 2 · 3 · 4에서 가장 알맞은 것을 하나 고르세요.

---

01 <u>かなは かんじより やさしいです。</u>

1 かなは かんじより むずかしいです。

2 かなは かんじより ふくざつです。

3 かなは かんじより かんたんです。

4 かなは かんじより おなじです。

해석 가나는 한자보다 쉽습니다.

해설 易(やさ)しい는 '쉽다'라는 뜻입니다. '쉽다'를 다르게 표현한 것을 찾으면 되겠죠? 簡単(かんたん)だ(간단하다)가 같은 뜻이므로 3번이 정답입니다.

정답 3

---

02 <u>この まんねんひつは やすいです。</u>

1 この まんねんひつは たかく ありません。

2 この まんねんひつは ふるく ありません。

3 この まんねんひつは はやく ありません。

4 この まんねんひつは わるく ありません。

해석 이 만년필은 쌉니다.

해설 安(やす)い는 '싸다'라는 뜻입니다. '싸다'를 다르게 표현한 것을 찾으면 되겠죠? 高(たか)くない(비싸지 않다)가 같은 뜻이므로 1번이 정답입니다.

정답 1

---

03 <u>ゆきの ふった ふゆの やまは あぶないです。</u>

1 ゆきの ふった ふゆの やまは きけんです。

2 ゆきの ふった ふゆの やまは わるいです。

3 ゆきの ふった ふゆの やまは たのしいです。

4 ゆきの ふった ふゆの やまは おもしろい です。

해석 눈이 내린 겨울산은 위험합니다.

해설 '危(あぶ)ない 위험하다'를 다르게 표현한 것을 찾으면 되겠죠? な형용사 '危険(きけん)だ 위험하다'가 같은 뜻이므로 1번이 정답입니다.

정답 1

---

04 <u>あの レストランの ステーキは まずいです。</u>

1 あの レストランの ステーキは あまいです。

2 あの レストランの ステーキは おいしくない です。

3 あの レストランの ステーキは ひくいです。

4 あの レストランの ステーキは たかいです。

해석 저 레스토랑의 스테이크는 맛이 없습니다.

해설 'まずい 맛없다'를 다르게 표현한 것을 찾으면 되겠죠? おいしい의 부정형인 'おいしくない 맛이 없다'가 같은 뜻이므로 2번이 정답입니다.

정답 2

시나공 05 な형용사 | 적 중 예상 문제 ①

문제 1 _____의 단어는 어떻게 읽습니까? 1·2·3·4 에서 가장 알맞은 것을 하나 고르세요.

---

01 きっさてんで 静かな おんがくが ながれて
います。

1 しずかな　　　　2 すき
3 きれい　　　　　4 きらい

해석 찻집에서 조용한 음악이 흐르고 있습니다.
정답 1

---

02 けがは もう 大丈夫ですか。

1 だいしょうふ　　2 たいしょうぶ
3 たいじょうふ　　4 だいじょうぶ

해석 부상은 이제 괜찮습니까?
정답 4

---

03 さいきん しごとが 大変です。

1 だいへん　　　　2 たいべん
3 たいへん　　　　4 だいべん

해석 최근 일이 힘듭니다.
정답 3

---

04 えいがかんは 便利な ばしょに ありますね。

1 へんり　　　　　2 べんり
3 べんに　　　　　4 へんに

해석 영화관은 편리한 곳에 있군요.
정답 2

---

05 かのじょは おどりは へたですが、うたは
上手です。

1 たいせつ　　　　2 じょうぶ
3 じょうず　　　　4 ゆうめい

해석 그녀는 춤은 서툴지만 노래는 잘합니다.
정답 3

---

06 きょうは 暇です。

1 らく　　　　　　2 ひま
3 だめ　　　　　　4 いま

해석 오늘은 한가합니다.
정답 2

문제 2 _____의 단어는 어떻게 씁니까? 1·2·3·4에서 가장 알맞은 것을 하나 고르세요.

01 ちいさかった おこさんが こんなに
　 <u>りっぱな</u> おとなに なりましたね。

　 1 立旅　　　　　2 並派
　 3 立派　　　　　4 並旅

해석 어렸던 자녀분이 이렇게 훌륭한 어른이 되었네요.
정답 3

---

02 かれは せかいてきに <u>ゆうめいな</u> かがく
　 しゃです。

　 1 益各　　　　　2 有名
　 3 益名　　　　　4 有各

해석 그는 세계적으로 유명한 과학자입니다.
정답 2

---

03 わたしは えが <u>へた</u>です。

　 1 下多　　　　　2 下太
　 3 下田　　　　　4 下手

해석 저는 그림을 잘 못 그립니다.
정답 4

---

04 おからだを <u>たいせつに</u> して ください。

　 1 大切　　　　　2 体切
　 3 待切　　　　　4 太切

해석 몸 조리 잘 하세요.
정답 1

---

05 とても <u>じょうぶな</u> ほんだなです。

　 1 大天　　　　　2 丈天
　 3 丈夫　　　　　4 大夫

해석 매우 튼튼한 책장입니다.
정답 3

---

06 わたしは こどもの ときから まんがが <u>だ</u>
　 <u>いすき</u>でした。

　 1 大好き　　　　2 太好
　 3 大好　　　　　4 太好き

해석 저는 아이였을 때부터 만화를 아주 좋아했습니다.
정답 1

문제 3 (　　　)에 무엇을 넣습니까? 1·2·3·4에서 가장 알맞은 것을 하나 고르세요.

---

01 わたしは ねこは すきですが、いぬは
（　　　）です。

1 ひま　　　　　　2 しずか
3 きらい　　　　　4 ゆうめい

해석 저는 고양이는 좋아하지만 개는 **(싫어합)**니다.
정답 3

---

02 この あたりは よるに なると（　　　）
なります。

1 しずかに　　　　2 だいすき
3 へた　　　　　　4 べんり

해석 이 주변은 밤이 되면 **(조용해)**집니다.
정답 1

---

03 この へんは しゅうまつには（　　　）です。

1 じょうぶ　　　　2 にぎやか
3 たいせつ　　　　4 たいへん

해석 이 주변은 주말에는 **(번화합)**니다.
정답 2

---

04 （　　　）こえで うたを うたって います。

1 すきな　　　　　2 ひまな
3 いやな　　　　　4 きれいな

해석 **(아름다운)** 목소리로 노래를 부르고 있습니다.
정답 4

---

05 A「おからだは どうですか。」
B「ありがとうございます。
　　もう（　　　）。」

1 だいじょうぶです　2 だいすきです
3 たいせつです　　　4 だいきらいです

해석 A: 몸은 어떻습니까?
　　B: 고맙습니다. 이제 **(괜찮습니다)**.
정답 1

---

06 かれは（　　　）ホテルを もって いる。

1 じょうずな　　　　2 たいへんな
3 りっぱな　　　　　4 べんりな

해석 그는 **(멋진)** 호텔을 가지고 있다.
정답 3

문제 4 　　　　　 문장과 대체로 비슷한 의미의 문장이 있습니다. 1·2·3·4에서 가장 알맞은 것을 하나 고르세요.

01 この みずは のんでも だいじょうぶです。

1 この みずは のんでも いいです。
2 この みずは のんでも あまいです。
3 この みずは のんでも たいへんです。
4 この みずは のんでも だいじです。

해석 이 물은 마셔도 괜찮습니다.

해설 '大丈夫(だいじょうぶ)だ 괜찮다'를 다르게 표현한 것을 찾으면 되겠죠? 'いい 좋다, 괜찮다'가 같은 뜻이므로 1번이 정답입니다.

정답 1

02 わたしは やさい サラダが すきです。

1 わたしは やさい サラダを よく かいます。
2 わたしは やさい サラダを よく つくります。
3 わたしは やさい サラダを よく たべます。
4 わたしは やさい サラダを よく します。

해석 저는 야채 샐러드를 좋아합니다.

해설 '好(す)きだ 좋아하다'를 다르게 표현한 것을 찾으면 되겠죠? 'よく食(た)べる 자주 먹는다'가 같은 뜻이므로 3번이 정답입니다.

정답 3

03 たいせつな ものは おもちに なって ください。

1 おおきい ものは おもちに なって ください。
2 だいじな ものは おもちに なって ください。
3 あたらしい ものは おもちに なって ください。
4 じょうぶな ものは おもちに なって ください。

해석 소중한 것은 가지고 계셔요.

해설 '大切(たいせつ)だ 소중하다, 중요하다'를 다르게 표현한 것을 찾으면 되겠죠? '大事(だいじ)だ 소중하다'가 같은 뜻이므로 2번이 정답입니다.

정답 2

04 わたしは りょうりが じょうずです。

1 わたしは りょうりが よく つくれます。
2 わたしは りょうりが よく つくれません。
3 わたしは りょうりが よく たべられません。
4 わたしは りょうりが よく たべれます。

해석 저는 요리가 능숙합니다.

해설 '上手(じょうず)だ 잘하다, 능숙하다'를 다르게 표현한 것을 찾으면 되겠죠? '作(つく)る 만들다'의 가능형인 'よく作(つく)れる 잘 만들 수 있다'가 같은 뜻이므로 1번이 정답입니다.

정답 1

시나공 05 **な형용사** | 적 중 예상 문제 ②

문제 1 _____ 의 단어는 어떻게 읽습니까? 1 · 2 · 3 · 4 에서 가장 알맞은 것을 하나 고르세요.

---

01 この レストランは ステーキが 有名です。

1 たいせつ 　　2 べんり
3 ゆうめい 　　4 ひま

해석 이 레스토랑은 스테이크가 유명합니다.
정답 3

---

02 わたしは こうつうが 便利な ところに すんでいる。

1 げんき 　　2 べんり
3 へた 　　4 りっぱ

해석 나는 교통이 편리한 곳에 살고 있다.
정답 2

---

03 いもうとは 同じ くつしたを 2そく かいました。

1 おなじ 　　2 べんじ
3 そうじ 　　4 かんじ

해석 여동생은 같은 양말을 두 켤레 샀습니다.
정답 1

---

04 やまのぼりの とちゅうで ゆきが ふって 大変でした。

1 じょうぶ 　　2 おなじ
3 きれい 　　4 たいへん

해석 등산하는 도중에 눈이 내려서 힘들었습니다.
정답 4

---

05 あれは わたしに とって 大切な ギターです。

1 きらい 　　2 たいせつ
3 ひま 　　4 たいへん

해석 저것은 나에게 있어서 소중한 기타입니다.
해설 비슷한 표현으로 '大事(だいじ)だ 소중하다'가 있습니다.
정답 2

---

06 わたしは にくより さかなの ほうが 好きです。

1 へた 　　2 りっぱ
3 すき 　　4 じょうず

해석 저는 고기보다 생선을 좋아합니다.
정답 3

문제 2   _____의 단어는 어떻게 씁니까? 1·2·3·4에서 가장 알맞은 것을 하나 고르세요.

01 いなかの りょうしんは <u>げんき</u>に すごして
いる そうです。

  1 元気   2 有名
  3 上手   4 大変

해석 시골의 부모님은 건강하게 지내고 있다고 합니다.
해설 '힘을 내다'라는 표현은 '元気(げんき)を出(だ)す'라고 한다.
정답 1

02 かのじょは りょうりが <u>じょうず</u>な とも
だちです。

  1 有名   2 丈夫
  3 便利   4 上手

해석 그녀는 요리를 잘하는 친구입니다.
정답 4

03 まいにち はしって いるから あしは <u>じょ
うぶ</u>です。

  1 親切   2 丈夫
  3 不便   4 安全

해석 매일 달리기 때문에 다리는 튼튼합니다.
해설 丈夫(じょうぶ)는 '튼튼하다', 大丈夫(だいじょうぶ)는 '괜찮다'라는 의미입니다.
정답 2

04 しごとが いそがしいなら れんらくは
しなくても <u>だいじょうぶ</u>です。

  1 必要   2 危険
  3 大丈夫   4 簡単

해석 일이 바쁘면 연락은 하지 않아도 괜찮습니다.
정답 3

05 この ビルには エレベーターが あって <u>べ
んり</u>です。

  1 上手   2 立派
  3 丈夫   4 便利

해석 이 빌딩에는 엘리베이터가 있어서 편리합니다.
정답 4

06 こんどの しごとは <u>たいへん</u>だと おもい
ます。

  1 元気   2 大変
  3 自由   4 残念

해석 이번 일은 힘들다고 생각합니다.
정답 2

문제3 ( )에 무엇을 넣습니까? 1·2·3·4에서 가장 알맞은 것을 하나 고르세요.

---

01 けさ ( ) へやを そうじしました。

1 へたに　　　　2 すきに
3 きれいに　　　4 きらいに

해석 오늘 아침 **(깨끗하게)** 방을 청소했습니다.
해설 綺麗(きれい)だ는 '예쁘다'라는 의미도 있습니다.
정답 3

---

02 おかねが あれば ( ) な いえを か
いたいです。

1 じゅうぶん　　2 しんぱい
3 りっぱ　　　　4 しずか

해석 돈이 있으면 **(멋진)** 집을 사고 싶습니다.
정답 3

---

03 おんがくかいでは ( ) して ください。

1 しずかに　　　2 きらいに
3 にぎやかに　　4 すきに

해석 음악회에서는 **(조용히)** 해주세요.
정답 1

---

04 その まちは まえ より ( ) に なり
ました。

1 おなじ　　　　2 むり
3 たいへん　　　4 にぎやか

해석 그 동네는 전보다 **(번화해)**졌습니다.
정답 4

---

05 ともだちと ( ) かさを かいました。

1 きらい　　　　2 おなじ
3 ふくざつ　　　4 ふべん

해석 친구와 **(같은)** 우산을 샀습니다.
해설 同(おな)じだ의 명사수식형은 同じな가 아니고 同じ입니다.
정답 2

---

06 わたしは うたは すきですが、うたうのは
( ) です。

1 へた　　　　　2 おなじ
3 きれい　　　　4 りっぱ

해석 저는 노래는 좋아하지만 노래는 **(잘 못합)**니다.
정답 1

문제 4 _____ 문장과 대체로 비슷한 의미의 문장이 있습니다. 1·2·3·4에서 가장 알맞은 것을 하나 고르세요.

---

01 わたしに とって かぞくが いちばん たいせつです。

1 わたしに とって かぞくが いちばん しずかです。

2 わたしに とって かぞくが いちばん ひまです。

3 わたしに とって かぞくが いちばん だいじです。

4 わたしに とって かぞくが いちばん にぎやかです。

해석 저에게 있어서 가족이 제일 소중합니다.

해설 たいせつだ는 '소중하다'라는 뜻입니다. '소중하다'를 다르게 표현한 것을 찾으면 되겠죠? だいじだ(소중하다)가 같은 뜻이므로 3번이 정답입니다.

정답 3

---

02 わたしは スポーツが へたです。

1 わたしは スポーツが じょうずではありません。

2 わたしは スポーツが おもしろくありません。

3 わたしは スポーツが いやではありません。

4 わたしは スポーツが きらいではありません

해석 저는 스포츠를 잘 못합니다.

해설 下手(へた)だ는 '서툴다'라는 뜻입니다. '서툴다'를 다르게 표현한 것을 찾으면 되겠죠? 上手(じょうず)ではない(능숙하지는 않다)가 같은 뜻이므로 1번이 정답입니다.

정답 1

---

03 スマートフォンを なくしたら たいへんです。

1 スマートフォンを なくしたら いいです。

2 スマートフォンを なくしたら あんしんします。

3 スマートフォンを なくしたら こまります。

4 スマートフォンを なくしたら にぎやかです。

해석 스마트폰을 잃어버리면 큰일입니다.

해설 '大変(たいへん)だ 큰일이다'를 다르게 표현한 것을 찾으면 되겠죠? '困(こま)る 곤란하다'가 같은 뜻이므로 3번이 정답입니다.

정답 3

---

04 この うたは にほんで ゆうめいです。

1 この うたは にほんの ひとたちが すこし しって います。

2 この うたは にほんの ひとたちが たくさん しって います。

3 この うたは にほんの ひとたちが だんだん しって います。

4 この うたは にほんの ひとたちが また しって います。

해석 이 노래는 일본에서 유명합니다.

해설 '有名(ゆうめい)だ 유명하다'를 다르게 표현한 것을 찾으면 되겠죠? 'たくさん知(し)っている 많이 알고 있다'가 비슷한 뜻이므로 2번이 정답입니다.

정답 2

시나공 06 동사 | 적중 예상 문제 ①

문제 1 _____ 의 단어는 어떻게 읽습니까? 1·2·3·4에서 가장 알맞은 것을 하나 고르세요.

---

01 むすこは べんきょうは しないで 遊んで ばかり います.

　1 ならんで　　　2 たのんで
　3 およいで　　　4 あそんで

해석 아들은 공부는 하지 않고 놀고만 있습니다.
정답 4

---

02 もうすぐ じゅぎょうが 始まります.

　1 しまり　　　　2 はじまり
　3 とまり　　　　4 こまり

해석 이제 곧 수업이 시작됩니다.
해설 자동사 '始(はじ)まる 시작되다'와 타동사 '始(はじ)める 시작하다'를 잘 암기해 두세요.
정답 2

---

03 ともだちに かりた ほんを 返しました.

　1 さし　　　　　2 わたし
　3 かえし　　　　4 だし

해석 친구에게 빌린 책을 돌려주었습니다.
해설 '借(か)りる 빌리다'와 '貸(か)す 빌려주다'는 헷갈리기 쉬운 단어이므로 잘 암기해 두세요.
정답 3

---

04 きょうしつに いつつの いすが 並んで います.

　1 すんで　　　　2 よんで
　3 やすんで　　　4 ならんで

해석 교실에 다섯 개의 의자가 놓여 있습니다.
정답 4

---

05 てを 洗ってから ごはんを たべます.

　1 あらって　　　2 おわって
　3 はいって　　　4 はしって

해석 손을 씻고 나서 밥을 먹습니다.
정답 1

---

06 かれは たいしかんに 勤めたいと おもって います.

　1 はじめ　　　　2 つとめ
　3 しめ　　　　　4 とめ

해석 그는 대사관에 근무하고 싶다고 생각하고 있습니다.
해설 勤(つと)める는 반드시 조사 〜に를 씁니다. 반면 働(はたら)く는 반드시 〜で를 쓰므로 주의하세요.
정답 2

문제 2 _____의 단어는 어떻게 씁니까? 1 · 2 · 3 · 4에서 가장 알맞은 것을 하나 고르세요.

01 みんなの こたえが ちがいます。

1 違い　　　　　　2 歌い
3 洗い　　　　　　4 吸い

해석 모두의 대답이 다릅니다.
정답 1

---

02 その ひとの かおを おぼえて いますか。

1 答えて　　　　　2 覚えて
3 消えて　　　　　4 考えて

해석 그 사람의 얼굴을 기억하고 있습니까?
정답 2

---

03 しゅくだいを わすれて いました。

1 晴れて　　　　　2 生れて
3 忘れて　　　　　4 入れて

해석 숙제를 잊고 있었습니다.
해설 忘(わす)れる는 '해야 할 것을 하지 않았다'라는 의미도 있습니다.
정답 3

---

04 うしろの ひとも すわって ください。

1 座って　　　　　2 帰って
3 習って　　　　　4 渡って

해석 뒷사람도 앉아 주세요.
해설 비슷한 말로 腰(こし)をかける가 있습니다.
정답 1

---

05 テレビを けして ください。

1 返して　　　　　2 消して
3 貸して　　　　　4 話して

해석 텔레비전을 꺼 주세요.
해설 消(け)す는 '끄다' 외에 '지우다'는 뜻도 있습니다.
정답 2

---

06 しゅじんは まだ ねて います。

1 寝て　　　　　　2 出て
3 見て　　　　　　4 来て

해석 남편은 아직 자고 있습니다.
정답 1

문제 3 ( )에 무엇을 넣습니까? 1 · 2 · 3 · 4에서 가장 알맞은 것을 하나 고르세요.

---

01 あなたは たばこを ( )。

1 きりますか   2 すいますか

3 のみますか   4 たべますか

해석 당신은 담배를 (피웁니까)?

해설 吸(す)う는 '액체나 기체를 들이 마시다, 빨다' 등의 뜻도 있습니다.

정답 2

---

02 ふじさんに ( ) ことが ありますか。

1 のぼった   2 きた

3 およいだ   4 あるいた

해석 후지산에 (오른) 적이 있습니까?

해설 오르다는 上(のぼ)る로도 한자를 씁니다.

정답 1

---

03 はを ( ) ねます。

1 いれて   2 とって

3 みがいて   4 はたらいて

해석 이를 (닦고) 잡니다.

정답 3

---

04 あしたの バイトは ( ) です。

1 はなし   2 かんがえ

3 やすみ   4 かえり

해석 내일 아르바이트는 (쉼)니다.

정답 3

---

05 コンピューターの しすぎで、めが
( ) います。

1 おしえて   2 でかけて

3 こたえて   4 つかれて

해석 컴퓨터를 너무해서 눈이 (피곤합)니다.

정답 4

---

06 これは にほんりょこうで ( ) しゃし
んです。

1 しった   2 とった

3 つかった   4 もった

해석 일본 여행에서 (찍은) 사진입니다.

해설 とる에는 '집다, 들다, 쥐다, 잡다, 따다, 찍다, 훔치다' 등 여러 가지 뜻이 있습니다. 여기서는 '(사진을) 찍다'의 의미로 쓰였습니다.

정답 2

문제 4 _____ 문장과 대체로 비슷한 의미의 문장이 있습니다. 1 · 2 · 3 · 4에서 가장 알맞은 것을 하나 고르세요.

01 先生に でんわを かけました。

1 先生に でんわを しました。

2 先生に でんわを かりました。

3 先生に でんわを かしました。

4 先生に でんわを あげました。

해석 선생님께 전화를 걸었습니다.

해설 'かける 걸다'를 다르게 표현한 것을 찾으면 되겠죠? '電話(でんわ)をする 전화를 하다'가 같은 뜻이므로 1번이 정답입니다. 電話をする, 電話をかける, 電話を入(い)れる 모두 같은 뜻으로 쓰입니다.

정답 1

02 ちちは ちゅうがっこうで はたらいて います。

1 ちちは ちゅうがっこうに いって います。

2 ちちは ちゅうがっこうに かよって います。

3 ちちは ちゅうがっこうに つとめて います。

4 ちちは ちゅうがっこうに きて います。

해석 아버지는 중학교에서 일하고 있습니다.

해설 '働(はたら)く 일하다'를 다르게 표현한 것을 찾으면 되겠죠? '勤(つと)める 근무하다'가 같은 뜻이므로 3번이 정답입니다. 조사는 각각 ～で 働(はたら)く, ～に 勤(つと)める로 씁니다.

정답 3

03 ともだちは へやの なかで ぼうしを ぬがないで います。

1 ともだちは へやの なかで ぼうしを きて います。

2 ともだちは へやの なかで ぼうしを かぶって います。

3 ともだちは へやの なかで ぼうしを もって います。

4 ともだちは へやの なかで ぼうしを つくって います。

해석 친구는 방 안에서 모자를 벗지 않고 있습니다.

해설 脱(ぬ)ぐ는 '벗다'는 뜻입니다. '脱(ぬ)がないでいる 벗지 않고 있다'를 다르게 표현한 것을 찾으면 되겠죠? 'かぶる 쓰다'의 상태를 나타낸 'かぶって いる 쓰고 있다'가 같은 뜻이므로 2번이 정답입니다. 脱(ぬ)ぐ는 신발뿐만 아니라 옷 등을 벗을 때도 쓰며, はく는 하의를 입거나 신을 신을 때 씁니다.

정답 2

04 わたしは およげます。

1 わたしは すいえいが できます。

2 わたしは スキーが できます。

3 わたしは スケートが できます。

4 わたしは ゴルフが できます。

해석 저는 헤엄칠 수 있습니다.

해설 泳(およ)ぐ는 '헤엄치다'는 뜻으로 '泳(すいえい) 수영'과 같은 뜻입니다. 泳(およ)げる는 泳(およ)ぐ의 가능형으로 '헤엄칠 수 있다'는 뜻입니다. 따라서 '헤엄칠 수 있다'를 다르게 표현한 '水泳(すいえい)가 できる 수영을 할 수 있다'가 같은 뜻이므로 1번이 정답입니다.

정답 1

시나공 06 동사 | 적 중 예상 문제 ②

문제 1　_____의 단어는 어떻게 읽습니까? 1·2·3·4 에서 가장 알맞은 것을 하나 고르세요.

01 らいしゅうから ぎんこうで 働く よてい
です。

1 みがく　　　　2 つく
3 うごく　　　　4 はたらく

해석 다음 주부터 은행에서 일할 예정입니다.
정답 4

02 ねんまつに おとうとが 生まれます。

1 うまれ　　　　2 こまり
3 しまり　　　　4 はじまり

해석 연말에 남동생이 태어납니다.
정답 1

03 ともだちに ほんを 貸して あげました。

1 かして　　　　2 かえして
3 はなして　　　4 わたして

해석 친구에게 책을 빌려 주었습니다.
정답 1

04 まいあさ 6じに 起きて あさごはんの し
たくを します。

1 いきて　　　　2 できて
3 あきて　　　　4 おきて

해석 매일 아침 6시에 일어나서 아침밥을 준비합니다.
정답 4

05 6じに しごとが おわると すぐ いえに
帰ります。

1 かり　　　　　2 かえり
3 おり　　　　　4 とり

해석 6시에 일이 끝나면 바로 집으로 돌아갑니다.
해설 집이나 고향에 갈 때는 帰(かえ)る를 씁니다.
정답 2

06 さむいので まどを 開けないで ください。

1 いけ　　　　　2 あけ
3 まけ　　　　　4 かけ

해석 추우니까 창문을 열지 말아 주세요.
정답 2

문제 2   _____의 단어는 어떻게 씁니까? 1·2·3·4에서 가장 알맞은 것을 하나 고르세요.

---

01 あの みせで <u>うって</u> いる パンは おいしいです。

1 習って   2 洗って
3 売って   4 買って

해석 저 가게에서 팔고 있는 빵은 맛있습니다.
정답 3

---

02 びじゅつかんの まえで しゃしんを <u>とり</u>ましょうか。

1 作り   2 撮り
3 走り   4 借り

해석 미술관 앞에서 사진을 찍을까요?.
해설 とる에는 '집다, 들다, 쥐다, 잡다, 따다, 훔치다' 등 여러 가지 뜻이 있습니다.
정답 2

---

03 くすりを いちにちに 3かい <u>のんで</u> ください。

1 住んで   2 読んで
3 呼んで   4 飲んで

해석 약을 하루에 3번 먹으세요.
해설 한국어는 '약을 먹다'이지만 일본어는 飲む(마시다)로 표현합니다.
정답 4

---

04 あには にほんの えいがを <u>みる</u>のが しゅみです。

1 見る   2 着る
3 来る   4 困る

해석 형은 일본 영화를 보는 것이 취미입니다.
해설 見る(보다), 見える(자연적으로 보이다), 見せる(의도적으로 보이다)라는 뜻이므로 잘 암기해 두세요.
정답 1

---

05 はなが <u>さいたら</u> はなみに いきます。

1 書いたら   2 働いたら
3 咲いたら   4 弾いたら

해석 꽃이 피면 꽃구경하러 갑니다.
정답 3

---

06 えきに いくので タクシーを <u>よんで</u> ください。

1 休んで   2 呼んで
3 頼んで   4 遊んで

해석 역에 가니까 택시를 불러주세요.
정답 2

문제 3 (   )에 무엇을 넣습니까? 1·2·3·4에서 가장 알맞은 것을 하나 고르세요.

---

01 むすこは ことし こうこうに （   ）ます。

1 はいり　　　　　2 かえり
3 のり　　　　　　4 おり

해석 아들은 올해 고등학교에 **(들어갑)**니다.
해설 入(はい)る는 예외 1그룹동사(예외 5단 동사)이므로 잘 기억해 두세요.
정답 1

---

02 きのうは くもっていたが、きょうは
（   ）います。

1 わすれて　　　　2 いれて
3 はれて　　　　　4 つかれて

해석 어제는 흐렸지만 오늘은 **(맑습)**니다.
정답 3

---

03 あねは スカートを、わたしは ズボンを
よく （   ）ます。

1 かき　　　　　　2 はき
3 みがき　　　　　4 ふき

해석 언니는 스커트를, 나는 바지를 즐겨 **(입습)**니다.
해설 일본어에서 하의는 着る가 아니라 はく를 씁니다.
정답 2

---

04 くすりやさんは みぎに （   ）すぐに
あります。

1 あって　　　　　2 はじまって
3 まがって　　　　4 あがって

해석 약국은 오른쪽으로 **(돌아서)** 바로 있습니다.
정답 3

---

05 この みちを （   ）ぎんこうが ありますか。

1 こたえたら　　　2 わかったら
3 おしえたら　　　4 わたったら

해석 이 길을 **(건너면)** 은행이 있습니까?
정답 4

---

06 みせの まえに ひとたちが （   ）います。

1 かけて　　　　　2 ならんで
3 つとめて　　　　4 もらって

해석 가게 앞에 사람들이 **(줄지어 서)** 있습니다.
정답 2

문제 4　_____ 문장과 대체로 비슷한 의미의 문장이 있습니다. 1·2·3·4에서 가장 알맞은 것을 하나 고르세요.

---

01 あねは こうこうで にほんごを おしえて
います。

1 あねは こうこうの せいとです。
2 あねは こうこうの せんせいです。
3 あねは こうこうの がくせいです。
4 あねは こうこうの こうちょうです。

해석 언니는 고등학교에서 일본어를 가르칩니다.

해설 '教(おし)える 가르치다'를 다르게 표현한 것을 찾으면 되겠죠? 가르치는 직업을 가진 '先生(せんせい)だ 선생님이다'가 같은 뜻이므로 2번이 정답입니다. 高校(こうこう)는 高等学校(こうとうがっこう)의 줄임말입니다.

정답 2

---

02 あには まいにち テニスを して います。

1 あには まいにち テニスを みて います。
2 あには まいにち テニスを おしえて います。
3 あには まいにち テニスを ならって います。
4 あには まいにち テニスを やって います。

해석 형은 매일 테니스를 치고 있습니다.

해설 'する 하다'를 다르게 표현한 것을 찾으면 되겠죠? 'やる 하다'가 같은 뜻이므로 4번이 정답입니다. やる가 する보다 의지가 강하며 회화체입니다.

정답 4

---

03 かいしゃは どようび やすみます。

1 わたしは どようび つとめます。
2 わたしは どようび はたらきません。
3 わたしは どようび ならいます。
4 わたしは どようび つきます。

해석 회사는 토요일에 쉽니다.

해설 休(やす)む는 '쉬다'라는 뜻입니다. '쉬다'를 다르게 표현한 것을 찾으면 되겠죠? 働(はたら)かない(일하지 않는다)가 같은 뜻이므로 2번이 정답입니다.

정답 2

---

04 ひさしぶりに てんきが はれました。

1 ひさしぶりに いい てんきです。
2 ひさしぶりに さむい てんきです。
3 ひさしぶりに わるい てんきです。
4 ひさしぶりに あつい てんきです。

해석 오랜만에 날씨가 맑습니다.

해설 はれる는 '맑다'라는 뜻입니다. '맑다'를 다르게 표현한 것을 찾으면 되겠죠? いい(좋다)가 같은 뜻이므로 1번이 정답입니다.

정답 1

시나공 07 명사 | 적 중 예상 문제 ①

문제 1 _____의 단어는 어떻게 읽습니까? 1·2·3·4 에서 가장 알맞은 것을 하나 고르세요.

---

01 あしたは 病院に いきます。

1 ひょういん　　2 びょういん
3 ひょうえん　　4 びょうえん

해석 내일은 병원에 갑니다.
정답 2

---

02 ゆうごはんを たべてから 散歩します。

1 さんぽ　　　　2 さんぼう
3 さんぽう　　　4 さんぽ

해석 저녁밥을 먹고 나서 산책합니다.
정답 4

---

03 夏やすみには ダンスを ならいたいです。

1 なつ　　　　　2 ふゆ
3 あき　　　　　4 はる

해석 여름 방학에는 댄스를 배우고 싶습니다.
해설 夏休(なつやす)み는 '여름휴가'라는 뜻으로도 쓰입니다.
정답 1

---

04 まいにち 仕事が いそがしいです。

1 じこと　　　　2 じごと
3 しごと　　　　4 しこと

해석 매일 일이 바쁩니다.
정답 3

---

05 おおきな 机を かいました。

1 つくえ　　　　2 いす
3 かばん　　　　4 ほん

해석 큰 책상을 샀습니다.
정답 1

---

06 かみに 名前を かいて ください。

1 じゅぎょう　　2 かんじ
3 きょうしつ　　4 なまえ

해석 종이에 이름을 써 주세요.
정답 4

문제 2 _____ 의 단어는 어떻게 씁니까? 1 · 2 · 3 · 4에서 가장 알맞은 것을 하나 고르세요.

01 だんだん あきに なります。

1 秋   2 春
3 冬   4 夏

해석 점점 가을이 됩니다.
정답 1

02 あには ひこうきが だいすきです。

1 地下鉄   2 飛行機
3 自動車   4 自転車

해석 형은 비행기를 매우 좋아합니다.
정답 2

03 きょうは みなみ かぜが ふいています。

1 雪   2 雲
3 風   4 雨

해석 오늘은 남쪽 바람이 불고 있습니다.
해설 음이 같은 風邪(かぜ)는 '감기'입니다.
정답 3

04 わたしが いった いみは わかりますか。

1 問題   2 意味
3 英語   4 学生

해석 내가 말한 의미는 압니까?
정답 2

05 えいがを みるのが しゅみです。

1 映画   2 以内
3 結婚   4 準備

해석 영화를 보는 것이 취미입니다.
정답 1

06 むこうに ぎんこうが あります。

1 茶色   2 高校
3 本屋   4 銀行

해석 건너편에 은행이 있습니다.
정답 4

문제3 (   )에 무엇을 넣습니까? 1·2·3·4에서 가장 알맞은 것을 하나 고르세요.

01 あしたは ともだちの (   ) です。

　1 いなか　　　　2 きもの
　3 うんどうじょう　4 たんじょうび

해석 내일은 친구 (**생일**)입니다.
해설 존칭 お誕生日(たんじょうび)는 '생신'입니다.
정답 4

---

02 しごとは (   ) に かえってから かんがえます。

　1 くに　　　　2 がっこう
　3 いえ　　　　4 はなや

해석 일은 (**고향**)에 돌아가고 나서 생각하겠습니다.
해설 国(くに)는 나라 뜻 이외에 고향, 조국의 의미도 있습니다.
정답 1

---

03 りょうしんは (   ) を して います。

　1 たまご　　　　2 ぶたにく
　3 やおや　　　　4 のみもの

해석 부모님은 (**야채가게**)를 하고 있습니다.
해설 야채가게는 野菜屋(やさいや)가 아니고 八百屋(やおや)입니다.
정답 3

---

04 (   ) は ほっかいどうに すんで います。

　1 えき　　　　2 りょうしん
　3 きっさてん　4 かいしゃ

해석 (**부모님**)은 홋카이도에 살고 있습니다.
정답 2

---

05 (   ) に なにが はいって いますか。

　1 かばん　　　　2 かいだん
　3 きたがわ　　　4 いしゃ

해석 (**가방**)에 무엇이 들어 있습니까?
정답 1

---

06 (   ) の べんきょうは どうですか。

　1 でんわ　　　　2 とけい
　3 こうえん　　　4 かんじ

해석 (**한자**) 공부는 어떻습니까?
정답 4

문제 4 _____ 문장과 대체로 비슷한 의미의 문장이 있습니다. 1·2·3·4에서 가장 알맞은 것을 하나 고르세요.

01 <u>わたしは にくが すきです。</u>

1 わたしは ステーキが すきです。

2 わたしは おんがくが すきです。

3 わたしは バナナが すきです。

4 わたしは カレーが すきです。

해석 저는 고기를 좋아합니다.

해설 肉(にく)는 '고기'라는 뜻입니다. '고기'와 관련된 다르게 표현한 것을 찾으면 되겠죠? ステーキ(스테이크)가 해당되므로 1번이 정답입니다.

정답 1

---

02 <u>あそこが いりぐちです。</u>

1 あそこが あそぶ ところです。

2 あそこが でる ところです。

3 あそこが べんきょうする ところです。

4 あそこが はいる ところです。

해석 저기가 입구입니다.

해설 入(い)り口(ぐち)는 '입구'라는 뜻입니다. '입구'를 다르게 표현한 것을 찾으면 되겠죠? '入(はい)る所(ところ) 들어가는 곳'이 해당되므로 4번이 정답입니다.

정답 4

---

03 <u>あさから おなかが いたいです。</u>

1 あさから いそがしいです。

2 あさから いい てんきです。

3 あさから からだの ぐあいが わるいです。

4 あさから ひまです。

해석 아침부터 배가 아픕니다.

해설 お腹(なか)が 痛(いた)い는 '배가 아프다'라는 뜻입니다. '배가 아프다'를 다르게 표현한 것을 찾으면 되겠죠? 体(からだ)の 具合(ぐあ)いが 悪(わる)い(몸상태가 안 좋다)가 해당되므로 3번이 정답입니다.

정답 3

---

04 <u>たなかさんは りゅうがくせいです。</u>

1 たなかさんは がっこうで うんどうして います。

2 たなかさんは がいこくで べんきょうして います。

3 たなかさんは かいしゃで はたらいて います。

4 たなかさんは こうえんで さんぽして います。

해석 다나카 씨는 유학생입니다.

해설 留学生(りゅうがくせい)는 '유학생'이라는 뜻입니다. '유학생'을 다르게 표현한 것을 찾으면 되겠죠? 外国(がいこく)で 勉強(べんきょう)する(외국에서 공부하다)가 같은 뜻이므로 2번이 정답입니다.

정답 2

시나공 07 명사 | 적 중 예상 문제 ②

문제 1 ＿＿＿＿＿＿ 의 단어는 어떻게 읽습니까? 1 · 2 · 3 · 4 에서 가장 알맞은 것을 하나 고르세요.

01 スーパーで お菓子を かって きました。

　1 よこ 　　　　　2 みち
　3 よる 　　　　　4 かし

해석 슈퍼에서 과자를 사 왔습니다.
정답 4

---

02 いえから 郵便局は とおく ありませんか。

　1 こうこうせい 　　2 ゆうびんきょく
　3 としょかん 　　　4 じてんしゃ

해석 집에서 우체국은 멀지 않습니까?
정답 2

---

03 あしたまでに 宿題を だして ください。

　1 しゅくだい 　　　2 たてもの
　3 としょかん 　　　4 たいしかん

해석 내일까지 숙제를 제출해 주세요.
정답 1

---

04 にほんの 学校は 4がつに はじまります。

　1 せいと 　　　　　2 がっこう
　3 だいがく 　　　　4 かんじ

해석 일본의 학교는 4월에 시작됩니다.
정답 2

---

05 あねは しゅうまつに 結婚します。

　1 にゅうがく 　　　2 にゅういん
　3 そつぎょう 　　　4 けっこん

해석 언니는 주말에 결혼합니다.
정답 4

---

06 どようびは サッカーの 練習を します。

　1 らいしゅう 　　　2 ふくしゅう
　3 れんしゅう 　　　4 こんしゅう

해석 토요일은 축구 연습을 합니다.
정답 3

문제 2   _____ 의 단어는 어떻게 씁니까? 1·2·3·4에서 가장 알맞은 것을 하나 고르세요.

01 こんげつから えいごを ならいます。

1 韓国語   2 中国語
3 日本語   4 英語

해석 이번 달부터 영어를 배웁니다.
정답 4

02   いえに いぬが 2ひき います。

1 犬   2 牛
3 豚   4 猫

해석 집에 개가 2마리 있습니다.
해설 '강아지'는 子犬(こいぬ)라고 합니다.
정답 1

03 ひがしがわに やまが あります。

1 北側   2 南側
3 東側   4 西側

해석 동쪽에 산이 있습니다.
정답 3

04 ごごから アルバイトに いきます。

1 毎年   2 午後
3 週間   4 午前

해석 오후부터 아르바이트 하러 갑니다.
해설 반대어는 午前(ごぜん) '오전'입니다.
정답 2

05 ここから こうばんは とおいですか。

1 交番   2 高校
3 大人   4 自分

해석 여기서 파출소는 멉니까?
정답 1

06 なんの りょうりが すきですか。

1 眼鏡   2 上着
3 料理   4 着物

해석 무슨 요리를 좋아합니까?
정답 3

문제 3 (   )에 무엇을 넣습니까? 1·2·3·4에서 가장 알맞은 것을 하나 고르세요.

---

01 (   ) に がくせいは なんにん いますか。

1 びょういん   2 ゆうびんきょく
3 こうばん   4 きょうしつ

해석 **(교실)**에 학생은 몇 명 있습니까?
정답 4

---

02 (   ) には あめが ふる そうです。

1 かいもの   2 ゆうがた
3 でんき   4 しゃしん

해석 **(저녁)**에는 비가 온다고 합니다.
정답 2

---

03 いもうとは (   ) が たかいです。

1 せ   2 くつ
3 おちゃ   4 よこ

해석 여동생은 **(키)**가 큽니다.
해설 '키가 크다'는 背(せ)가 大(おお)きい가 아니고 背(せ)가 高(たか)い로 표현합니다.
정답 1

---

04 (   ) は どちらですか。

1 いす   2 さけ
3 ようふく   4 でぐち

해석 **(출구)**는 어느 쪽 입니까?
정답 4

---

05 (   ) の まえの えいがかんに よく
いきますか。

1 はこ   2 えき
3 はがき   4 しんぶん

해석 **(역)** 앞의 영화관에 자주 갑니까?
정답 2

---

06 (   ) ちゅうには はなさないで くだ
さい。

1 にもつ   2 きょうしつ
3 じゅぎょう   4 おもちゃ

해석 **(수업)** 중에는 이야기하지 마세요.
정답 3

문제 4 _____ 문장과 대체로 비슷한 의미의 문장이 있습니다. 1 · 2 · 3 · 4에서 가장 알맞은 것을 하나 고르세요.

01 <u>あねは としょかんに いきました。</u>

1 あねは ほんを かいに いきました。

2 あねは ほんを かりに いきました。

3 あねは ほんを よびに いきました。

4 あねは ほんを あいに いきました。

해석 누나는 도서관에 갔습니다.

해설 図書館(としょかん)은 '도서관'이라는 뜻입니다. '도서관'과 관련된 다르게 표현한 것을 찾으면 되겠죠? 本(ほん)を借(か)りにいきました(책을 빌리러 갔습니다)가 해당되므로 2번이 정답입니다.

정답 2

---

02 <u>ははは まいにち おべんとうを つくります。</u>

1 ははは あさって たべる ものを つくります。

2 ははは しゅうまつに たべる ものを つくります。

3 ははは あした たべる ものを つくります。

4 ははは おひるに たべる ものを つくります。

해석 엄마는 매일 도시락을 만듭니다.

해설 お弁当(べんとう)는 '도시락'이라는 뜻입니다. '도시락'과 관련된 다르게 표현한 것을 찾으면 되겠죠? お昼(ひる)에 食(た)べるもの(점심에 먹을 것)이 해당되므로 4번이 정답입니다.

정답 4

---

03 <u>かさを もって でかけました。</u>

1 きょうは あめだ そうです。

2 きょうは はれだ そうです。

3 きょうは あつい そうです。

4 きょうは さむい そうです。

해석 우산을 가지고 외출했습니다.

해설 傘(かさ)는 '우산'이라는 뜻입니다. '우산'과 관련된 다르게 표현한 것을 찾으면 되겠죠? 雨(あめ)(비)가 우산과 밀접한 연관성이 있으므로 1번이 정답입니다.

정답 1

---

04 <u>のみものを かって きましょうか。</u>

1 スカートを かって きましょうか。

2 アイスクリームを かって きましょうか。

3 コーヒーを かって きましょうか。

4 スプーンを かって きましょうか。

해석 마실 것을 사 올까요?

해설 飲(の)み物(もの)는 '마실 것'이라는 뜻입니다. '마실 것'과 관련된 다르게 표현한 것을 찾으면 되겠죠? コーヒー(커피)가 마실 것에 해당되므로 2번이 정답입니다.

정답 3

시나공 08 기타 | 적 중 예상 문제 ①

문제 1 _____의 단어는 어떻게 읽습니까? 1 · 2 · 3 · 4 에서 가장 알맞은 것을 하나 고르세요.

01 ことしの ふゆに 初めて スキーを ならい ました。

1 とめて　　　　2 しめて
3 はじめて　　　4 あつめて

해석 올 겨울에 처음으로 스키를 배웠습니다.
정답 3

---

02 わたしは 時々 いなかへ かえります。

1 どきとき　　　2 ときどき
3 ときとき　　　4 ときとぎ

해석 저는 때때로 고향에 갑니다.
해설 두 번째 글자가 탁음인 것을 주의하세요.
정답 2

---

03 はなしを 全部 きいて かえって ください。

1 せんぷ　　　　2 せんぶ
3 ぜんぷ　　　　4 ぜんぶ

해석 이야기를 전부 듣고 돌아가세요.
해설 비슷한 말로 すべて가 있습니다.
정답 4

---

04 にほんの まんがを 少し もって います。

1 すこし　　　　2 すごし
3 しこし　　　　4 しごし

해석 일본 만화를 조금 갖고 있습니다.
해설 すこし '조금'은 긍정에, 少(すこ)しも '조금도'는 부정문에 씁니다.
정답 1

---

05 こうえんに こどもが 大勢 あつまって います。

1 ゆっくり　　　2 いちばん
3 たくさん　　　4 おおぜい

해석 공원에 어린이가 많이 모여 있습니다.
정답 4

---

06 こどもは しゅじんと 一緒に あそんでい ます。

1 いっそう　　　2 いっしょ
3 いっそ　　　　4 いっしょう

해석 아이는 남편과 함께 놀고 있습니다.
정답 2

문제 2 _____의 단어는 어떻게 씁니까? 1·2·3·4에서 가장 알맞은 것을 하나 고르세요.

01 りょうしんと デパートへ いっしょに
   いきました。

   1 一所に   2 一笑に
   3 一緒に   4 一生に

해석 부모님과 백화점에 함께 갔습니다.
정답 3

02 こうえんに ひとが おおぜい あつまって
   います。

   1 大勢   2 多勢
   3 小勢   4 少勢

해석 공원에 사람이 많이 모여 있습니다.
정답 1

03 しごとは ぜんぶ おわりました。

   1 金部   2 全部
   3 前部   4 電部

해석 일은 전부 끝났습니다.
정답 2

04 その レストランには ときどき いきます。

   1 人々   2 日々
   3 時々   4 山々

해석 그 레스토랑에는 때때로 갑니다.
정답 3

05 こんかいの にほんりょこうで はじめて
   すしを たべました。

   1 初めて   2 集めて
   3 閉めて   4 止めて

해석 이번 일본여행에서 처음으로 스시를 먹었습니다.
정답 1

06 すこし まって ください。

   1 咲し   2 所し
   3 小し   4 少し

해석 좀 기다려 주세요.
정답 4

문제 3 ( )에 무엇을 넣습니까? 1·2·3·4에서 가장 알맞은 것을 하나 고르세요.

01 その ぼうしは ( ) たかく ありません。

1 また   2 たぶん
3 いつも   4 あまり

해석 그 모자는 **(그다지)** 비싸지 않습니다.
해설 あまり는 보통 부정문이 수반되나 긍정문일 때에도 쓸 수 있습니다.
정답 4

---

02 れいぞうこの なかに のみものは ( )
あります。

1 いちばん   2 いろいろ
3 もう   4 よく

해석 냉장고 안에 음료수는 **(여러 가지)** 있습니다.
해설 한자로 쓸 때는 色々(いろいろ) 라고 씁니다.
정답 2

---

03 しごとが おわったら ( ) いきます。

1 すぐ   2 とても
3 もっと   4 まだ

해석 일이 끝나면 **(곧)** 가겠습니다.
해설 すぐ는 '곧'이라는 뜻과 함께 '바로, 아주 가까이'라는 뜻도 있습니다.
정답 1

---

04 ナイフ、フォーク、( ) コップも
もって きて ください。

1 しかし   2 それでは
3 それから   4 でも

해석 나이프, 포크, **(그리고)** 컵도 가져와 주세요.
해설 それから는 そして와 마찬가지로 어떤 상황의 시간적 순서나 병렬을 나타내기도 하고, 첨가를 의미를 나타내기도 합니다. 여기서는 첨가의 의미입니다.
정답 3

---

05 とうきょうの ( ) へんに すんで
いますか。

1 どちら   2 どの
3 どれ   4 どこ

해석 도쿄의 **(어느)** 부근에 살고 있습니까?
해설 どの는 연체사로 반드시 뒤에 명사가 옵니다.
정답 2

---

06 すみません、( ) はなして ください。

1 いつ   2 たいへん
3 ゆっくり   4 だんだん

해석 미안합니다. **(천천히)** 이야기해 주세요.
해설 ゆっくり는 '느긋하게, 푹'라는 뜻도 있습니다.
정답 3

문제 4 _____ 문장과 대체로 비슷한 의미의 문장이 있습니다. 1·2·3·4에서 가장 알맞은 것을 하나 고르세요.

---

01 にほんの うたは たくさん しって います。

　1 にほんの うたは そんなに しって います。
　2 にほんの うたは ちょっと しって います。
　3 にほんの うたは けっこう しって います。
　4 にほんの うたは あまり しって います。

해석 일본 노래는 많이 알고 있습니다.
해설 'たくさん 많이'를 다르게 표현한 것을 찾으면 되겠죠? 부사 'けっこう 상당히'가 같은 뜻이므로 3번이 정답입니다.

정답 3

---

02 おおぜいの ひとが わたしを まって
います。

　1 すこしの ひとが わたしを まって います。
　2 たくさんの ひとが わたしを まって います。
　3 いろいろの ひとが わたしを まって います。
　4 いちばんの ひとが わたしを まって います。

해석 많은 사람이 기다리고 있습니다.
해설 '大勢(おおぜい) 많이'를 다르게 표현한 것을 찾으면 되겠죠? たくさん '많이'가 같은 뜻이므로 2번이 정답입니다. 大勢(おおぜい)のひと, たくさんのひと '많은 사람'과 같이 명사와 이어질 때는 사이에 の가 들어갑니다.

정답 2

---

03 きょうは すごく ゆきが ふって います。

　1 きょうは ひじょうに ゆきが ふって います。
　2 きょうは まだ ゆきが ふって います。
　3 きょうは よく ゆきが ふって います。
　4 きょうは もっと ゆきが ふって います。

해석 오늘은 눈이 엄청 내리고 있습니다.
해설 'すごく 무척, 엄청, 굉장히'를 다르게 표현한 것을 찾으면 되겠죠? '非常(ひじょう)に 굉장히'가 같은 뜻이므로 1번이 정답입니다. 大変은 정중하고 격식 차린 표현이며 약간 과장의 의미를 내포합니다. 非常に는 주로 공식적인 자리에서 쓰이며 객관적이며 딱딱한 느낌이 있습니다.

정답 1

---

04 わたしは にほんごは じょうずです。
しがし、えいごは へだです。

　1 わたしは にほんごは じょうずです。
　　そして、えいごは へだです。
　2 わたしは にほんごは じょうずです。
　　それじゃ、えいごは へだです。
　3 わたしは にほんごは じょうずです。
　　それから、えいごは へだです。
　4 わたしは にほんごは じょうずです。
　　でも、えいごは へだです。

해석 일본어는 잘합니다. 그러나 영어는 못합니다.
해설 'しかし 그러나'를 다르게 표현한 것을 찾으면 되겠죠? 'でも 그러나'가 같은 뜻이므로 4번이 정답입니다. しかし와 でも 모두 앞의 서술을 일단 긍정하면서 다시 상반된 상황을 서술합니다.

정답 4

시나공 08 기타 | 적중 예상 문제 ②

문제 1 _____ 의 단어는 어떻게 읽습니까? 1·2·3·4 에서 가장 알맞은 것을 하나 고르세요.

---

01 あれが この まちで 一番 たかい たても のです。

1 ぜんぶ   2 けっこう

3 おおぜい   4 いちばん

해석 지것이 이 마을에서 가장 높은 건물입니다.

정답 4

---

02 おとといは 大変 おせわに なりました。

1 たぶん   2 たいへん

3 いろいろ   4 ちょっと

해석 어제는 신세 많이 졌습니다.

해설 たいへん은 な형용사 용법으로 쓰일 때에는 '힘들다'라는 의미가 되며, 부사일 때는 '매우, 굉장히'라는 의미로 쓰입니다.

정답 2

---

03 なつやすみに ともだちと 一緒に りょこ うに いきます。

1 くらい   2 いちばん

3 すぐ   4 いっしょ

해석 여름휴가(때)에 친구와 함께 여행을 갑니다.

정답 4

---

04 きのう みた えいがは 結構 おもしろかった。

1 あまり   2 でも

3 けっこう   4 しかし

해석 어제 본 영화는 꽤 재미있었다.

해설 けっこう가 부사 용법일 때는 '꽤, 상당히'라는 의미로, な형용사 용법일 때는 '괜찮다'라는 의미로 쓰입니다.

정답 3

---

05 パーティーに 全部で なんにん きますか。

1 ぜんぶ   2 すこし

3 どうして   4 たくさん

해석 파티에 전부해서 몇 명이 옵니까?

정답 1

---

06 せんしゅうの パーティーで 初めて がい こくじんと はなしました。

1 はじめて   2 しめて

3 つとめて   4 あつめて

해석 지난주 파티에서 처음으로 외국인과 이야기했습니다.

해설 初めて는 경험상의 처음, 始めて는 시작의 처음으로 쓰입니다.

정답 1

문제 2 _____ 의 단어는 어떻게 씁니까? 1·2·3·4에서 가장 알맞은 것을 하나 고르세요.

01 ともだちが やくそくの じかんに こなくて
   <u>けっこう</u> まちました。

   1 沢山　　　　　　2 全部
   3 一緒　　　　　　4 結構

해석 친구가 약속 시간에 안 와서 꽤 기다렸습니다.
정답 4

02 にほんの おんがくを <u>ときどき</u> ききます。

   1 色々　　　　　　2 時々
   3 少々　　　　　　4 人々

해석 일본 음악을 때때로 듣습니다.
정답 2

03 わたしが <u>いちばん</u> すきな うんどうは サ
   ッカーです。

   1 四番　　　　　　2 二番
   3 一番　　　　　　4 三番

해석 제가 제일 좋아하는 운동은 축구입니다.
해설 명사일 때에는 순서인 '1번'을 나타냅니다.
정답 3

04 きのう <u>はじめて</u> ゴルフを しました。

   1 始めて　　　　　2 閉めて
   3 初めて　　　　　4 勤めて

해석 어제 처음으로 골프를 쳤습니다.
해설 경험의 처음의 의미입니다.
정답 3

05 しゅうまつに ともだちと <u>いっしょに</u> べん
   きょうする ことに しました。

   1 一緒　　　　　　2 簡単
   3 同じ　　　　　　4 大変

해석 주말에 친구와 함께 공부하기로 했습니다.
정답 1

06 うんどうかいに ひとたちが <u>おおぜい</u> あ
   つまりました。

   1 一番　　　　　　2 大勢
   3 全部　　　　　　4 結構

해석 운동회에 사람들이 많이 모였습니다.
해설 おおぜい와 비슷한 표현으로 たくさん이 있습니다.
정답 2

문제 3 ( )에 무엇을 넣습니까? 1·2·3·4에서 가장 알맞은 것을 하나 고르세요.

01 ( ) ビルは なんの ビルですか。

1 あれ　　　　2 あちら
3 あの　　　　4 あそこ

해석 (저) 빌딩은 무슨 빌딩입니까?
해설 질문하는 사람 대답하는 사람 모두 멀리 있는 경우에는 あの 를 씁니다.
정답 3

02 ( ) なかに はいって ください。

1 どう　　　　2 どうぞ
3 はい　　　　4 たぶん

해석 (어서) 안으로 들어오세요.
해설 상대방에게 무언가를 권할 때 どうぞ라고 씁니다.
정답 2

03 いえに ふるい しんぶんが ( ) あります。

1 でも　　　　2 ぜんぶ
3 とても　　　4 たくさん

해석 집에 오래된 신문이 (많이) 있습니다.
해설 たくさん은 한자로는 沢山이라고 씁니다.
정답 4

04 ( ) りょうりが すきですか。

1 どんな　　　2 あんな
3 ちょっと　　4 そう

해석 (어떤) 요리를 좋아합니까?
해설 どんな는 확실하지 않은 것을 물을 때 씁니다.
정답 1

05 きょうは ( ) たのしい いちにちでした。

1 もう　　　　2 よく
3 とても　　　4 すこし

해석 오늘은 (매우) 즐거운 하루였습니다.
해설 비슷한 뜻으로 'ほんとうに 정말로'가 있습니다.
정답 3

06 ( ) おいしい ものを たべに いきましょう。

1 そう　　　　2 まだ
3 ゆっくり　　4 また

해석 (또) 맛있는 것 먹으러 갑시다.
해설 또는 '어떤 일이 거듭하여'라는 의미와 함께 '그밖에 더'라는 의미로도 쓰입니다.
정답 4

문제 4 _____ 문장과 대체로 비슷한 의미의 문장이 있습니다. 1·2·3·4에서 가장 알맞은 것을 하나 고르세요.

---

01 <u>せんしゅうの パーティーは けっこう たのしかったです。</u>

1 せんしゅうの パーティーは すこし たのしかったです。

2 せんしゅうの パーティーは ちょっと たのしかったです。

3 せんしゅうの パーティーは とても たのしかったです。

4 せんしゅうの パーティーは たぶん たのしかったです。

해석 지난 주 파티는 꽤 즐거웠습니다.

해설 結構(けっこう)는 '꽤, 상당히, 매우'라는 뜻입니다. '꽤, 상당히, 매우'를 다르게 표현한 것을 찾으면 되겠죠? とても(매우)가 같은 뜻이므로 3번이 정답입니다.

정답 3

---

02 <u>その ほんは ぜんぶ よみました。</u>

1 その ほんは まだ よみました。

2 その ほんは また よみました。

3 その ほんは すぐ よみました。

4 その ほんは すべて よみました。

해석 그 책은 전부 읽었습니다..

해설 全部(ぜんぶ)는 '전부'라는 뜻입니다. '전부'를 다르게 표현한 것을 찾으면 되겠죠? すべて(모두)가 같은 뜻이므로 4번이 정답입니다.

정답 4

---

03 <u>けさ、どうして おくれたんですか。</u>

1 けさ、また おくれたんですか。

2 けさ、なぜ おくれたんですか。

3 けさ、どうぞ おくれたんですか。

4 けさ、いつ おくれたんですか。

해석 오늘 아침에 왜 늦었습니까?

해설 'どうして 왜, 어째서'를 다르게 표현한 것을 찾으면 되겠죠? 'なぜ 왜, 어째서'가 같은 뜻이므로 2번이 정답입니다. どうして와 なぜ 모두 '원인, 이유' 등을 나타냅니다.

정답 2

---

04 <u>テストは ちょっと むずかしかったです。</u>

1 テストは すこし むずかしかったです

2 テストは たくさん むずかしかったです

3 テストは たいへん むずかしかったです

4 テストは とても むずかしかったです

해석 테스트는 좀 어려웠습니다.

해설 'ちょっと 좀'을 다르게 표현한 것을 찾으면 되겠죠? 'すこし 조금, 좀, 약간'이 같은 뜻이므로 1번이 정답입니다.

정답 1

실전 모의고사
정답과 해설

정답 한눈에 보기

실전 모의고사 1회

문자·어휘

문제 1	01 1	02 4	03 3	04 4	05 1	06 4	07 2	08 1	09 4	10 3
	11 1	12 2								

문제 2	13 3	14 4	15 1	16 2	17 2	18 3	19 1	20 2		
문제 3	21 2	22 4	23 1	24 4	25 1	26 3	27 2	28 3	29 1	30 3
문제 4	31 1	32 4	33 3	34 2	35 2					

문법

문제 1	01 2	02 4	03 1	04 3	05 3	06 2	07 1	08 3	09 4	10 1
	11 4	12 2	13 3	14 1	15 3	16 1				

문제 2	17 3	18 1	19 3	20 2	21 3
문제 3	22 3	23 1	24 4	25 2	26 3

실전 모의고사 2회

문자·어휘

문제 1	01 4	02 1	03 4	04 1	05 3	06 2	07 2	08 4	09 3	10 1
	11 3	12 2								

문제 2	13 2	14 4	15 4	16 1	17 3	18 2	19 2	20 1		
문제 3	21 1	22 2	23 4	24 2	25 1	26 4	27 1	28 3	29 4	30 3
문제 4	31 2	32 3	33 1	34 2	35 1					

문법

문제 1	01 4	02 1	03 3	04 2	05 1	06 3	07 3	08 2	09 3	10 1
	11 1	12 3	13 1	14 2	15 4	16 3				

문제 2	17 2	18 1	19 3	20 2	21 3
문제 3	22 1	23 4	24 3	25 2	26 2

정답 및 해설

실전 모의고사 | 1회

문자/ 어휘

문제 1 _____의 단어는 어떻게 읽습니까? 1·2·3·4에서 가장 알맞은 것을 하나 고르세요.

---

01 あたらしく できた 店は なにを うって
　 いますか。

　　1 みせ　　　　　2 あし
　　3 さら　　　　　4 よこ

해석 새로 생긴 가게는 무엇을 팔고 있습니까?
정답 1

---

02 この まんがは 厚いです。

　　1 おそい　　　　2 ながい
　　3 おもい　　　　4 あつい

해석 이 만화는 두껍습니다.
해설 あつい는 '厚(あつ)い 두껍다' 외에 '暑(あつ)い 덥다',
'熱(あつ)い 뜨겁다' 도 있습니다.
정답 4

---

03 彼は 有名な おいしゃさんです。

　　1 じょうず　　　2 りっぱ
　　3 ゆうめい　　　4 たいせつ

해석 그는 유명한 의사선생님입니다.
정답 3

---

04 きれいな はなが 咲いて います。

　　1 あいて　　　　2 ひいて
　　3 かいて　　　　4 さいて

해석 예쁜 꽃이 피어 있습니다.
해설 咲(さ)いて의 기본형은 '咲(さ)く 피다'입니다.
정답 4

---

05 ひるごはんを 一緒に たべませんか。

　　1 いっしょ　　　2 いちばん
　　3 おおぜい　　　4 すこし

해석 점심밥을 같이 먹지 않겠습니까?
해설 いっしょう로 발음하면 '一生(いっしょう) 일생'이라는
단어입니다. 단음에 주의하세요.
정답 1

---

06 葉書を 5まい ください。

　　1 じしょ　　　　2 しんぶん
　　3 めがね　　　　4 はがき

해석 엽서를 5장 주세요.
해설 '葉(は)+書(か)き'의 복합어로 書き가 탁음으로 변합니다.
정답 4

---

07 <u>黄色い</u> スカートが かわいいです。

　1 あかい　　　　2 きいろい
　3 くろい　　　　4 しろい

해석 노란 스커트가 귀엽습니다.
해설 어간 '黄色(きいろ) 노랑'일 경우에는 명사로 쓰입니다.
정답 2

---

08 こうえんに <u>三百人</u> ぐらい あつまりました。

　1 さんびゃく　　　2 さんひゃく
　3 さんはく　　　　4 さんばく

해석 공원에 3백 명 정도 모였습니다.
해설 百(ひゃく)에는 'ひゃく, びゃく, ぴゃく' 로 발음합니다. 그 중 '三百(さんびゃく), 六百(ろっぴゃく), 八百(はっぴゃく)'를 잘 암기해 두세요.
정답 1

---

09 <u>十日</u>は ははの たんじょうびです。

　1 むいか　　　　2 ふつか
　3 なのか　　　　4 とおか

해석 10일은 엄마의 생일입니다.
해설 一日(ついたち)~十日(とおか)는 시험에 자주 출제되므로 잘 암기해 두세요.
정답 4

---

10 この ソファーは とても <u>楽</u>だ。

　1 いや　　　　　2 ひま
　3 らく　　　　　4 へた

해석 이 소파는 너무 편하다.
해설 楽(らく)だ는 편(안)하다'라는 뜻입니다. '薬(くすり) 약'의 한자와 구별해서 외워두세요.
정답 3

---

11 きのうの テストは <u>結構</u> むずかしかった。

　1 けっこう　　　2 いちばん
　3 たくさん　　　4 はじめて

해석 어제 시험은 꽤 어려웠다.
해설 '結構(けっこう)だ 괜찮다'는 な형용동사이고, 부사인 '結構(けっこう)' 는 상당히, 매우라는 뜻으로 쓰입니다.
정답 1

---

12 ともだちから かりた かさを <u>返し</u>ました。

　1 はなし　　　　2 かえし
　3 かし　　　　　4 さし

해석 친구에게 빌린 우산을 돌려주었습니다.
해설 '返(かえ)す 본래의 위치나 상태로 되돌리다' 라는 뜻으로도 쓰입니다.
정답 2

문제 2 _____ 의 단어는 어떻게 씁니까? 1·2·3·4에서 가장 알맞은 것을 하나 고르세요.

---

13 にほんの <u>きもの</u>を きて みたいです。

1 読物　　　　2 乗物

3 着物　　　　4 買物

해석 일본의 기모노를 입어 보고 싶습니다.
해설 기모노는 '着(き)る의 ます형+物(もの)' 입니다.
정답 3

---

14 かのじょは わたしと <u>いちばん</u> したしい
ともだちです。

1 一生　　　　2 一緒

3 一日　　　　4 一番

해석 그녀는 저와 가장 친한 친구입니다.
해설 一番(いちばん)이 부사로 쓰일 때에는 '제일, 가장', 명사로 쓰일 때에는 '1번, 첫 번째'라는 뜻으로 쓰입니다.
정답 4

---

15 うんどうじょうで <u>はしって</u> いる ひとは
だれですか。

1 走って　　　　2 徒って

3 待って　　　　4 持って

해석 운동장에서 뛰고 있는 사람은 누구입니까?
해설 走(はし)る는 예외 5단 동사(예외 1그룹동사)입니다.
정답 1

---

16 きのう <u>じてんしゃ</u>を かいました。

1 日転車　　　　2 自転車

3 白転車　　　　4 目転車

해석 어제 자전거를 샀습니다.
정답 2

---

17 <u>かいだん</u>は どちらに ありますか。

1 皆段　　　　2 階段

3 皆断　　　　4 階断

해석 계단은 어느 쪽에 있습니까?
정답 2

---

18 みんなが <u>おなじ</u> いけんでした。

1 口じ　　　　2 回じ

3 同じ　　　　4 目じ

해석 모두가 같은 의견이었습니다.
해설 な형용사 '同(おな)じだ 같다'의 명사 수식형은 '同(おな)じな' 가 아니라 '同(おな)じ'이므로 주의하세요!
정답 3

---

19 <u>わかい</u> うちに たくさんの けいけんを
した ほうが いい。

1 若い　　　　2 苦い

3 固い　　　　4 早い

해석 젊었을 때 많은 경험을 하는 것이 좋다.
해설 若(わか)い는 '젊다'라는 뜻으로도 쓰입니다.
정답 1

---

20 こたえを 見れば わかりますが、ぜんぶ
こたえが ちがいます。

1 運い　　　　　2 違い
3 建い　　　　　4 達い

해석 해답을 보면 알겠지만 전부 답이 틀립니다.
해설 違(ちが)우는 '다르다' 라는 뜻으로도 쓰입니다.
정답 2

문제 3 (　　　)에 무엇을 넣습니까? 1·2·3·4에서 가장 알맞은 것을 하나 고르세요.

21 おひるに カレーを (　　　) ましょうか。

1 のぼり　　　　2 つくり
3 かぶり　　　　4 おわり

해석 점심에 카레를 **(만들)**까요?
정답 2

---

22 家に 帰るには まだ (　　　) じかんですね。

1 つよい　　　　2 まるい
3 ひろい　　　　4 はやい

해석 집에 가기에는 아직 **(이른)** 시간이네요.
해설 はやい에는 '早(はや)い 이르다, 速(はや)い 빠르다'가 있으므로 주의하세요!
정답 4

---

23 わたしたちは (　　　) ふたりで あって
えいがを 見ます。

1 ときどき　　　2 だんだん
3 いろいろ　　　4 もしもし

해석 우리는 **(때때로)** 둘이서 만나서 영화를 봅니다.
해설 빈도를 나타내는 부사로 'よく 자주, たまに 때때로'도 외워두세요.
정답 1

---

24 はなしが おわったら (　　　) に いきた
いです。

1 チーム　　　　2 バナナ
3 カメラ　　　　4 トイレ

해석 이야기가 끝나면 **(화장실)**에 가고 싶습니다.
정답 4

---

25 じゅぎょうが おわる まで なん
(　　　) のこって いますか。

1 ぷん　　　　　2 まい
3 にち　　　　　4 ようび

해석 수업이 끝날 때까지 몇 **(분)** 남았습니까?
해설 分(ふん)에는 'ふん、ぷん' 두 소리를 가집니다. 그 중 '1, 3, 4, 6, 8, 10분'은 'ぷん'으로 발음하므로 잘 암기해 두세요.
정답 1

26 （　　　）な からだを つくる ために う
んどうします。

1 べんり　　　　　2 へた
3 じょうぶ　　　　4 じょうず

해석 (**튼튼**)한 몸을 만들기 위해 운동합니다.
정답 3

---

27 テストに えいごの （　　　）は ２０個で
した。

1 ぎんこう　　　　2 もんだい
3 へや　　　　　　4 しゅくだい

해석 테스트에 영어 (**문제**)는 20개였습니다.
정답 2

---

28 どようびに （　　　）ひとは 何人ですか。

1 みせる　　　　　2 わすれる
3 はたらく　　　　4 つける

해석 토요일에 (**일하는**) 사람은 몇 명입니까?
해설 동사의 명사 수식형은 기본형을 씁니다.
정답 3

---

29 おとといは （　　　）かぜが ふきました。

1 つよい　　　　　2 せまい
3 ちかい　　　　　4 ふとい

해석 그제는 (**강한**) 바람이 불었습니다.
해설 반대어는 '弱(よわ)い 약하다'입니다.
정답 1

---

30 となりの ひとから （　　　）を もらいま
した。

1 でんき　　　　　2 こうえん
3 くだもの　　　　4 だいどころ

해석 이웃 사람에게 (**과일**)을 받았습니다.
정답 3

문제 4 ＿＿＿＿＿ 문장과 대체로 비슷한 의미의 문장이 있습니다. 1 · 2 · 3 · 4에서 가장 알맞은 것을 하나 고르세요.

31 おじいさんは くだものやを して います。

1 おじいさんは りんごを うって います。
2 おじいさんは かさを うって います。
3 おじいさんは じしょを うって います。
4 おじいさんは さかなを うって います。

해석 할아버지는 과일 가게를 하고 있습니다.
해설 果物屋(くだものや)는 '과일 가게'라는 뜻입니다. '과일 가게'와 관련된 표현을 찾으면 되겠죠? 'りんご 사과'가 과일 가게에서 팔고 있으므로 1번이 정답입니다.
정답 1

32 きょうしつが あかるいです。

　1 きょうしつに でんきを けして います。

　2 きょうしつに でんきを つけて いません。

　3 きょうしつに でんきが けして あります。

　4 きょうしつに でんきが つけて あります。

해석 교실이 밝습니다.

해설 明(あか)るいは '밝다'라는 뜻입니다. '밝다'를 다르게 표현한 것을 찾으면 '電気(でんき)が つけて ある 전기가 켜져 있다'이므로 4번이 정답입니다.

정답 4

33 かれに れんらく しなくても だいじょうぶですか。

　1 かれに れんらく しなくても ひまですか。

　2 かれに れんらく しなくても じょうぶですか。

　3 かれに れんらく しなくても いいですか。

　4 かれに れんらく しなくても わるいですか。

해석 그에게 연락하지 않아도 괜찮습니까?

해설 大丈夫(だいじょうぶ)だ는 '괜찮다'라는 뜻입니다. 'いい 좋다'가 '괜찮다'를 다르게 표현한 것이므로 3번이 정답입니다.

정답 3

34 ははは ソファーに すわって います。

　1 ははは ソファーに でんわを かけて います。

　2 ははは ソファーに こしを かけて います。

　3 ははは ソファーに めがねを かけて います。

　4 ははは ソファーに カーテンを かけて います。

해석 엄마는 소파에 앉아 있습니다.

해설 座(すわ)る는 '앉다'라는 뜻입니다. '腰(こし)をかける 앉다'가 같은 뜻이므로 2번이 정답입니다.

정답 2

35 けさ おべんとうを つくりました。

　1 きのうの あさ おべんとうを つくりました。

　2 きょうの あさ おべんとうを つくりました。

　3 あしたの あさ おべんとうを つくりました。

　4 おとといの あさ おべんとうを つくりました。

해석 오늘 아침 도시락을 만들었습니다.

해설 今朝(けさ)는 '오늘 아침'이라는 뜻입니다. '오늘 아침'을 다르게 표현한 것을 찾으면 되겠죠? '今日(きょう)の朝(あさ) 오늘 아침'이 같은 뜻이므로 2번이 정답입니다.

정답 2

▶ 해설을 가리고 다시 한번 풀어보세요.

문법

문제 1 (   ) 안에 무엇을 넣습니까? 1·2·3·4 에서 가장 알맞은 것을 하나 고르세요.

01 A「コンサートを み（　　　）いきません
　　　か。」
　　B「こんしゅうは いそがしいが、らいしゅう
　　　なら だいじょうぶです。」

1 を　　　　　　　2 に
3 は　　　　　　　4 と

해석 A: 콘서트를 보(러) 가지 않을래요?
　　　B: 이번 주는 바쁘지만 다음 주라면 괜찮습니다.
해설 '동사 ます형+〜に'의 형태로 목적을 나타내는 표현이 됩니다.
정답 2

---

02 でんわを（　　　）あとで でかけます。

1 かけに　　　　　2 かける
3 かけて　　　　　4 かけた

해석 전화를 (건) 후에 외출합니다.
해설 '〜한 후에'는 '동사 た형 + 〜後(あと)で' 형태로 정답은 4번
입니다.
정답 4

---

03 うんどうを して げんき（　　　）なりま
　　した。

1 に　　　　　　　2 と
3 まで　　　　　　4 までに

해석 운동을 하고 건강(해)졌습니다.
해설 'な형용사 어간+になる' 형태로 변화를 나타내는 표현입니다.
정답 1

---

04 アルバイトを（　　　）ことが ありますか。

1 したり　　　　　2 したら
3 した　　　　　　4 して

해석 아르바이트를 (한) 적이 있습니까?
해설 '동사 た형 + 〜ことがある'의 형태로 경험을 나타냅니다.
정답 3

---

05 こんかいは いなかに ふね（　　　）かえ
　　ります。

1 や　　　　　　　2 に
3 で　　　　　　　4 は

해석 이번은 고향에 배(로) 돌아갑니다.
해설 수단이나 방법을 나타내는 조사는 '〜で'이므로 정답은 3번입
니다.
정답 3

---

06 あしたは いそがしくて（　　　）かもしれ
　　ません。

1 いったら　　　　2 いかない
3 いって　　　　　4 いったり

해석 내일은 바빠서 (안 갈)지도 모릅니다.
해설 '동사 기본형 + かもしれません'의 형태로 주관적인 추측
표현을 나타냅니다.
정답 2

07 ひさしぶりに すしが （　　　）たいです。

1 たべ　　　　　　2 たべて
3 たべたり　　　　4 たべたら

해석 오랜만에 초밥을 **(먹고)** 싶습니다.
해설 '동사 ます형＋～たい' 형태로 희망 표현이 됩니다.
정답 1

---

08 この くつは （　　　）、じょうぶです。

1 やすかった　　　2 やすければ
3 やすくて　　　　4 やすい

해석 이 구두는 **(싸고)** 튼튼합니다.
해설 い형용사 나열의 표현은 い형용사 어미가 ～く로 바뀌므로 정답은 3번입니다.
정답 3

---

09 あそぶ まえに しゅくだいを さきに
（　　　）。

1 しませんか　　　2 しません
3 しないです　　　4 しなければなりません

해석 놀기 전에 숙제를 먼저 **(하지 않으면 안 됩니다)**.
해설 '동사 ない형＋～なければならない'의 형태로 의무를 나타냅니다.
정답 4

---

10 そうじを （　　　）から シャワーを あび
ました。

1 して　　　　　　2 した
3 したら　　　　　4 したり

해석 청소를 **(하고 나)**서 샤워를 했습니다.
해설 '동사 て형＋～から'의 형태로 앞의 동작이 끝나고 뒤의 동작이 이루어짐을 나타냅니다.
정답 1

---

11 A 「せんしゅうの パーティーは （　　　）
でしたか。」
B 「とても たのしかったです。」

1 だれ　　　　　　2 どこ
3 いくら　　　　　4 いかが

해석 A: 지난 주 파티는 **(어떠)**셨습니까?
　　B: 매우 즐거웠습니다.
해설 'いがかですか 어떠십니까?'는 'どうですか 어떻습니까?'보다 정중한 표현으로 정답은 4번입니다.
정답 4

---

12 きょうの テストは （　　　） むずかしく
ありませんでした。

1 まっすぐ　　　　2 あまり
3 それから　　　　4 ゆっくり

해석 오늘 시험은 **(그다지)** 어렵지 않았습니다.
해설 あまり의 뒤 문장은 부정의 표현이 오므로 답은 2번입니다.
정답 2

---

13 がくせいのとき、おんがくが じょうず
（　　　）です。

1 ではない　　　　2 ない
3 ではなかった　　4 ありません

해석 학생일 때 음악을 잘하지 **(못했)**습니다.
해설 な형용사 부정 표현은 'な형용사 어간＋～ではない'로, 과거를 나타내는 표현이므로 정답은 3번입니다.
정답 3

14 あそびたい（　　　）、あしたが しけんです。

　1 しか　　　　　2 くらい
　3 けれども　　　4 から

해석 놀고 싶**(지만)** 내일이 시험입니다.
해설 '～げれども'의 형태로 역접의 표현입니다.
정답 3

15 たんじょうびの おいわいに ともだちも
　（　　　）ください。

　1 よんだり　　　2 よんだ
　3 よんで　　　　4 よんだら

해석 생일 축하 파티에 친구들도 **(부르)**세요.
해설 '동사 て형 + ～ください'의 형태로 의뢰, 지시를 나타냅니다.
정답 3

16 としょかんは なんじ（　　　）ですか。

　1 まで　　　　　2 で
　3 に　　　　　　4 と

해석 도서관은 몇 시**(까지)** 입니까?
해설 한계 시점을 나타내는 표현으로 정답은 1번입니다.
정답 1

문제 2 　★　에 들어가는 것은 무엇입니까? 1・2・3・4 에서 가장 알맞은 것을 하나 고르세요.

17 あそこに ＿＿ ＿＿ ★ ＿＿ いけませんか。

　1 いす　　　　　2 ある
　3 に　　　　　　4 すわっては

문장 배열 あそこに ある 椅子(いす) に 座(すわ)っては
いけませんか。
해석 저기에 있는 의자에 앉아서는 안 됩니까?
해설 저 선택지를 보면 4번과 いけませんか을 단서로 ～てはいけません(～하지 않으면 안 됩니다) 표현을 나타낼 수 있으므로 마지막 칸에 4번 座(すわ)っては가 들어갑니다. 그리고 あそこに 연결되는 것을 찾으면 2번 ある입니다. 또한 1번과 3번을 묶을 수 있으므로 椅子(いす)に가 됩니다. 따라서 2-1-3-4 순이 되므로 정답은 3번입니다.
정답 3

18 かれは こんしゅう ＿＿ ＿＿ ★ ＿＿
です。

　1 から　　　　　2 こない
　3 いそがしい　　4 は

문장 배열 彼(かれ)は 今週(こんしゅう) は いそがしい
から、来(こ)ない です。
해석 그는 이번 주는 바쁘기 때문에 오지 않습니다.
해설 선택지에 원인, 이유를 나타내는 '～때문에'가 보이므로 '기본형 + ～から를 문장에 맞추어 나갑니다. 3번과 1번을 묶어서 いそがしいから가 되고 뒷칸에는 원인의 결과가 되는 こない가 들어갑니다. 조사 は는 첫 번째 칸에 들어가서 今週(こんしゅう)は가 됩니다. 4-3-1-2가 되므로 정답은 1번입니다.
정답 1

287

19 みんな ＿＿＿ ＿＿＿ ★ ＿＿＿ いいました。

1 と 　　　　　　2 に

3 いかない 　　　4 は

문장 배열 みんな に は 行(い)かない と 言(い)いました。
　　　　　　　　　 2　4　　3　　　　　 1

해석 모두에게는 가지 않는다고 했습니다.

정답 찾기 문장 끝 부분에 言(い)いました가 보이므로 이 문제는 인용, 전문 표현인 '～と言う(～라고 하다)' 형태를 찾아서 연결해 나가면 쉽게 풀 수 있습니다. 먼저 言いました 앞에는 1번 と를 배치하고 ～と言う는 동사 보통형에 접속하는 표현이므로 3번과 1번을 묶을 수 있으므로 行(い)かない와 と가 言いました 앞으로 옵니다. 그리고 みんな에 연결되는 것을 찾으면 に이며 나머지 は는 に에 연결되는 것을 알 수 있습니다. 나열하면 2-4-3-1 순이 되므로 정답은 3번입니다.

정답 3

---

20 へやは ＿＿＿ ★ ＿＿＿ ＿＿＿ です。

1 いい 　　　　　2 し

3 ひろい 　　　　4 あかるくて

문장 배열 部屋(へや)は 広(ひろ)い し、明(あか)るくて
　　　　　　　　　　　　3　　 2　　　　 4
いい です。
1

해석 방은 넓고 밝아서 좋습니다.

정답 찾기 먼저 선택지 2번 ～し(～하고)를 문장에 맞추어 보면, ～し는 기본형에 접속하므로 いい와 広(ひろ)い 둘 중 하나에 연결되는 것을 알 수 있는데 앞쪽에 部屋(へや)는가 있기 때문에 문맥상 広い에 연결하여 '部屋は広いし 방은 넓고'가 됩니다. 나머지 선택지를 보면 4번과 1번을 묶을 수 있으므로 明(あか)るくていい 형태가 되어 です에 연결되는 것을 알 수 있습니다. 3-2-4-1이 되므로 정답은 2번입니다.

정답 2

---

21 はるが ＿＿＿ ★ ＿＿＿ ＿＿＿ さきます。

1 くる 　　　　　2 はな

3 と 　　　　　　4 が

문장 배열 春(はる)が 来(く)る と 花(はな) が 咲(さ)きます。
　　　　　　　　　　 1　　 3　　 2　　 4

해석 봄이 오면 꽃이 핍니다.

정답 찾기 먼저 春(はる)が에 연결되는 것을 찾으면 来(く)る입니다. 나머지 선택지를 보면 2번과 4번을 묶을 수 있으므로 花(はな)が가 됩니다. 또한 가정 조건 표현인 ～と는 기본형에 접속되므로 来(く)る에 연결되는 것을 알 수 있습니다.

정답 3

문제 3 　22 부터 26 안에 어떤 것이 들어갑니까? 1·2·3·4에서 가장 알맞은 것을 하나 고르세요.

私の 家族は ［22］ 7人です。
　ちち、はは、あに、あね、おとうと、いもう
とです。ちちは 会社員 ［23］、ははは 先生
です。
　あには 病院で はたらいています。あねは けっ
こんして おおさかに ［24］。

해석 우리 가족은 [22 모두해서] 7명입니다. 아빠, 엄마, 오빠, 언니, 남동생, 여동생입니다. 아빠는 회사원 [23 이고], 엄마는 선생님입니다. 오빠는 병원에서 일합니다. 언니는 결혼해서 오사카에 [24 살고 있습니다]. 남동생은 고등학생이고 매일 귀가가 늦습니다. 여동생은 중학생입니다. [25 그리고] 운동으로 배구를 합니다. 저는 대학생이고 아나운서가 [26 되고 싶습니다].

おとうとは こうこうせいで 毎日 かえりが お そいです。いもうとは ちゅうがくせいです。 [25] うんどうで バレーボールを していま す。わたしは だいがくせいで アナウンサーに [26]。

어휘 家族(かぞく) 가족 | 会社員(かいしゃいん) 회사원 | 先生 (せんせい) 선생님 | 病院(びょういん) 병원 | 働(はたら)く 일하다 | 結婚(けっこん)する 결혼하다 | 住(す)む 살다 | 高校生(こうこ うせい) 고등학생 | 毎日(まいにち) 매일 | 帰(かえ)り 귀가 | 遅(お そ)い 늦다 | 中学生(ちゅうがくせい) 중학생 | 運動(うんどう) 운 동 | 大学生(だいがくせい) 대학생

22

1 はじめて　　　　2 ちょうど
3 ぜんぶで　　　　4 また

해설 1번은 '처음으로', 2번은 '마침', 4번은 '또'로 정답은 3번입니다.
정답 3

23

1 で　　　　2 に
3 も　　　　4 と

해설 2번은 '~에', 3번은 '~도', 4번은 '와, 과'로 정답은 1번입니다.
정답 1

24

1 すんでいる からです
2 すみました
3 すんでいた からです
4 すんで います

해설 1번은 '살고 있기 때문입니다', 2번은 '살았습니다', 3번은 '살고 있었기 때문입니다'로 정답은 4번입니다.
정답 4

25

1 けれども　　　　2 そして
3 それで　　　　4 しかし

해설 1번은 '그렇지만', 3번은 '그래서', 4번은 '그러나'로 정답은 2 번입니다.
정답 2

26

1 なりました　　　　2 なります
3 なりたいです　　　　4 なりましょう

해설 1번은 '되었습니다', 2번은 '됩니다', 4번은 '됩시다'로 정답은 3번입니다.
정답 3

실전 모의고사 | 2회

문자 · 어휘

문제 1   _____ 의 단어는 어떻게 읽습니까? 1·2·3·4에서 가장 알맞은 것을 하나 고르세요.

---

01 お手洗いは どちらですか。

1 であらい   2 てわらい
3 でわらい   4 てあらい

해석 화장실은 어느 쪽입니까?
해설 화장실은 トイレ라고도 합니다.
정답 4

---

02 うちに 犬は 3びき います。

1 いぬ   2 いね
3 いる   4 いり

해석 집에 개는 3마리 있습니다.
해설 강아지는 子犬(こいぬ)라고 합니다.
정답 1

---

03 わたしは きょう 暇です。

1 いま   2 しま
3 さま   4 ひま

해석 저는 오늘 한가합니다.
해설 명사일 경우에는 '시간, 틈, 짬'이란 뜻으로 쓰입니다.
정답 4

---

04 あの 建物は ほんとうに りっぱですね。

1 たてもの   2 のみもの
3 のりもの   4 よみもの

해석 저 건물은 정말로 멋지네요.
해설 건물은 '建てる의 ます형+もの'입니다.
정답 1

---

05 だいどころの でんきを 消して ください。

1 はなして   2 だして
3 けして   4 ながして

해석 부엌의 전기를 꺼주세요.
해설 '消(け)す 끄다'는 타동사, '消(き)える 꺼지다'는 자동사입니다.
정답 3

---

06 この エレベーターは 使えませんか。

1 づかえ   2 つかえ
3 づがえ   4 つがえ

해석 이 엘리베이터는 사용할 수 없습니까?
정답 2

---

07 りょこうは 楽しかったです。

1 うれし   2 たのし
3 かなし   4 さびし

해석 여행은 즐거웠습니다.
해설 楽와 한자 모양이 비슷해서 헷갈리기 쉬운 단어로 '薬(くすり) 약'이 있습니다.
정답 2

---

08 あの ひとは ちゅうごくの 留学生です.

    1 ゆうがくせい   2 りゅうかくせい

    3 ゆうかくせい   4 りゅうがくせい

해석 저 사람은 중국 유학생입니다.

정답 4

---

09 きょうしつは とても 静かです.

    1 たか   2 こまか

    3 しずか   4 あたたか

해석 교실은 매우 조용합니다.

해설 静(しず)かだ의 반대어는 'うるさい 시끄럽다'입니다.

정답 3

---

10 へやの なかに 入っても いいですか.

    1 はいっても   2 あっても

    3 もっても   4 かっても

해석 방 안에 들어가도 됩니까?

해설 예외 5단동사(예외 1그룹동사)인 '切(き)る 자르다', '要(い)る 필요하다', '帰(かえ)る 돌아가다' 등도 외워두세요.

정답 1

---

11 こんしゅうの 月曜日は やすみです.

    1 けつよび   2 けつようび

    3 げつようび   4 げつよび

해석 이번 주 월요일은 휴일입니다.

해설 '月(つき) 달'과 '日(ひ) 해'도 함께 외워두세요.

정답 3

---

12 つめたい 風が ふいて います.

    1 かせ   2 かぜ

    3 かざ   4 かさ

해석 찬 바람이 불고 있습니다.

해설 風(かぜ)와 발음이 같은 風邪(かぜ)는 '감기'이므로 주의하세요.

정답 2

문제 2   _____의 단어는 어떻게 씁니까? 1·2·3·4에서 가장 알맞은 것을 하나 고르세요.

13 コーヒーに さとうを いれますか.

    1 八れ   2 入れ

    3 人れ   4 太れ

해석 커피에 설탕을 넣습니까?

해설 入(い)れる는 '넣다'는 뜻입니다. 참고로 電話(でんわ)を入(い)れる라고 하면 '전화를 걸다'라는 뜻으로 쓰입니다.

정답 2

---

14 ねつで からだが あついです.

    1 篤い   2 厚い

    3 暑い   4 熱い

해석 열로 몸이 뜨겁습니다.

해설 あつい는 다른 한자를 사용하는 3가지가 있습니다. '暑(あつ)い 덥다', '熱(あつ)い 뜨겁다', '厚(あつ)い 두껍다'로 기억하세요.

정답 4

15 この すうがくの <u>もんだい</u>は むずかしい
です ね。

1 悶題　　　　　2 聞題

3 門題　　　　　4 問題

해석 이 수학 문제는 어렵네요.

정답 4

---

16 スーパーで <u>ぎゅうにゅう</u>と パンを かいま
した。

1 牛乳　　　　　2 午乳

3 牛札　　　　　4 午乱

해석 슈퍼에서 우유와 빵을 샀습니다.

해설 우유를 가타카나로는 ミルク라고 합니다.

정답 1

---

17 うちに まだ かえらなくても <u>だいじょうぶ</u>
です。

1 大丈天　　　　2 太丈天

3 大丈夫　　　　4 太丈夫

해석 집에 아직 돌아가지 않아도 괜찮습니다.

해설 大丈夫(だいじょうぶ) 대신에 いい로 바꾸어 쓸 수 있습
니다.

정답 3

---

18 いなかから <u>けさ</u> かえってきました。

1 昨日　　　　　2 今朝

3 今日　　　　　4 明日

해석 고향에서 오늘 아침에 돌아 왔습니다.

해설 今日(きょう)の朝(あさ)라고도 합니다.

정답 2

---

19 あそこで たばこを <u>すって</u> いる ひとは
だれ ですか。

1 買って　　　　2 吸って

3 習って　　　　4 会って

해석 저곳에서 담배를 피우고 있는 사람은 누구입니까?

해설 吸(す)う는 '피우다' 외에 '들이마시다, 빨다'는 뜻도 있습니다.

정답 2

---

20 きょうは ２じかんも <u>あるき</u>ました。

1 歩き　　　　　2 置き

3 起き　　　　　4 咲き

해석 오늘은 2시간이나 걸었습니다.

정답 1

문제 3 (   )에 무엇을 넣습니까? 1·2·3·4에서 가장 알맞은 것을 하나 고르세요.

---

21 この カメラは (   )に はいります。

1 ポケット　　　　2 ナイフ
3 クラス　　　　　4 トイレ

해석 이 카메라는 **(주머니)**에 들어갑니다.
정답 1

---

22 わたしの へやは とても (   )です。

1 かるい　　　　　2 せまい
3 みじかい　　　　4 わかい

해석 제 방은 매우 **(좁)**습니다.
해설 반대말은 '広(ひろ)い 넓다'입니다.
정답 2

---

23 エレベーターの ボタンを (   )
　　ください。

1 かけて　　　　　2 おりて
3 きって　　　　　4 おして

해석 엘리베이터 버튼을 **(눌러)** 주세요.
정답 4

---

24 (   )そらを とりが とんで います。

1 しろい　　　　　2 あおい
3 くろい　　　　　4 あかい

해석 **(파란)** 하늘을 새가 날고 있습니다.
정답 2

---

25 ひとりで ケーキを (   )たべてしまい
　　ました。

1 ぜんぶ　　　　　2 ぜんぜん
3 あまり　　　　　4 すこししか=

해석 혼자서 케이크를 **(전부)** 먹어버렸습니다.
해설 2, 3, 4번은 부정문이 수반됩니다.
정답 1

---

26 みなみから (   )かぜが ふいて きます。

1 まるい　　　　　2 ひろい
3 やすい　　　　　4 すずしい

해석 남쪽에서 **(선선한)** 바람이 불어옵니다.
정답 4

---

27 えんぴつを (   )かいました。

1 さんぼん　　　　2 さんまい
3 さんさつ　　　　4 さんばい

해석 연필을 **(3자루)** 샀습니다.
해설 몇 자루는 何本(なんぼん)입니다.
정답 1

28 この しゃしんを おにいさんに
   （　　　）ください。

1 おきて 　　　　 2 すわって
3 わたして 　　　 4 のぼって

해석 이 사진을 형에게 (건네)주세요.
정답 3

---

29 ぎんこうは（　　　）いって ください。

1 なか 　　　　　 2 うえ
3 した 　　　　　 4 まっすぐ

해석 은행은 (곧장) 가 주세요.
정답 4

---

30 （　　　）まで なんぷん かかりますか。

1 ふく 　　　　　 2 さかな
3 えき 　　　　　 4 はな

해석 (역)까지 몇 분 걸립니까?
정답 3

문제 4 _____ 문장과 대체로 비슷한 의미의 문장이 있습니다. 1·2·3·4에서 가장 알맞은 것을 하나 고르세요.

31 へやの でんきが けして あります。

1 へやの なかが あかるいです
2 へやの なかが くらいです。
3 へやの なかが おもいです。
4 へやの なかが ひろいです。

해석 방의 전기가 꺼져 있습니다.
해설 '消(け)してある 꺼져 있다'를 다르게 표현한 것을 찾으면 되겠죠? '暗(くら)い 깜깜하다'가 같은 뜻이므로 2번이 정답입니다.
정답 2

---

32 かばんに おべんとうと じしょを いれます。

1 かばんが ふるく なります。
2 かばんが かるく なります。
3 かばんが おもく なります。
4 かばんが あつく なります。

해석 가방에 도시락과 사전을 넣습니다.
해설 入(い)れる는 '넣다'는 뜻입니다. 가방에 물건을 넣으면 가방이 어떻게 될까요? 점점 무거워지겠죠? 따라서 '重(おも)くなる 무거워지다'가 비슷한 뜻이므로 3번이 정답입니다.
정답 3

---

33 わたしは ともだちに かさを かりました。

1 ともだちは わたしに かさを かしてくれました。
2 ともだちは わたしに かさを かえしてくれました。

해석 저는 친구에게 우산을 빌렸습니다.
해설 '借(か)りる 빌리다'를 다르게 표현한 것을 찾으면 되겠죠? '友達(ともだち)は 傘(かさ)を 貸(か)してくれた 친구는 우산을 빌려 주었다'가 같은 뜻이므로 1번이 정답입니다.
정답 1

3 ともだちは わたしに かさを うってくれました。

4 ともだちは わたしに かさを かってくれました。

---

34 <u>あねは スポーツが すきです。</u>

1 あねは ほんが すきです。

2 あねは うんどうが すきです。

3 あねは りょうりが すきです。

4 あねは えいがが すきです。

해석 언니는 스포츠를 좋아합니다.

해설 'スポーツ 스포츠'와 '運動(うんどう) 운동'이 같은 뜻이므로 2번이 정답입니다.

정답 2

---

35 <u>きのうは よく ない てんきでした。</u>

1 きのうは あめでした。

2 きのうは はれでした。

3 きのうは やすみでした。

4 きのうは おくれました

해석 어제는 좋지 않은 날씨였습니다.

해설 'よくない天気(てんき) 좋지 않은 날씨'를 뜻합니다. '雨(あめ) 비'가 오면 좋지 않는 날씨이므로 1번이 정답입니다.

정답 1

문법

문제 1 ( ) 안에 무엇을 넣습니까? 1 · 2 · 3 · 4 에서 가장 알맞은 것을 하나 고르세요.

---

01 おとうとは いちにちじゅう へやで おんがくを ( ) います。

1 ききで   2 きいで

3 ききて   4 きいて

해석 남동생은 하루 종일 방에서 음악을 듣고 있습니다.

해설 동작의 진행이나 상태를 나타내는 표현이므로 답은 4번입니다. 그밖에 반복, 결과로서의 상태, 경험 등을 나타내기도 합니다.

정답 4

---

02 きょうは うちへ はやく ( ) いいですか。

1 かえっても   2 かえったら

3 かえると   4 かえったり

해석 오늘은 집에 일찍 돌아가도 됩니까?

해설 '~해도 된다'는 허락의 표현입니다. '동사 ます형+~てもいい'형태가 됩니다. 부정 표현은 '~なくてもいい ~할 필요가 없다'로 표현합니다.

정답 1

---

03 ともだちと ちゅうごくの ぶんかに
( ) はなしました。

1 とって   2 なって

3 ついて   4 おいて

해석 친구와 중국 문화에 대해서 이야기하였습니다.

해설 ~には 기능어인 ついて가 접속하여 ~について(~에 대해서)가 됨을 알 수 있습니다. 또한 문장 끝 부분의 話(はな)しました는 ~について와 연결할 수 있으므로 3번이 정답입니다.

정답 3

04 えいがかんは なんじ（　　　）ですか。

　　1 でも　　　　　　2 まで
　　3 では　　　　　　4 にも

해석 영화관은 몇 시까지 입니까?

해설 동작이나 상태가 계속되는 마지막 시점을 나타내는 ～まで(～까지) 표현을 묻는 문제입니다. 何時(なんじ)＋～まで가 접속된 2번 'なんじまでですか 몇 시까지입니까?'가 정답입니다.

정답 2

---

05 この かんじは むずかしくて おぼえ
　　（　　　）です。

　　1 にくい　　　　　2 むずかしい
　　3 やさしい　　　　4 やすい

해석 이 한자는 어려워서 외우기 어렵습니다.

해설 '～하기 어렵다'는 표현은 '동사 ます형+にくい'로 나타냅니다.

정답 1

---

06 みんな にほんに いく のは（　　　）です。

　　1 かならず　　　　2 ぜひ
　　3 はじめて　　　　4 ぜんぜん

해석 모두 일본에 가는 것은 처음입니다.

해설 경험이 처음인 것을 나타낼 때는 初(はじ)めて를 사용합니다.

정답 3

---

07 あには とうきょうに、わたしは なごや
　　（　　　）すんで います。

　　1 で　　　　　　　2 を
　　3 に　　　　　　　4 が

해석 형은 도쿄에, 저는 나고야에 살고 있습니다.

해설 住(す)む라는 동사는 조사 に를 사용합니다.

정답 3

---

08 かぜで（　　　）を のみました。

　　1 ごはん　　　　　2 くすり
　　3 パン　　　　　　4 サラダ

해석 감기로 약을 먹었습니다.

해설 1, 3, 4번은 '밥, 빵, 샐러드'이므로 飲(の)む가 아니라 食(た)べる를 써야 합니다.

정답 2

---

09 そうじを したから、へやが（　　　）なり
ました。

　　1 にぎやかに　　　2 じょうずに
　　3 きれいに　　　　4 ゆうめいに

해석 청소를 해서 방이 깨끗해졌습니다.

해설 きれいだ는 な형용사로 な형용사 어간+변화 표현인 ～になりました가 접속된 3번 'きれいになりました 깨끗해졌습니다'가 정답입니다.

정답 3

---

10 こうえんに はなが（　　　）います。

　　1 さいて　　　　　2 あいて
　　3 ないて　　　　　4 かいて

해석 공원에 꽃이 피어 있습니다.

해설 결과로서의 상태를 나타내는 표현이므로 답은 1번입니다 그밖에 반복, 진행 상태, 경험 등을 나타내기도 합니다.

정답 1

11 ここからは くつを（　　　）ください。

1 ぬいで　　　　　2 よんで
3 あそんで　　　　4 およいで

해석 여기부터는 구두를 벗어 주세요.
해설 구두뿐만이 아니라 옷을 벗을 때도 씁니다.
정답 1

---

12 その ドラマは もう なんかいも
（　　　）そうです。

1 みる　　　　　　2 みない
3 みた　　　　　　4 みたら

해석 그 드라마는 몇 번이나 보았다고 합니다.
해설 전문의 표현 '기본형+〜そうだ'형태입니다.
정답 3

---

13 これは おばあさんに（　　　）たいせつな
しゃしんです。

1 とって　　　　　2 あって
3 のって　　　　　4 かえって

해석 이것은 할머니에게 있어서 소중한 사진입니다.
해설 사람이나 조직을 나타내는 명사에 붙어 '그 입장에서 보면'이라는 의미를 나타내는 〜にとって 용법을 묻는 문제입니다. 이 경우에는 명사+にとって가 접속된 1번 'おばあさんにとって 할머니에게 있어서'가 정답입니다.
정답 1

---

14 まいにち ピアノを れんしゅうして いる
（　　　）、なかなか じょうずに なりま
せん。

1 ので　　　　　　2 が
3 から　　　　　　4 し

해석 매일 피아노를 연습하고 있(지만) 좀처럼 능숙해지지 않습니다.
해설 역접을 나타내는 표현은 '동사 기본형+〜が'이므로 여기에 맞는 형태를 찾으면 됩니다. 그러므로 'いるが 있지만'인 2번이 정답입니다.
정답 2

---

15 しゅうまつに たいふうが くる（　　　）。

1 ませんか　　　　2 ましょう
3 ないでください　4 かもしれません

해석 주말에 태풍이 올지도 모릅니다.
해설 来る+추측 표현인 〜かもしれません가 접속된 4번 来るかもしれません '올지도 모릅니다'가 정답입니다.
정답 4

---

16 わたしは ふゆやすみに なる（　　　）、
いつも バイトを します。

1 けれども　　　　2 し
3 と　　　　　　　4 が

해석 저는 겨울 방학이 되면 언제나 아르바이트를 합니다.
해설 가정 조건을 나타내는 표현은 '동사 기본형+〜と'이므로 여기에 맞는 형태를 찾으면 됩니다.
정답 3

문제 2 _____ ★ 에 들어가는 것은 무엇입니까? 1·2·3·4 에서 가장 알맞은 것을 하나 고르세요.

---

17 かれは きょう、１０じ ____ ____ ★
____ ました。

1 いい   2 バイトだと
3 から   4 ４じまで

문장 배열 彼(かれ)は今日(きょう)、10時(じ)から
4時(じ)まで バイトだと 言(い)い ました。
　　　　　　4　　　　2　　　　3

해석 그는 오늘 10시부터 4시까지 아르바이트라고 했습니다.

해설 10時(じ)에 연결되는 것을 찾으면 3번 ～から(～부터)이고 3
번과 4번을 묶어서 '10じから４じまで(10시부터 4시까지)'라는 문
장을 만들 수 있습니다. 또한 とは 言(い)う에 접속하여 인용, 전문
표현인 '～と言(い)う(～라고 하다)'라는 형태가 됨을 알 수 있으므로
バイトだと言いました가 됩니다. 순서대로 연결하면 3-4-2-1
이 되므로 정답은 2번입니다.

정답 2

---

18 いなかの ____ ____ ____ ★ だろう。

1 げんき   2 かぞくは
3 の   4 あに

문장 배열 田舎(いなか)の 兄(あに) の 家族(かぞく)は
　　　　　　　　　　　4　　　3　　　2
元気(げんき) だろう。
　1

해석 시골에 있는 형 가족은 건강하겠지.

해설 田舎(いなか)の에 연결될 수 있는 것을 찾으면 兄(あに) 또
는 家族(かぞく)입니다. 나머지 선택지를 보면 3번과 2번을 묶을 수
있으므로 兄の家族は가 되는 것이 자연스럽습니다. 그리고 문
장 끝에 있는 ～だろう(～할 것이다, ～하겠지)는 な형용사 어간에
접속하므로 元気(げんき)에 연결되는 것을 알 수 있습니다. 순서대
로 연결하면 4-3-2-1이 되어 정답은 1번입니다.

정답 1

---

19 かのじょは ちゅうごくご ____ ____
____ ★ ____ できますか。

1 が   2 を
3 こと   4 はなす

문장 배열 彼女(かのじょ)は中国語(ちゅうごくご)を
　　　　　　　　　　　　　　　　　　　2
話(はな)す こと が できますか。
　4　　　　3　　1

해석 그녀는 중국어를 말할 수 있습니까?

해설 먼저 中国語(ちゅうごくご)에 연결되는 것을 찾으면 조사
～を입니다. 그 뒤로 話(はな)す를 연결하면 中国語を話す가 됩
니다. 문장 끝에 있는 できます는 ～ことができる 형태로 가능
성이나 능력의 유무를 나타내므로 中国語を話す 뒤로 배치합니
다. 2-4-3-1 순이 되므로 정답은 3번입니다.

> **복습 꼭!** ～ことができる(～할 수 있다)

어휘 彼女(かのじょ) 그녀 | 中国語(ちゅうごくご) 중국어 | 話
(はな)す 이야기하다

정답 3

---

20 しけんべんきょう ____ ____ ____ ★
しました。

문장 배열 試験勉強(しけんべんきょう)を 夜(よる)
　　　　　　　　　　　　　　　　3　　　1
12時(じ) まで しました。
　4　　　2

해석 시험공부를 밤 12시까지 했습니다.

1 よる	2 まで
3 を	4 12じ

해설 試験勉強(しけんべんきょう)에 연결되는 것을 찾으면 조사 ~を입니다. 나머지 선택지를 보면 1번과 4번을 묶을 수 있으므로 夜(よる)12時(じ)가 됩니다. 또한 12時(じ)는 조사 まで에 연결되는 것을 알 수 있습니다. 3-1-4-2 순이 되므로 정답은 2번입니다.

정답 2

---

21 はは は ＿＿＿ ＿＿＿ ＿＿＿ ★ めがね を かけます。

1 よむ	2 を
3 とき	4 しんぶん

문장 배열 母(はは)は 新聞(しんぶん) を 読(よ)む とき、
　　　　　　　　　　　　　　4　　　2　1　　3

眼鏡(めがね)を かけます。

해석 엄마는 신문을 읽을 때 안경을 씁니다.

해설 선택지를 보면 명사 新聞(しんぶん)은 조사 ~を에 연결되어 1번과 묶을 수 있으므로 新聞を読(よ)む가 됩니다. 그리고 뒤로는 ~とき(~할 때)에 접속하는 것을 알 수 있습니다. 新聞を読む とき、眼鏡(めがね)をかけます라는 문장이 되므로 정답은 3번입니다.

정답 3

문제 3 **22** 부터 **26** 안에 어떤 것이 들어갑니까? 1·2·3·4 에서 가장 알맞은 것을 하나 고르세요.

　かべに ある 絵の なかに まちが あります。とりも **22**、かわも ながれて います。まちの むこうには 小さい やまが たくさん あります。そして その 後ろには とても たかい やまが あります。たかい やまの **23** うえには ゆきが あります。かわには みっつの はしが あります。一つは きしゃが、もう 一つは 人が、**24** もう 一つは くるまが とおる 橋です。きしゃの 橋は 鉄の はしですが、ふたつは たぶん 木の **25**。かわは あさい ところも、**26**。かわには たくさんの さかなが およいで います。

해석 벽에 있는 그림 안에 마을이 있습니다. 새도 **22** 날고 있고, 강물도 흐르고 있습니다. 마을 건너편에는 작은 산이 많이 있습니다. 그리고 그 뒤에는 매우 높은 산이 있습니다. 높은 산 **23** 제일 위에는 눈이 있습니다. 강에는 세 개의 다리가 있습니다. 하나는 기차가, 다른 하나는 사람이, **24** 또 다른 하나는 차가 다니는 다리입니다. 기차가 다니는 다리는 철다리인데, 두 개는 아마 나무로 되어 있는 **25** 다리일 겁니다. 강은 얕은 곳도 **26** 깊은 곳도 있겠지요. 강에는 많은 물고기가 헤엄치고 있습니다.

어휘 壁(かべ) 벽 | 絵(え) 그림 | 町(まち) 마을, 동네 | 鳥(とり) 새 | 川(かわ) 강 | 流(なが)れる 흐르다 | 向(む)こう 건너편 | そして 그리고 | 高(たか)い 높다 | 雪(ゆき) 눈 | 富士山(ふじさん) 후지산 | 橋(はし) 다리 | 汽車(きしゃ) 기차 | 通(とお)る 다니다 | 鉄(てつ) 철 | 浅(あさ)い 얕다 | 深(ふか)い 깊다 | 魚(さかな) 물고기 | 泳(およ)ぐ 헤엄치다

22

1 とんで いるし	2 とんで いるから
3 とんで いるのに	4 とんで いるので

해설 문제의 뒤 내용을 보면 '강물도 흐르고 있습니다'이므로 나열을 의미하는 내용인 '날고 있고'가 되어야 하므로 1번이 정답입니다.

정답 1

23

1 しか	2 いま
3 たくさん	4 いちばん

해설 높은 산이 있고, 그 산 위에 눈이 있다는 내용으로 부사를 추가한다면 '제일, 가장'이 되어야 하므로 4번이 정답입니다.

정답 4

24

1 ちょっと   2 よく
3 また   4 まだ

해설 '하나는 기차가, 다른 하나는 사람이'라는 내용이 있고 그 뒤의 문장에도 '다른 하나'라는 문구가 있으므로 첨가의 의미를 나타내는 '또'가 되어야 하므로 3번이 정답입니다.

정답 3

25

1 橋じゃありません   2 橋でしょう
3 橋でしょうか   4 橋だからです

해설 앞의 내용이 '기차(가 다니는) 다리는 철다리인데 (철로 되어 있는데)'라는 역접조사를 쓰고 있고 뒤에 '아마'라는 단어가 이어지므로 소재가 다를 거라는 추측의 '나무(로 되어 있는) 다리일겁니다'가 되어야 하므로 2번이 정답입니다.

정답 2

26

1 ふかくない ところも あるでしょう
2 ふかい ところも あるでしょう
3 ふかい ところも ありませんでしょう
4 ふかくない ところも ありませんでしょう

해설 앞의 내용이 '강은 얕은 곳도'라고 되어 있으므로 같은 종류인 몇 가지를 늘어놓는 표현인 것을 알 수 있으므로 '깊은 곳도 있겠지요'가 되어야 하므로 2번이 정답입니다.

정답 2

N5 문법 일람표

- 이 책에 실린 N5 문법 항목을 오십음도 순으로 정리했습니다. 색인이나 총정리용으로 활용하세요.

か행

た행

네이티브는 쉬운 일본어로 말한다
1000문장 편

20만 독자가
선택한
베스트셀러!

★
네이티브는
쉬운 일본어로
말한다
일본 드라마 전문 스타강사
최대현 저
1000
문장
편

일본인이 항상 입에 달고 살고, 일드에 꼭 나오는 1000문장을 모았다!
ⓘ 우리말과 일본어를 모두 녹음한 mp3 파일 무료 다운로드

부록
mp3 파일
무료 다운로드

최대현 지음 | 592쪽 | 16,000원

일본인이 항상 입에 달고 살고,
일드에 꼭 나오는 1000문장을 모았다!

200여 편의 일드에서 엄선한 꿀표현 1000문장! 네이티브가 밥 먹듯이 쓰는
살아 있는 일본어를 익힌다. 드라마보다 재미있는 mp3 파일 제공.

난이도 　첫 걸음　｜　초 급　｜　중 급　｜　고 급　　　　**목표** 교과서 같은 딱딱한 일본어에서 탈출하여
　　　　　　　　　　　　　　　　　　　　　　　　　　　　　　　네이티브처럼 자연스러운 일본어 회화 구사하기

대상 반말, 회화체를 배우고 싶은 학습자
　　　　일드로 일본어를 공부하는 초중급자